小売再生

リアル店舗はメディアになる

ダグ・スティーブンス｜著
Doug Stephens
斎藤栄一郎｜訳

プレジデント社

第III部 店舗がメディアになる

第Ⅳ部 小売再生戦略

REENGINEERING RETAIL
By Doug Stephens

This translation of Reengineering Retail is
Published by arrangement with Figure 1 Publishing
Through The English Agency (Japan) Ltd.

はじめに

今、経済を動かしている2つの大きな力がある。1つは、モノやサービスがありふれたものになる「コモディティ化」だ。とにかく手軽に、できるだけ安く買いたいという消費者の意向が背景にある。買い物の場としてインターネットが台頭した結果、コモディティ化が大きく進んだのだ。販売店ごとの価格を簡単に比較できるようになり、安売り競争に拍車がかかるようになった。最安値ではないとしても、アマゾンに行けばかなり安い価格で手軽にモノが手に入る。クリックするだけで、またたくまにお目当ての品が自宅にやってくるのだから。

2つめの大きな力は、「経験経済」（体験経済）への移行である。モノやサービスだけで満足する時代は終わり、人々が体験——個人の趣味・嗜好に沿ったかたちで心をつかむような忘れがたいイベント——を求める時代に突入したのである。

テーマパークやテーマ型レストラン、ユニークなブティックホテルはもちろん、小売店でもカフェやポップアップストア（イベント性の強い期間限定ショップ）、ショールーム、ロッククライミングを模したクライミングウォール、ヨガスタジオなどを併設する体験型小売スペースなどが台頭するなか、経済の仕組み自体にこの体験経済化という地殻変動が見られるようになった。

意外にも、こうしたイノベーションのほとんどは、小売ではなくメーカー主導のものだ。

当然、この2つの力は複雑に絡み合っている。苦労して稼いだお金を使う以上、モノやサービスのコモディティ化が進んで安く買えるようになるのはありがたいというのが消費者の本音だ。同時に、貴重な時間は、自分にとって本当に価値があると思える体験に使いたいのである。

本書の著者で、小売の専門家でもあるダグ・スティーブンスは、こうした2つの潮流の真っ只中に置かれた小売業者に対して、革新的な体験を創り出すか、コモディティ化を突き進むかという、情け容赦のない選択を迫る。

ダグは今、わたしたちが置かれている状況、将来可能になる世界をはっきりと提示し、「未来の店」のあるべき姿を見極めるうえで、ありうるロードマップを描いてみせる。それはわたしの心に強く響いた。

彼は「店はメディアである」と主張しているが、まさにそのとおりだ。わたしも表現は違うが、マーケティングの肝は経験にありと言っている。あなたが小売店として何かを売っていて、繁盛させたいのなら、消費者が貴重な時間を割いてまであなたの店に足を運び、じっくりと味わい、最終的に商品を買いたいと思えるような体験を用意するのが最善策である。

本書は、「卓越した体験」の本質を見事に説明している。それは「消費者を惹きつけること」「独自性があること」「個々の消費者の趣味嗜好を反映できること」「驚きがあること」「繰り返し楽しめること」である。

では、この5つの特徴を備えた店内体験をどう設計し、どう演出すればいいのか。その答えも記されている。

特に3つめの「個々の消費者の趣味嗜好を反映できること」は何にも増して重要だ。ダグは、3Dプリンティングの普及を背景に、小売店舗内で（あるいは店舗がなくても）マスカスタマイゼーション（個々の顧客の要望に応じてカスタマイズしながらも、大量生産のスケールメリットを追求する方式）が実現する可能性に光を当てている。

たとえこうしたデジタル技術があなたのビジネスと無縁であったとしても、そのような体験は、基本的に個々の消費者の趣味嗜好を反映したものであることを理解しておかねばならない。

つまり、消費者のために演出したイベントや「場」に人々が反応したときに、個人的な体験が生まれる。ということは、体験や商品を消費者個人の趣味嗜好に合わせるほど、その店は消費者を惹きつけ、強く印象に残ることになる。

今、多種多様なデジタル技術が実店舗から次々に客を奪っていると言われるが、ダグは、こうした技術に対する恐怖心を克服し、むしろ、こうした技術を味方につけて、店舗内の体験を充実させる方法を指南する。

今も未来も、「現実」こそが最高に充実した体験を生み出す源泉であることに変わりはない。そして、リアルとバーチャルを融合できる技術を生かして、その充実度を高めることができる。この事実を理解すれば、ネット通販を恐れることはない。

ますます激動の様相を呈している小売の世界。小売業者は、卓越した小売体験を演出するか、それともコモディティ化の波に飲み込まれるかという岐路に立たされている。そんな過酷な日々のなかで、よきガイド役になってくれるのが、本書である。

B・ジョセフ・パインII
ミネソタ州デルウッドにて
ストラテジック・ホライズンLLP共同創業者
『経験経済』『Infinite Possibility』共著者

第一部

小売はもう死んでいる

第1章 マーク・アンドリーセンの不吉な予言

「ソフトウェアが小売業界を飲み込む」

テクノロジー分野の投資家として知られるマーク・アンドリーセンが2013年1月のインタビューで小売業界を憂えてこんな言葉を残している。ウェブブラウザ「ネットスケープ・ナビゲーター」の開発元の元共同創業者にして、シリコンバレー屈指の有力投資家、そして自身の名を看板にしたベンチャーキャピタル、アンドリーセン・ホロウィッツの共同創業者でもある。同社の投資先には、フェイスブック、エアビーアンドビー、ツイッター、ピンタレストなど、錚々たるIT企業が名を連ねる。フェイスブックとヒューレット・パッカードでは社外取締役を務める一方、技術面の実務家、イノベーター、投資家、アドバイザーと何役もこなしながら、ウェブの未来を見通し、次に来ると見たトレンドに大胆に投資する。しかも、その眼力には定評があるだけに、人々は彼の口から次に何が飛び出すのか固唾を呑んで見守っている。とてつもなく正確な予言と評判の彼の水晶玉をちょっとでも覗き込んでみたいということだろう。

歯に衣着せぬ物言いで知られるアンドリーセンは、小売業界についてずばり次のように語っている。

「もう小売店は店をたたむしかないでしょう。みんなネットで買い物をすませるようになりますから。そもそも小売チェーンはどこも考えられないようなコスト構造ですが、ほかに代わりがないからやって来られたようなもの。店舗の固定費に加えて在庫も抱えているから、どの店も信用取引に大きく依存しています。そこに売り上げが20％減、30％減となったら、どうやって生き残るんですか？　だいたい、商品を棚に全部並べなきゃならないなんて、おかしいですよ。もっとましなやり方があるはずです」〔1〕

本人は自信満々だ。

このインタビューがほぼ修正なしにツイッターに転載されたものだから、大変な議論が巻き起こった。業界のアナリストや専門家、おまけに当の小売業界の経営幹部までが賛成派、反対派に分かれ、それぞれの思惑で都合のいい情報を流し始めた。

アンドリーセンのコメントはまったくのでたらめと見る向きもあった。投資家として自分が深く関わっているテクノロジー系企業の側に立ったハッタリにすぎないという意見だ。こうした反対派は、アンドリーセンが揶揄する「小売店」なしには小売業界は成り立たないと声を荒らげる。さらに彼らは、ネット通販専業事業者はベンチャーキャピタルから絶え間なく資金供給を受けているから生きながらえているだけで、自力では立ち行かない破綻したビジネスモデルだと手厳しい。

一方でアンドリーセンの意見に同調する人々もいて、店舗型の旅行代理店など、小売以外の業界もテクノロジーによって壊滅的な打撃を受けていると指摘する。リアルな旅行代理店はオンライン旅行業者の前では、死んだも同然というのだ。業界は違うが、ブロックバスターもそうだ。かつてビデオレンタル市場で約30%のシェアを確保した業界の雄だが、ここ10年ほどのネットフリックスやビデオオンデマンドの台頭によって地上から消え去ろうとしている。小売業界の既存勢力が周囲の進歩についていけなかったというのが、アンドリーセン支持派の指摘である。

なるほど、ここ200年ちょっとの間に次のような革新的な技術が生まれ、今や当たり前のものになっている。

▼電球
▼電信
▼電磁石
▼石油
▼電話
▼真空管
▼半導体
▼ペニシリン

▼ラジオ
▼電子
▼量子物理学
▼飛行機
▼テレビ
▼トランジスター
▼DNAの発見
▼IC（集積回路）
▼インターネット
▼マイクロプロセッサー
▼携帯電話
▼スマートフォン
▼量子コンピューター

技術進歩とそれが人間に及ぼす影響はとてつもなく大きい。ここに挙げた技術のない世界を想像できるだろうか。しかしながら、これだけの新しい技術が浸透したというのに、小売という概念や小売業のあり方は、この間ほとんど変化していない。店に足を運び、商品を見て回り、代金を払うという一連の行動が200年前から基本的に変わっていないのである。さすがに商品の配達に馬車は使われないし、レジがチーンと音を鳴らすことはなくなったが、小売業者が商品を仕入れ、消費者に売るという基本的な商売の仕組みは、1800年代中期とほぼ同じなのだ。アンドリーセン支持派が驚くのも無理はない。なぜ小売業者がこれほどまでに進歩に乗り遅れてしまったのか。

こうした議論に対して、筆者は一歩引いた姿勢で事態の推移を見守ることにした。自分自身に利害関係があるわけではないし、どちらの陣営の見解にも一理あるように思えたからだ。

かつてビル・ゲイツが「すべての家庭のデスクにコンピュータを」と夢を語ったときに、それを否定する声が挙がったが、今、ネット通販専業事業者を裸の王様だと攻撃している専門家やアナリストの見解は、どことなく当時の論調を思い起こさせる。コンピュータは非常に複雑で高額だという、当時の常識を根拠に批判していたのである。しかし、歴史を振り返ればわかるように、何ごとにつけても反対を叫ぶ人々というのは、視野の狭い考え方に陥りやすく、イノベーションの持つ組み合わせの威力や桁違いに大化けする可能性を過小評価していることが多い。もちろん、コンピュータは急激に値下がりし、今や子供でも見よう見まねで使いこなす時代だ。これこそゲイツが見通していた光景であり、彼を批判していた人々の多くはすっかり影を潜めている。

同じように目先のことにとらわれてしまったのが、ビデオレンタル大手ブロックバスターの元経営者、ジョン・アンティオコだ。彼は2000年時点で、ネットフリックスが「取るに足らないニッチビジネス」で終わるかのような物言いをしていた。確かに当時はそのとおりだった。そのころのネットフリックスはオンラインで申し込み、郵送でDVDの受け渡しをするレンタルサービス業で、市場シェアは10%に満たなかった。だが、アンティオコが見誤ったのは、ストリーミング配信が持つ爆発的な力だ。実際、これをきっかけに、それまではちょっとした気晴らしに使われる程度にすぎなかったネットフリックスが、世の中をひっくり返すような破壊力を持つに至ったのである。現在のアマゾンの四半期決算を見てネット通販専業事業者に将来性がないと言うのは、それこそ先見の明がなく、視野が狭い。

かといって、そのうち実店舗が消え去るという考えは、買い物の人間的な側面を否定し、単なる物資調達という感情の介在しない行為に貶めるものだ。ましてや「みんなネットで買い物をすませるようになる」というのは言い過ぎだろう。20年前にアナリストらが大型量販店の台頭を予測していたのを思い出す。大型量販店のビジネスモデルはもはや誰にも止められないなどと言われていた。ところが今や大型量販店が苦境に立たされつつある。今日の専業ネット通販が同じような運命をたどらないと言えるだろうか。

さて、真実はどうだろう。大げさな物言いも、両陣営を意識した玉虫色の予測もいらない。結局のところ小売はどこへ向かっているのか。未来の「店」とは、どのようなもので、小売事業者は新たな流れにどう適応し、来るべき時代を生き残ることができるのか。

筆者の理解は次のようなものだ。

いろいろと調査してみた結果、将来はわれわれの想像を絶する驚くべき状況になりそうだ。どこで、何を、どのように、そしてなぜ買うのか。その1つひとつが様変わりしようとしている。オンラインかオフラインかを問わず、小売は歴史的な大転換を遂げようとしていて、ネット通販も店舗販売も、現在の買い物のありようとは似ても似つかない姿になる。小売事業者が利益を上げるという何百年も続いてきた基本的な仕組みさえ、すっかり様変わりし、その結果、店とはどういうもので、何が店の本分なのかといった根本が書き換えられようとしているのである。

2013年1月のインタビューでのマーク・アンドリーセンの意見は正しかった。小売は崩壊に向かっていたのだ。だが瓦礫のなかからまったく新しい、驚くべき産業が生まれようとしていたのである。

第2章 ウォルマートのジレンマ

ウォルマートという巨大小売事業者をきちんと評価するなら、アーカンソー州ベントンビルというアメリカ南東部の田舎町に足を運ばなくてはならない。2015年、筆者は、同社役員向けの小売の未来に関する講演のため現地に飛んだ。

ベントンビルよりも、ウォルマートビルと呼んだほうがわかりやすいかもしれない。正直なところ、ここにウォルマートの本社がなければ、地図で見つけるのも難しいようなところだっただろう。ホテルも商店もレストランもタクシーも、基本的にはウォルマートの社員と、そこに次から次へ引きも切らず押し寄せる取引先や関係者を相手にしている。

創業者サム・ウォルトンが最初に開業した雑貨店「ウォルトンズ5&10」の店舗跡を利用したウォルマート・ミュージアムもある。館内に一歩足を踏み入れれば、まさに時間旅行。数々の写真や思い出の品々が並び、同社の成長を目の当たりにできる。1960年代に実際に販売されていた商品が展示されているほか、サム・ウォルトンの当時の執務室のレプリカもあり、デスク上のメモ

アーカンソー州ベントンビルのウォルマート・ミュージアム。　写真提供：ウォルマート

用紙に至るまで完全に再現されている。おそらくこのミュージアムは、業界に君臨するウォルマートをたたえて最近建設されたものに違いない。

筆者は2015年にここを訪ねたとき、不思議な悲壮感を覚えた。たとえていうなら、高校時代に陸上で鳴らした選手が盛りを過ぎ、栄光の日々を懐かしみながらトロフィーが並ぶガラスケースを丁寧に磨いているような、そんな感覚だ。

だが、その栄光の日々たるや大変なものである。1962年から2010年までにウォルマートチェーンが全米で出店した店舗数は、驚くなかれ、4393店。そのうち、1990年以降にオープンした店舗は3000店を超える。国内でも海外でも同社は文字どおり前例のない成長を遂げた。カリスマ創業者、サム・ウォルトンの徹底した経営手腕で、ウォルマートは世界最大にして圧倒的な支配力を誇る小売事業者の座をつかんだ。そして小売業界再編の立役者でもある。最盛期には、石を投げればウォルマートの社員か取引先かライバルに当たるといわれるほどの状況だった。まさに小売といえばウォルマートと言っても過言ではなかった。

とはいえ、成功は最大の敵でもある。2000年代末ごろにはウォルマートの過去の栄光そのものが、同社の成功を脅かす元凶になっていた。巨大さを売りにした店舗は、じっくり検討してから買う消費者についていけなくなった。かつて賞賛された労働慣行にも、労働者支援団体や労働組合が常に目を光らせるようになった。〝バイアメリカン〟の取り組みにも疑問が持たれ、品揃えや接客にも客は不満を感じた。こうしたマイナス要因が同社の売り上げに大きく響き、かつてなら考えられないほど低調になってしまったのだ。

おまけにウォルマートが圧倒的な強みを誇っていた低価格帯では、ダラーストア（100円ショップ）やアウトレットモールといった新興勢力にすっかりお株を奪われた。こうした市場の現実が広く知れ渡っていたにもかかわらず、ウォルマートは2007年、永久に不滅と思われた同社のスローガン、「Always Low Prices（いつも低価格）」を廃止し、なんとも中途半端な「Save Money. Live Better（お金は節約、暮らしは充実）」に切り替えた。

それからわずか1年後、ウォルマートの中心顧客層の暮らしは充実するどころか史上最悪の不景気に見舞われ、少しでも安く買える店を探し回るようになった。ウォルマートには期待できそうになかったからだ。

そうこうしているうちに新たな弱点が表面化した。ウォルマートはネット販売の動き全体を見誤っていた。１９９０年代末にネット販売の実験に手を出したものの、実店舗ビジネスを成長の波に乗せることに懸命になるがあまり、ネット販売事業への取り組みは脇に追いやられたのである。２０００年代末ごろには消費者が大挙してネットに移っていく動きが明らかになったが、それでもウォルマートは動こうとはしなかった。

２０１２年当時、ウォルマートの売り上げはアマゾンの16倍もあった。儲かっていないくせに目障りな業者だと片付けても無理もなかったかもしれない。だが、それからわずか4年後、アマゾンはその差をたった5倍に縮め、猛追していた。『タイム』誌によれば、２０１５年にはアマゾンの社員1人当たり売り上げが62万３０００ドルに達し、ウォルマートに3倍の差をつけるまでになっていたのである。

同じく２０１５年、ほんの10年前には考えられなかったようなことが起こった。ウォルマートが初めて売り上げ減少に見舞われたのだ。少なくとも45年前に上場して以来の出来事だ[1]。多くの企業にとってこの程度の損失は危機の兆しとはならない。だが、ウォルマートの場合は地殻変動の始まりだった。10年前まで競合他社を縮み上がらせていた企業が窮地に追い込まれ、八方塞がりになっていた。55年間も記録を塗り替え続けてきた企業が、今度は記録を破られる立場になってしまったのである。

だが、その年、これ以上ないほど受け入れがたい事件が発生する。小売企業の時価総額でトップの座にあったウォルマートをアマゾンが引きずり下ろしたのである。アマゾンの時価総額は2500億ドルを超え、ウォルマートの時価総額を200億ドルも上回ったのだ。サム・ウォルトンを筆頭に代々の後継者が半世紀以上をかけて積み上げてきた時価総額を、帳簿上とはいえ、ジェフ・ベゾスはたった20年で上回る会社を築いたのである。

ウォルマートは、アマゾンを名指しで略奪的価格設定をしていると批判していたが、ウォルマートの弱みは価格ではなく、むしろ品揃えにあることがかえって明るみになった。2015年、ウォルマートのネット通販は1100点の商品を揃えていたが、それはアマゾンが取り扱う2億6000万点の4%にすぎなかった[2]。かつてはその圧倒的な販売力で他社を蹴散らしてきたウォルマートが、逆に規模で見劣りするほどになってしまったのだ。

悪いことは続くもので、アマゾンは、実店舗を構える従来型小売企業の独壇場とされていた唯一の聖域である顧客サービス評価でも、ウォルマートを上回り始めた。顧客満足度調査でアマゾンはウォルマートをはじめとするほとんどの従来型小売企業を常に圧倒し、ときには首位に立つようになった。

買いまくるウォルマート

これほどの深刻な状況のなか、さすがのウォルマートも手をこまぬいていたわけではない。実際、２０１２年には、ネット通販で水をあけられていたライバルに追いつこうと本腰を入れ始めていた。その年、ウォルマートは米ＩＴ企業のコズミックスを3億ドルで買収するという思い切った投資を実施する。この動きは、コズミックス自体の買収というよりも、むしろ創業者であるベンキー・ハリナラヤンとアナンド・ラジャラマンを手に入れたかった可能性が高い。アマゾンは商品の販売価格について情報を包み隠さず公開する方針を打ち出していて、これがネット通販業界で新たなスタンダードになっているが、その取り組みを支えているアマゾンの価格比較エンジンは、皮肉にも10年以上前にこの２人が開発を支援したものだった。

後にアマゾンのＣＥＯ、ジェフ・ベゾスは彼らがつくったジャングリーを2億５０００万ドルで買収している。かつてハリナラヤンとラジャラマンは、アマゾンから依頼されてウォルマートを打ち負かす基盤を提供したわけだが、それから12年の歳月を経て今度はその基盤の奪還作戦の要として同じ２人がウォルマートに狩り出されたのだ。この状況を目の当たりにしたベゾスの心境はいかばかりか。

だが、ウォルマートの置かれた状況を精査した彼らは、大きなため息をついたことだろう。このプロジェクトの関係者によると、まったくカスタマイズされていない既製のソリューションやら、互換性のない孤立したシステムやら、時代遅れのプラットフォームやらが入り乱れた状態で会社が回っていたという。その翌年、コズミックスは、@WalmartLabs（アット・ウォルマート・ラボ）と名称を変え、小売業界の巨大戦艦の大規模修繕作業に専属で関わることになった。

当初はそれなりの成果が出ているようだった。２０１３年第４四半期にウォルマートはネット通販事業で30％の増収を達成したからだ。ところがこの増収の勢いは年々先細りになり、やがて数年で消えてしまった。２０１６年第１四半期時点で、ウォルマートのネット通販事業の伸びはわずか７％にとどまっている。要するに、アマゾンのネット通販事業成長を追いかけながらも、小売業界全体の不振の影響をもろに受けていたのだ。

２０１６年、ウォルマートのＣＥＯ、ダグ・マクミロンは、デジタル事業の成長に本腰を入れて取り組んでいる姿勢をアピールしながら、将来の技術に対する20億ドルの投資を推し進めるため、収益の落ち込みは覚悟してほしいと株主に訴えた。だが、市場の反応は厳しいものだった。過去17年間で最大幅の株価下落を招いたのだ。なんとも割り切れない結果ではないか。かつてアマゾンが将来への投資で収益を落としたときには、先見性ありと賞賛されたものだが、ウォルマートが同じことをしたら大惨事扱いである。

とはいえ、ウォルマートも懲りずに、２０１６年６月には中国の消費者向けネット通販第２位のJD.com（京東集団）と提携関係を構築した。成長著しい中国市場の分け前にあずかろうというわけだが、それがいかに難しいことか、ウォルマートは過去に身をもって味わっていた。京東集団との提携はウォルマートの運転資金を有効活用する一方、中国文化や中国市場に関する京東のノウハウを生かす狙いもあった。この提携は、その後の展開のほんの序章にすぎなかった。

２０１６年８月８日、ウォルマートは過去最大規模となるベンチャー企業買収を発表した。アメリカに本拠を置く創業1年のネット通販サイト、ジェット・ドット・コム（Jet.com）で、買収額は約30億ドルに上った。ジェットを創業したのはかつてクイジーを創業したことで知られるマーク・ロアだ。そのクイジーは2010年にアマゾンに買収されている。2013年にアマゾンを離れたロアは、非常にシンプルなテーマを掲げてジェットを創業した。ロアは高度な分析技術を使えば価格面でアマゾンに勝てると考え、実際に業界第2位の地位を築き上げた。ウォルマートが飛びついたのは無理もない。ジェットは独自の価格設定モデルやネット通販商品の品揃えのよさを実現しただけでなく、ロア自身、ウォルマートによる買収後もジェットのトップとしてとどまることに同意した。

だが、このジェット買収にはもっと深い意味があったと思われる。ウォルマートがネット通販事業の成長を妨げてきた最大の障害を取り除こうとついに動き出したのである。一般的にウォルマートの顧客層は、ネットショッピングの達人とはいえない。あるアナリストはウォルマートの「中心的な顧客像は、ネットワークをフルに使いこなす消費者や技術に強い消費者とは言い難い」と指摘している[3]。皮肉なことに、ウォルマートにしてみれば、小売業界で史上例を見ないほど強大な支配体制を築かせてくれた顧客が、同社にとって最大の負債になっていたのである。もっと若くて高収入の都市型消費者、つまりはオンラインショッピングに親しんでいる客層を確保できなければ、ウォルマートの運命が変わることはない。まさにこういう新しい客層にターゲットを絞っていたジェットを手に入れれば、ウォルマートが喉から手が出るほど欲しかった若い客層を取り込むことができると踏んだのである。ジェットがウォルマートに必要な薬だったのか、それとも30億ドルの無駄遣いだったと歴史に汚点を残すのか、まだ結論は出ていない。しかも、社員のなかにアマゾン出身者が増えている現状を見ると、ウォルマートの戦略が単なる第2のアマゾンを目指すことではないのかと訝る声があがるのも無理はない。

だが、これをアマゾンとウォルマートの間だけで勃発した戦いと捉えてしまうと、状況を見誤ることになる。欧米の大手小売事業者はほぼ例外なく「アマゾン効果」をひしひしと感じている。たとえばアメリカのネット通販市場シェアは、アマゾン1社だけで、ウォルマート、アップル、メーシーズ、ホームデポ、ベストバイ、コストコ、ノードストロム、ギャップ、ターゲット、ウィリアムズ・ソノマ、コールズ、シアーズを全部合わせたシェアよりも大きいのだ[4]。

ウォルマートが小売の代名詞だとすれば、アマゾンは今やネット通販の代名詞と言っていいだろう。

なぜアマゾンをここまで強くさせてしまったのか。それは、業界の競合他社が目の前の脅威を意地でも認めようとしなかったからにほかならない。

第3章 汝の敵、アマゾンを知れ

米大手百貨店メーシーズのテリー・ランドグレンCEOは、2016年3月の投資家会議の席上、アパレル市場でアマゾンが多少は脅威となるかもしれないが、ネットで衣料品を売るという現実の厳しさに対応しきれないのではないかと懐疑的な見方を示した。メーシーズがオンライン販売で経験した返品の実態を証拠として挙げたうえで、「ネット販売品の返品が来るようになれば、思ったより大変なことだと気づくだろう」と投資家を前に語った。これは、当時発行されたばかりの調査レポートで、2017年までにアマゾンがメーシーズを抜いてアメリカのアパレル販売の首位に立つとの予想についてコメントを求められたランドグレンなりの感想だ。

ランドグレンがこんなコメントを披露していたころ、アマゾンはまったく違う点に注目していた。ジェフ・ベゾスCEOがロボット・人工知能・宇宙探査の各分野の名だたる専門家を集めた会議を招待制で極秘開催していたのだ。会議で何が話し合われたのか詳細は依然としてはっきりしないが、どう見てもシーズン遅れの婦人服コレクション一掃セールの作戦を練るような顔ぶれでなかったことは確かだ。強いてファッションに近い話題があったとすれば、ベゾスがロボットのコスチュームで会場に現れたことくらいだろう。

つまり、ランドグレンが在庫管理や店舗運営の込み入った事情に思いを巡らせていたとき、ベゾスは宇宙飛行の商用化やサイボーグ、認知コンピューティングで意見を戦わせていたわけである。アマゾンとライバル各社とで、これほど余裕に差があるところを見ると、従来の小売業の常識にとらわれてアマゾン対抗戦略を練ってもなかなか実を結ばない理由がわかろうというものだ。かつてベゾスは「発明は、長い間周囲に理解してもらえなくてもかまわないという覚悟が必要だ」と語ったことがあるが、競合他社がアマゾンの動きを読み違えても不思議ではない。アマゾンは普通の小売事業者とは考え方も行動もまるで違う。だからこそ、アナリストや投資家から賞賛と批判を同時に浴びるような存在なのである。

アマゾンを巡って投資家がよく口にする不満の1つが、長年にわたる収益率の低さだ。じつはアマゾンの収益の最大の柱は小売でも何でもなく、はるかに小規模の「アマゾン・クラウド・サービス（AWS）」というクラウドサービス事業である。この事業部門はアマゾン社内のニーズに応えるためのコンピューティング・プラットフォームとして始まったものだが、やがてデータ保管・管理サービスをアウトソーシングとして外部からも請け負うようになった。取引先には、ネットフリックス、エアビーアンドビー、NASA（米航空宇宙局）など錚々たる企業・組織が名を連ねる。収益の面から言えば、AWSはその規模とは比較にならないくらい大きな力を持った事業だ。AWS

の売り上げ自体は、アマゾン全体の売り上げの9%にも満たないが、営業利益で見ると、全体のじつに56%を叩き出している[1]。

とはいえ、株主の間からは、小売事業の収益を何とか改善せよと迫る声が定期的に上がっているが、ベゾスは投資家らの包囲網を、世紀の脱出マジックよろしく毎回見事に切り抜けている。そして市場がアマゾンを無視しようとしても、売り上げを激増させるか、記録的な利益率を叩き出すか、あるいはあっと驚く顧客獲得戦略を繰り出してくる。もっともベゾスは、四半期ごとの業績予想に右往左往するような短期主義とは決別する道を着実に歩んでいる。ベゾスによれば、利益は水道の蛇口のようなもので、その気になればいつでも開けて出すことができるのだという。要は株主は基本的に満足していると言いたいのだ。たぶん、1994年に創業した会社が今や年に1070億ドル[2]を生み出す巨人になり、世界中に3億の顧客を抱え、年間売り上げの成長率もこの世に引力など存在しないかのように右肩上がりを続けているからだろう。

アマゾンは2016年の第1四半期に売り上げ28%増という驚異的な数字を叩き出した。ほとんどの小売企業のCEOにとっては、家族全員が誘拐されたとしても、全員分の身代金を払って救出できるほどの金額だ。おまけに、にわかに信じられないことだが、アメリカでネット通販の支出額が1ドル増えるごとにアマゾンにはその6割が落ちる計算だ[3]。ちょっと考えてみてもらいたい。ネット通販の支出額が1ドル増えるごとに6割が1社に直接流れ込むのだ。それでもピンとこないというのなら、こう言えばわかってもらえるだろうか。北米の小売市場全体で1ドル支払われるたびに、アマゾンが4分の1を持っていき、そのおこぼれをその他の企業が奪い合っているのだ。

プライムの魔力

アマゾンの重要な生命線とも言えるのが「プライム」という会員制度で、アメリカのアマゾンの場合、99ドルの年会費を払って会員になれば翌日配送が無料になるうえ、数々のプログラムやサービスが利用できる。このプライムは、小売業界で一般的なポイント制度でもクレジット販売でも割引でもないため、競合他社はいささか困惑気味だ。プライムには迅速な無料配送といった特典があるが、もっと重要なのは、それがアマゾン王国全体を楽しむための黄金の鍵であるという点だ。デジタル・コンテンツやエンターテインメント、メディアストレージ、プライベートブランド商品のほか、電子書籍の新刊をいち早く読めるメリットなど、プライム会員専用の特典は増え続けている。

これは消費者をアマゾン中毒にするための麻薬のようなものだ。何よりもアマゾンにとっておいしいのは、この麻薬が年に1度、必ず会員のクレジットカードに課金されることだ。つまり継続的に拡大の一途を辿る収入源になっているのだ。

そして気づいたときにはプライム会員はますます熱心な顧客になり、しかも基本的に優良顧客なのだ。調査会社コンシューマー・インテリジェンス・リサーチ・パートナーズが発表した2015年版のレポートによれば、アマゾンの非プライム会員の年間平均支出額は625ドルだったのに対して、プライム会員の支出額はなんと1500ドルに上る。さらに、プライム会員の更新率が驚くほど高いのだ。30日間のプライム無料体験制度を利用した顧客の75%近くが年間の正会員になる道を選び、2年目を終えたプライム会員の96%が3年目も更新している〔4〕。アマゾンが機会あるごとに新規プライム会員を募集しているのも当然のことだろう。

そんなツールの1つがプライムデーだ。24時間限定の会員向けセールで、あらゆるカテゴリーの商品が普段より大きな値引きで提供される。2015年に始まったプライムデーは、わずか2年のうちに、アメリカのネット通販業界で4番目に大きなショッピングの日になった。2017年はブラック・フライデー（11月第4木曜日の感謝祭の翌日に当たり、感謝祭ギフトの売れ残り一掃セールの日であるとともに、年末商戦の幕開けを告げる一大セール）を超えるのではないかと見られている〔5〕。

このように、アマゾンのプライムは単なる会員制度ではなく、充実した顧客体験を核に展開する独特のエコシステムなのである。プライム会員は約5400万人と推定され、アマゾンがさまざまな製品・サービスのカテゴリーでライバルを蹴散らすために磨き上げたとてつもなく強力な武器なっている。

それを証明するかのように、2016年に同社は韓国の現代自動車と提携を結び、試乗を希望するプライム会員の自宅に車を直接届けるサービスを打ち出した。この企画自体は人目を引くためのの広告的な性格が強かったが、プライム会員は、現代自動車などの他社から見ても、莫大な費用をかけてでも売り込みを図りたい顧客層であることを如実に物語っていた。

アマゾンという蜘蛛の巣

アマゾンは世界トップクラスの成功を収めたネット通販かもしれないが、伝統的な意味での小売業者ではない。だからこそ競合他社にとっては危険この上ない存在でもある。もっと言えば、新しい技術やビジネスモデル、製品・サービスに片っ端から顔を突っ込んでいる。競争という観点では、小売業者は、アマゾンを同業者と捉えるのではなく、データ、技術、イノベーションの企業がたまたま物販も手がけていると見るべきだろう。過去2年間だけでもアマゾンは多種多様な製品、プログラム、プラットフォームを発表しているが、いずれも従来の小売業者が手がけるような代物ではない。ざっと見てみよう。

▼**アマゾン・アート**　厳選されたギャラリーが限定版やオリジナルのアート作品を販売するオンライン市場

▼**デジタルアシスタント「アマゾン・エコー」**　音声認識プラットフォーム「アレクサ」に搭載された人工知能インターフェース

▼**フレックス**　オンデマンドの小包配送ネットワーク
▼**ホームサービス**　水道工事、電気工事など住まいのサービスの窓口
▼**プライムミュージック**　音楽のストリーミング配信サービス
▼**プライム・パントリー**　家庭用品・保存食品の定額配送
▼**プライムビデオ**　オンデマンドのビデオ配信サービス
▼**スマイル**　慈善事業の寄付
▼**スタジオ**　オリジナルのテレビ・映画向けコンテンツ制作
▼**スタイルコードライブ**　QVCのようなライブ配信のファッションショッピング番組
▼**サプライ**　産業・研究開発用品
▼**ビデオダイレクト**　ユーチューブのようなコンテンツクリエーター向け動画配信ネットワーク
▼**ワイヤレス**　携帯電話・サービスプラン

アマゾンは毒蜘蛛に似ている。イノベーションという名の蜘蛛の巣を着々と張り、一度捕まえたら離さない強力な消費者価値エコシステムを生み出している。たとえば、オリジナルの優れたエンターテインメント・コンテンツをエサに多くの利用者をプライム会員に取り込み、結果的にネット通販事業の売り上げにつなげている。かつてベゾスは「(映画・テレビの優秀作品に授与される)ゴールデングローブ賞を獲ったら靴がもっと売れる。それが非常に近道なのだ」と語っている[6]。

アマゾンのイノベーションの多くに共通して見られる魅力がある。ほとんどの小売業者は何ごとも短期で回す製品・サービスという捉え方をするが、アマゾンは前出のAWSをはじめ、そのような考え方に終始していない。アマゾンはプラットフォームやネットワークという視点で物事を見ている。要するに同社のイノベーションはすべて余裕を持って開発されているから、社外の企業にも提供できるのだ。たとえば、アマゾン・エコーというスマートスピーカーの開発にあたってアマゾンは、広く開発者向けにAPI（アプリケーション・プログラミング・インターフェース＝他社のソフトと連携できる機能）を公開している。このAPIのおかげで、他社がエコーと連携可能な製品を開発できるのだ。また、アマゾンがクラス最高水準の配送ネットワークを構築できるとすれば、他社にもサービスを開放しない理由はない。同社のファッションショッピング番組「スタイルコードライブ」が人気を集めれば、アマゾン取り扱い製品以外にも有料で開放する販売プラットフォームとなっても何ら不思議はない。言い換えれば、アマゾンが新たなイノベーションを市場投入するたびに、蜘蛛の巣に粘着力たっぷりの新たな糸が張られるのだ。しかも、この蜘蛛の巣が生み出す価値は、消費者はもちろん、ほかの企業にとっても惹きつけられるものなのである。

このように戦略的に異なる視点からイノベーションを起こす能力があるため、アマゾンの次の一手を読むのは難しく、多くの競合他社は後塵を拝するほかないのだ。自社の事業のなかでこれほど多くの実験を同時並行で進める能力は過去に例を見ない。また、イノベーションに取り組む際の失敗に対する許容度の高さも並外れていて、同社ではそれを名誉の印のように考えている。ベゾスは

「失敗する場を探しているならアマゾンに限る」とまで言い切る。アマゾンは、ライバルを追い落とすためなら、喜んでリスクを取りにいっているようにさえ思われる。

メーシーズのテリー・ランドグレンをはじめとする従来の小売業界の経営者たちにしてみれば、小売事業を営むうえで一筋縄ではいかない制約や逃げようのない現実が山積している。ところが、消費者生活のすべての面で大動脈になるという目的を掲げて爆走しているアマゾンにしてみれば、それは単にハイウェイの路面にある速度規制用の凸凹程度のものであって、問題にもならないのだ。おそらくアマゾンは、何世紀もの歴史を持つ産業を縛ってきた時代錯誤のルールにすがるのではなく、小売という産業自体をつくり直すことに余念がないように見える。

ランドグレンは、アマゾンが近いうちに難題を抱え込むと予想していたが、読み違えというほかはない。アマゾンを侮ってはいけない。成長に必要とあらば自ら酸素をどんどん送り込むような会社だ。ちなみに、ランドグレンはメーシーズの売り上げ不振を理由に2016年6月にCEOの座を追われ、ベゾスはその1カ月後に世界大富豪ランキングで第3位に躍り出たのは皮肉なことである。

アマゾンばかりが目立っているが、現にグローバルな電子商取引で桁違いの成長を遂げているプレイヤーはほかにいないのが現実なのだ。

第4章 アマゾンとアリババの後からも続々と

2015年、世界の電子商取引市場は1兆5920億ドルに達した。そんな数字を聞いてもピンとこないかもしれない。では、前年比で21％増［1］というとてつもない成長率と言えば、そのすごさが伝わるだろうか。同じ期間で世界の小売業全体の成長率が平均6％程度だったから、その差は歴然である。

すでに成熟期を迎えているアメリカのネット通販市場だが、2015年には14・6％もの成長率［2］を叩き出し、金額ベースでその規模は約3420億ドルに達している。2005年以降、アメリカのネット通販市場が2桁成長に届かなかったのは、世界的な景気後退が見られた2008年と2009年の2年間だけである。一方、アメリカの小売市場全体の成長率は1992年までさかのぼってみても、対前年比ベースで一度たりとも9％を超えたことがない［3］。

また、ネット通販と実店舗販売の戦いについて見ると、アメリカの消費者は明らかにネット通販を選ぶ傾向にある。アメリカ人の3分の2以上が毎月オンラインで買い物をしていて、毎週ネット通販を利用している人は2015年に33％と前年比9％増を記録した［4］。その意味で、アメリカは依然としてネット通販成長の一大拠点になっていることは一目瞭然だ。

だが、中国市場とアメリカ市場を比較すると、食べ放題と前菜くらいの差がある。2015年、中国はアメリカを抜いて世界最大のネット通販市場にのし上がり、売り上げは6000億ドルに迫る勢いだ。2014年から2015年にかけて、中国のネット通販市場は33％増という腰を抜かすような記録を打ち立てた。実際、2015年には中国のインターネット利用者数がアメリカの2倍に達し、しかも彼らの89％が携帯電話でインターネットにアクセスできる環境にある。そう考えると、現時点では中国のインターネット利用者数は総人口のまだ半分程度にとどまっている計算になる。ということは、通信環境が十分に整ったころには、中国のネット通販市場に流れ込む利用者の数も想像できよう。

東洋の野獣

2016年11月11日、アジアで日が昇り、欧米のほとんどの地域がまだ眠っていたころ、とんでもないことが起こった。

中国では毎年11月11日は「1」が4つ並ぶことから「独身の日」とされている。独身の日は1993年に始まったもので、元々は交際相手のいない若者がパーティーやらブラインド・デートといった催しに参加して楽しむのが一般的だった。ところが独身の日のお祭り騒ぎが定着するにつれて、目ざとい小売業者が注目するようになり、ターゲットが独身かどうかなど、おかまいなしに大型セールを打つようになった。この火付け役となったのが、ネット通販大手のアリババグループだ。

アリババを起業したのは、中国人のジャック・マー（馬雲）。生まれも育ちも浙江省杭州。子供のころ、英語を話す旅行者相手に無料で観光ガイドを引き受ける代わりに、英語を教えてもらっていたという。だが、成功までの道のりは平坦ではなかった。大学入試に2度失敗した末に杭州師範大学に進学した。卒業時にはケンタッキーフライドチキン（KFC）をはじめ多数の企業の就職試験を受けるも、ことごとく失敗した。結局、英語教師の職を得て翻訳業を始める一方、生活を支えるためにパートタイムの仕事もこなしていた。

1995年にアメリカに旅行した際、友人の紹介でインターネットの存在を知ることになる。当時中国ではインターネットの存在はほとんど知られていなかった。このインターネットとの出会いが、それから何十年にもわたってグローバルな規模で小売の未来を大きく変えることになる。アメリカでインターネットを前にしたマーは、中国ブランドの製品を思いつくままに検索してみたが、何も引っかからない。マーは中国企業がインターネットの世界でいかに存在感を欠いているのか思い知り、ならば自分で中国発のベンチャーを立ち上げようと思いついた。そしてなけなしの7000元（現行レートで約12万円）をはたいて起業したのが「中国イエローページ」である。1年後、そこそこの成功を収めたマーは、中国電信から18万5000ドル相当の出資を受け入れたが、その結果、会社を自分の思うように動かせなくなり、辞職する。

だが、まさにその瞬間にすべてが始まった。インターネットの可能性とマー自身の起業への熱い想いが大きな求心力となり、1999年に友人17人を説得して新しいベンチャーを起業する投資資金を確保した。集めた資金は6000ドル。そして生まれた企業が、ほかならぬアリババである。今考えれば、この6000ドルの使い道としては大正解だった。2016年現在、アリババの時価総額は2000億ドルをやや上回る。大学入試でつまずき、KFCには採用を断られた風変わりな若者が、今や世界屈指の小売帝国に君臨するまでになったのである。

ここで話はちょっと脱線して、前出の独身の日についてもう少し書いておきたい。

2016年11月11日、独身の日に突入した最初の1時間だけで、アリババは何と50億ドル（約5500億円）を売り上げた。表記間違いではなく、確かに50億ドルである。しかもたった60分間で。正直なところにわかに信じられない思いだった。この金額は1分間に換算すれば約8300万ドル（91億3000万円）、1秒間なら140万ドル（1億5400万円）だ。ちなみに米ホームセンター大手のホームデポの店舗当たり平均年間売り上げは約3600万ドルである。ざっくり言えば、ホームデポの大型店2店舗で1年かけて達成する売り上げを大きく上回る額が、独身の日の最初の1時間にアリババに転がり込むわけだ。

さらに言うなら、アメリカ最大のセールといってもいいブラック・フライデーのアメリカのすべての通販業者の売り上げの2倍近くを、独身の日の最初の1時間で稼ぎ出すということだ。

2016年の独身の日のアリババの最終的な売り上げは、200億ドル（2兆2000億円）を突破した。たった1日の売り上げが米電子商取引大手イーベイの2015年の年間売り上げを上回ったのだ[5]。しかも、伸び率は前年比で40％を超えた[6]。

これがネット通販業界に激震をもたらした大事件であり、ネット通販の規模や重みに対する小売業界の意識を根底からひっくり返す歴史的転換点であったことは言うまでもない。これまで幾多の戦いを見守ってきたネット通販ウォッチャーやインターネットのエバンジェリストも、アリババが成し遂げた偉業には度肝を抜かれたはずだ。東洋の巨獣が雄叫びをあげた2016年11月11日、ネット通販は新たな次元に突入した。

アリババの事業規模はとてつもなく大きい。財務的にはイーベイの何倍にも相当するほどだ。2015年、同社はネット通販事業で4760億ドルを売り上げている[7]。驚くのはまだ早い。ほとんどのネット通販会社は売り上げこそ大きいものの、利益はわずかだと批判されているが、アリババは常に30％台の粗利益率を維持している。しかもアマゾンとイーベイの2社の利益を合わせた額をも一貫して上回っているのだ。

中国のネット通販市場の伸びが世界的にスポットライトを浴びているのは確かだが、インドを語らずして世界のネット通販全体の可能性を見極めることはできない。

インドの潜在力

現在、インドのネット通販市場は160億ドルと比較的小さいが、モルガン・スタンレーでは、わずか4年後にこの数字が7倍になると予測している。インターネットの爆発的な普及に後押しされて一気に跳ね上がるのだ。たとえば、読者が本書のたった1行を読んでいるわずかな時間に、新たに約20人のインド人がインターネットに参加する。1秒ごとに3人の新規ユーザーが増える計算だ。また、2025年までにインドではネット通販だけで1200万人分の雇用が創出される見通しだ[8]。

2016年、インドはインターネット利用者数がアメリカを追い抜き、世界第2位のインターネット大国にのし上がった。そのペースたるや年間約40%増の勢いで、2030年にはインドのインターネット利用者数は10億人を突破すると見られている[9]。インドの携帯電話普及率も驚異的なペースで伸び続けている。2016年は携帯電話の4台に1台をスマートフォンが占めた。ちなみに前年は6台に1台の割合だった。

インドは世界最速の経済成長を遂げているだけでなく、人口統計的にもきわめて好ましい状況にあり、いわゆるミレニアル世代の人口は世界最大だ。実際、インド国民の平均年齢（中央値）はなんと27歳である。参考までにアメリカは38歳、イギリス41歳、カナダ42歳である[10]。もしあなたがナイキの経営者なら、どの国でシューズを売りたいと思うだろうか。

このインドに秘められた可能性を引き出そうと、アリババやアマゾンなどの企業はすでに数々のベンチャー企業に重点的に投資している。小規模事業者への短期的な融資プログラムや消費者向けの購入補償制度に始まり、サプライチェーンを合理化する複雑なプランや業務提携など、ネット通販業界の巨人らはインド投資に大きく舵を切り始めている。

その読みはどうやら間違っていないようだ。2014年から2015年にかけて、インドのネット通販会社であるフリップカート、アマゾン、スナップディールの上位3社だけで、従来の店舗型小売業者上位10社の売り上げを上回った[11]。数年後には、売り上げの面でオンライン勢とオフライン（実店舗型）勢の立場が完全に逆転するとの見方が大勢を占めている。かつては考えられなかったことだ。

小売崩壊

長い間、小売業者はネット通販専業企業の脅威に否定的な姿勢を崩そうとしなかった。どの経営幹部に話を振っても、確かにネット通販は伸びているが小売の売り上げの大部分は実店舗で生み出されているとのデータを持ち出して否定してみせるのが常だった。もっとも、その数字さえ、今、急落しているのだ。

だが、2013年ごろになると、ネット通販の勢いと規模が衰えるどころではないことに多くの人々が気づき始めた。ネット通販の急成長はまぎれもない現実だったのだ。さらに、アリババなどの企業は巨大な売り上げと顧客を手に入れただけでなく、かつてネット通販企業の致命的な弱みと指摘されていた利益率の面でも確かな成果を上げるまでになっていたのである。アリババは、2013年3月期の決算で16億ドルの純利益を計上した。粗利益率はじつに28・6％である[12]。当時、アマゾンはまだ黒字転換していなかったが、それでも売り上げは680億ドルをうかがう勢いで、年20％を上回るとんでもないペースで増収を続けていた。

かつて、衣料、家具、自動車といった特定のカテゴリーの商品のオンライン販売にはいろいろと問題があると思われていたところは、小売事業者にもまだ安心感があった。ところが徐々に実店舗の聖域と思われていたカテゴリーがなくなってきた。たとえば先ごろアリババが1日に自動車を6500台販売してギネス記録を打ち立てたばかりだ。今やカーディーラーも戦々恐々としているはずだ。

だが、アマゾンとアリババだけの話なら、今、小売業界が直面しているような状況の変化にはつながっていなかったはずだ。少なくとも市場破壊が起こりそうなカテゴリーをピンポイントで特定しやすかっただろう。じつはアマゾンやアリババの背後には、数え切れないほどのベンチャーが続々と誕生していて、今の混沌とした状況に拍車をかけ、従来型の小売業の隙を突こうと虎視眈々とチャンスをうかがっている。

たとえば2016年にユニリーバは、男性用カミソリの替刃を販売する創業わずか4年の会員制通販ベンチャー、ダラー・シェーブ・クラブを10億ドルで買収している。ダラー・シェーブ・クラブは300万の会員を擁し、売り上げは2億ドルに達しており、ジレットなどの老舗ブランドを相手に大接戦を演じている。

また、2012年創業のブルーエプロンは、家庭向け食材宅配サービスで急成長を果たしている。時価総額20億ドルの同社は現在、月に300万食を販売し、食料品店をすっかり敵に回している。会員制ホールセールのコストコでさえ、もはや安泰ではない。2013年創業のボックスドホールセールは、卸売価格でのオンライン大口販売に乗り出した。コストコなどのようにわざわざ店舗に足を運ぶ必要もない。1億3600万ドル以上の資金を調達し、創業以来、社員数を数百にまで増やしている。

エンジェル投資を集めるウェブサイトの1つ、「エンジェルリスト」を見ると、そこに登録されているベンチャー企業数は本書執筆時点でじつに5721社もあった。デジタルによる破壊の及ばない聖域と言えるようなサービスや製品はもはや存在しない。もし小売の世界で、まだオンライン販のライバルが登場していないカテゴリーがあるとすれば、そのうち誰かが必ずやる。

あなたが商売人なら目下の状況を理詰めで考えるべきだ。世界中でネット通販が毎年2桁成長を続け、実店舗勢がどうにか1桁成長を維持するとしたら、消えるのはどちらか。

「競争相手には学ぶべきだが、物真似はいけない。物真似をすれば、死んだも同然だ」

ジャック・マー

第5章 物流をめぐる仁義なき戦い

ネット通販会社にとって一番の課題は、もはやオンラインでの買い物がどういうものか消費者に理解してもらうことではない。ますます短くなるサイクルのなかでどれだけのアイテムを届けることができるかにかかっている。

配送に対する人々の期待は、驚くほどの短期間に劇的に高まっている。オンラインで注文してきちんと届くだけで満足していたのは、さほど昔の話ではない。大げさに聞こえるかもしれないが、事実である。注文品の発送遅れや破損、不備、誤配送は当たり前だった。かつては中国のネット通販で買い物をしてまともに届けばむしろ驚いたものだが、今では中国で買った物が数日で届かないと不愉快にさえなる。商品が何であれ、どこから発送されようと、とにかくすぐに欲しいのだ。

この「すぐに受け取りたい」ニーズの高まりを受けて、迅速な配送を目指し、おびただしい数のベンチャー企業やプロジェクトが次々に登場している。

▼**ポストメイツ**　２０１１年創業。食品から消費財に至るまで幅広い商品の配達をアメリカ26都市で手がけている。

▼**Deliv**　２０１２年創業。ウィリアムズ・ソノマなどの小売店や、ジェネラル・グロース・プロパティーズ、ウエストフィールド、サイモン・プロパティ・グループなどのモール運営業者を対象としたクラウドソーシング型配送サービス。

▼ライドシェアリング・サービスのウーバーは２０１４年にウーバー・イーツ（UberEATS）のブランドで配送市場に参入。２０１５年10月には、地元顧客に迅速に配送したいという小規模企業を対象に、ウーバー・ラッシュ（UberRUSH）と呼ばれる新サービスを立ち上げた。配送費用は１件当たり５〜７ドル。

▼オランダ・アムステルダムに拠点を置くベンチャー、TringTringは、オンデマンド型の自転車ライダーをそろえ、地域内の小包や注文品を配達している。

▼**Deliveroo**　イギリスに拠点を置くベンチャー。世界12カ国７５０以上の飲食店を対象に、オンラインでオーダーを取り、配達している。

▼２０１４年、スカイプ創業者に名を連ねるアハティ・ヘインラとヤヌス・フリスが立ち上げたスターシップ・テクノロジーズは市街地をナビゲートし、昼夜問わずに小包や荷物を配送する陸上走行型ロボットを開発した。小型の電動６輪車で、最大約４８００メートルを自律走行し、スーパーマーケットの買い物袋２つ分ほどの荷物を運搬できる。

スターシップ・テクノロジーズの配達ロボット。　写真提供：スターシップ・テクノロジーズ

▼ニュージーランドのドミノピザは、ピザの保温と飲み物の冷却が可能な自律走行配送車を開発し、実証実験を進めている。

▼インスタカート（現在の時価総額20億ドル以上）は、アメリカなどの国々で食品やファストフード注文品のピックアップと配達を手がけている[1]。

ロボットの時代へ

こうした配送競争の火付け役は、お察しのとおり、アマゾンである。2013年、アマゾンはドローンを使った飛行配送の実験に乗り出す方針を明らかにした。本気なのかと訝る声もあったが、大まじめの話である。同社の一連の宣伝動画によれば、注文から配達までの時間を日数単位から時間単位、さらには分単位にまで短縮する意向だ。

いよいよベゾスが正気の沙汰ではなくなったと感じた人も多い。何千機ものドローンが大空を飛び回って注文品を配達するという構想を聞いて、ほとんどの人々が冗談もほどほどにと思ったようだ。だが、ドイツでは、ＤＨＬなどの企業がすでにドローンを使って僻地での医薬品配送を実用化していることは、あまり知られていない。ベゾスのドローン配送構想は決して夢物語ではなかったのだ。しかもアマゾンがそこまで徹底的に配送時間の短縮を目指している点は、同社の戦略とも見事に合致する。

当初からベゾスは、アマゾンが常に商品の価格設定で他社に負けないだけでなく、豊富な品揃え、とにかく便利なショッピング体験で勝利を手にすると公言している。その意味で、空中配送は、小売業界に一発お見舞いしたかたちだ。アマゾンが消費者への配送のラストマイル、つまり最後の区間まで支配体制を確立しようとしていることを大々的に表明したのである。

２０１６年、アマゾンが待ちに待った実証実験がイギリスで始まった。配達ドローンを操縦者の視認範囲外まで飛ばす実験だ。アメリカでは連邦航空局がこれまで一貫して却下してきた。マスコミではドローン配送の未来感だけが大々的に語られるなか、アマゾンは、はるかに実用性の高い画期的な配送基盤となる環境づくりに向け、まるでパズルのピースを丹念につなぎ合わせるような地味な作業を粛々と進めている。

たとえば２０１２年、同社はキーバ・システムズを7億７５００万ドルで買収している。ぎっしりと物品が詰まった倉庫内で荷物を効率的に動かすためのロボットを開発している企業だ。アマゾンの自社倉庫では作業員数が膨れ上がっていて対策を迫られていた。実際、２０１０年から２０１１年までの期間だけで作業員数は67％も増加している［2］。キーバのロボットは、人件費を抑制しつつ生産性を向上させるうえで理想的だったと見られる。

現在、アマゾンのフルフィルメントセンター（受注から配達まで全業務の管理拠点）30カ所で3万台を超えるキーバ製ロボットが活躍しており、未導入のセンターと比べて50％以上も多くの在庫を処理できるようになった[3]。アマゾンによれば、結果的に経費が20％減となり、注文品のピックアップから発送まで従来は平均60～70分かかっていたものが、15分にまで短縮できたという[4]。ドイツ銀行のレポートによれば、仮にアマゾンがこのキーバの技術をすべてのフルフィルメントセンターに導入した場合、さらに25億ドルの経費を削減できる計算だ。7億7500万ドルの投資でこの成果なら上出来だろう。

2014年には、プライム会員向けのプログラムに新たにプライム・ナウという特典を追加し、配送戦争に強力な一手を打った。このプライム・ナウは、パリ、ベルリン、マンハッタン、ロンドンなど特定の大都市で多彩な商品を既存の会員に24時間以内に無料配送するサービスだ。

同じく2014年、アマゾンは「見込み配送」なる特許を出願して業界関係者の度肝を抜く。顧客が注文する前に、いやそれどころか、顧客がその商品を欲しいと思う前に商品の発送を開始するシステムというのだから驚きだ。この特許出願から見て、どうやらアマゾンは予測分析の手法で、過去の注文履歴を基に、個々の顧客が注文しそうな商品を予測できるようになる。一見するとバカげたアイデアかもしれない。だが、アマゾン・フレッシュなる食品配送トラックが週に1度、2度、3度と各家庭を巡回するようになれば、家庭ごとのニーズや嗜好、注文頻度を予測するアマゾンの能力はかなり現実味を帯びてくる。個々の顧客のデータが十分に蓄積されれば、その顧客自身が意識する前に、そろそろ何を注文しそうかアマゾンにはわかってしまうことになる。

話はそこで終わらない。2015年後半にアマゾンはその「ラストマイル」配送の実証実験に乗り出した。前述のポストメイツのような画期的なベンチャーの戦略を取り込んだ格好だ。アマゾン・フレックスと銘打ったサービスで、21歳以上の自動車所有者で運転歴に問題がなく、アンドロイド対応スマートフォンを持っていれば、誰でもアマゾン注文商品の配達でアルバイトができるものだ。2時間配送のプライム・ナウの実施都市を皮切りに、アマゾンは、条件を満たした応募者に時給18~25ドルの支払いを決めた。また勤務時間は2時間から12時間までの希望する時間とした。アマゾンは、配送の支配に必要な基盤を確立するだけでなく、自由度が高く、必要なときに必要なだけ使える労働力を揃え、配送のプロセスのなかでも特に重要なラストマイルを押さえようとしていたのだ。

燃やし続ける野望

なぜアマゾンは配送にここまで貪欲に投資するのか。その1つの理由として、アマゾンは地上最大級のオンラインショップを目指すだけでなく、最大級のサードパーティ・ロジスティクス（荷主側でも専業運輸会社でもない立場で物流業務を受託する第3の物流事業者）を目指していることが挙げられる。そ

アマゾン専用貨物機ボーイング767F。　写真提供：アマゾン

の使命を担っているのが、世にあまり知られていない「フルフィルメント・バイ・アマゾン」と呼ばれる部門だ。200万店を超える膨大な数の販売店のために、アマゾンが注文商品のピックアップ、包装、発送、配達まで代行し、販売店側からその報酬を得ているのだ。長い目で見ればフルフィルメント・バイ・アマゾンのサービスのおかげで販売店は経費を削減できると同時に、アマゾン自身の注文処理・発送インフラのコスト全体のうち、かなりの資金をこうした販売店が肩代わりしている格好なのだ。

アマゾンが抱いている野望は、自社扱いの商品を効率的に動かす方法を模索するだけでは終わらないのだろう。実際、アマゾンが配送帝国を築き上げて、そのうちユナイテッド・パーセル・サービス（UPS）やフェデックスといった専業輸送企業と火花を散らす関係になるはずだ。たとえば2015年11月、主にクリスマス商戦を控えた配送の大混乱が発生し、アマゾンはこれをUPS側のミスと指摘したことがある。これを受け、アマゾンは「何千台」ものセミトレーラー（大型トラック）を購入する契約を結び、自社倉庫から在庫商品をフルフィルメントセンターにもっと効率的に輸送する体制づくりに乗り出した。しかも季節要因や販売の流れ、さらには1日のなかの時間帯など必要に応じて、この車両を〝移動式流通センター〟として利用する特許も出願している。

アマゾンの攻勢はとどまるところを知らない。2016年3月には米航空貨物輸送エア・トランスポート・サービシズ・グループ（ATSG）との契約を締結し、ATSGがボーイング767F型貨物専用機20機による空輸体制を組み、アマゾンの即日配送と翌日配送を支援することになった。この契約では、運航サービスだけでなく、契約後5年間にわたってアマゾンがATSGの株式20％弱を取得する権利も含まれている。

それから1カ月後、アマゾンがドイツのフランクフルト・ハーン空港の買収交渉を進めているとの噂が流れた。同空港は資金繰りに問題があり、同年2月以来、身売り話が出ていた。ドイツ紙によれば、名乗りを上げた3社のうちの1社がアマゾンだったという。

アマゾンが厄介なのは、まさしくこうした長期的な戦略にほかならない。ほとんどの小売業者が目先の利益を求めて手を替え品を替えしているのに対して、アマゾンはチェスの名人さながらに何手も先を読みつつ、ぼんやりしている小売業者を窮地に追い込んでくる。アナリストのスコット・ギャロウェイは次のように説明する。「アマゾンの戦略とは、文字どおり最後の1マイルまで戦い抜く戦略であり、生き残りを賭けた戦いである。何十億ドルを投じ、驚異的なフルフィルメント基盤を生かして最後の1マイルに到達する。他の小売業者にはそれほどの資金を低コストで調達する術がないだけに、アマゾンの後塵を拝するか、はたまた酸欠に陥るかのいずれかになる」[5]。

ギャロウェイの見立ては間違っていない。大小問わず小売業者は、アマゾンが新しい配送のスタンダードを打ち立てるたびに、どうにか食らいついていこうと右往左往している。

▼米百貨店ノードストロムはDscoを買収した。このDscoは、ネット通販受注に伴うサプライチェーンのフルフィルメントを改善するクラウドサービスを手がける。

▼ウォルマートはライドシェアリング・サービスのリフトやウーバーと提携し、店舗から顧客宅へ注文品を届ける実証実験を開始した。

▼米量販店大手ターゲットは、アマゾンとアップルの元有力役員を雇用し、配送体制の再構築に取り組んでいる。

▼イギリスのスーパーマーケット大手セインズベリーズは、2016年に「ダーク・ストア」（スーパーマーケット同様のレイアウトながら一般客は入店できないネット販売専用物流センター）を開設した。1万7187平方メートルの店舗に最大900人のスタッフを配置し、30以上の地域を対象に即日配送を実現する。

▼カナダのハドソンズ・ベイ・カンパニーは、6000万ドル以上を投じて完全自動化に近い新流通センターを設立した。

迅速な無料配送に対する買い物客の期待に完璧に対応することで、従来のルールを書き換えてしまったアマゾン。そのあおりで小売業界全体がその新ルールの下で戦わざるを得なくなった。嫌なら死を待つしかない。現に多くの業者が死に追いやられ始めている。押し寄せるネット通販という大洪水に、世界中の小売業者が必死に抵抗しようとしている。多くが規模縮小の道を選んでいるが、店舗の閉鎖や他社との統合に賭ける業者もいる。そして驚くほどの数の業者が債務不履行に陥りつつある。あっさり破産手続きに入る業者もある。

大量の店舗閉鎖に踏み切った小売業者の一部を見てみよう。

▼アバクロンビー&フィッチ
▼エアロポステール
▼アメリカンアパレル
▼アメリカンイーグル
▼オースチンリード
▼バーンズ・アンド・ノーブル
▼ベンシャーマン
▼ブラックス
▼BLUE Inc.

▼ブートレガー
▼ブランターノ・フットウェア
▼ブリティッシュ・ホームストアズ（BHS）
▼チャプターズ／インディゴ
▼クレオ
▼コスタ・ブランカ
▼ディベンハムズ
▼ディック・スミス
▼フューチャーショップ
▼ギャップ
▼グランド&トイ
▼ゲス
▼HMV
▼ジェイコブ
▼JCペニー
▼マッキントッシュ・リテール・グループ
▼メーシーズ

▼メックス
▼マイ・ローカル
▼オフィスデポ
▼パラスコ
▼ラジオシャック
▼リッキーズ
▼シアーズ・ホールディングス
▼ソニー
▼スポーツオーソリティ
▼ステープルズ
▼ターゲット
▼テスコ
▼フローム&ドレースマン（V&D）
▼ウォルグリーン
▼ウールワース

イギリスの大通りはシャッター通り化が進み、壊滅的な状態だ。2014年の廃業数は984社に達し、前年比で3倍に達している。また、アメリカに目を転じると、小売業の1人当たり売り場面積はどの国と比べても2倍以上はあると見られるが、全ショッピングモールの3分の1がまもなく破綻する見通しだ。

こうした事態を招いた原因がすべてアマゾンにあるわけではないが、小売業者に及ぼした影響は決して無視できない。アマゾンによる重圧を感じているのは小売業者ばかりではない。意外な企業までとばっちりを受けているのだ。それはインターネットの代名詞と言ってもいいような企業、グーグルである。

検索にも忍び寄る破壊の影

2013年、グーグルは、グーグル・ショッピング・エクスプレスなるサービスの実証実験に乗り出した。これは同サービスに参加する多彩な販売店に注文すると、シリコンバレー地区とサンフランシスコ地区であれば、その日のうちに注文品が届くサービスだ。後にグーグル・エクスプレスと名称が変わり、対応エリアも拡大された。

この動きは、アナリストの間では、これ以上に道理にかなった話はないと受け止められた。消費者はグーグルで商品や販売店を検索しているのだから、こうした利用状況や購入意向に乗じて、グーグルがさまざまな販売店を網羅した便利な通販ポータルを用意できそうだし、そうしない手はないというわけだ。そして売り上げのうち一定の割合をグーグル・エクスプレスが確保できるだけでなく、検索・購入行動に関する貴重なデータを蓄積して、グーグル・エクスプレス参加ショップにフィードバックすることも可能だ。このように、グーグルによるネット通販参入の動機は、まったくもって理路整然としていてじつにしたたかであるかに見えた。

もっとも、当時はあまり語られていなかったが、是が非でもグーグル・エクスプレスを開始しなければならなかった理由はほかのところにある。検索利用のトラフィックがアマゾンに流れ始めていたからだ。グーグルでの検索で、広告枠を除く自然検索結果のトップにアマゾンが出てくるようになっただけでなく、そもそも検索する場としてアマゾンが利用され始めたということだ。商品を探している客がグーグルを飛ばしていきなりアマゾンで検索する動きが見られるようになったのである。ある調査によれば、商品関連の検索のうち、グーグルではなくアマゾンで実行されたものは最大55％に上るという［6］。

世界の小売業界がどうすれば「オムニチャネル化」（すべての販売チャネルを統合する戦略）を進められるのか、ああでもないこうでもないと考えあぐねている間にも、ネット通販の売り上げは2019年までに1兆6710億ドルに達する見通しで、世界の小売市場全体の7・4％を占める勢いだ［7］。それだけでも大変なことなのに、2020年までにアマゾン、アリババ、イーベイの3社だけで世界のネット通販市場の推定39％を獲得する見通しなのだ［8］。

こうなると、「もう小売店は店をたたむしかないでしょう。みんなネットで買い物をすませるようになりますから」と語っていた例のマーク・アンドリーセンの予言が俄然、気になってくる。

ネット通販企業が海を泳ぎ回るサメだとすれば、従来の小売業者は不運なサーファーで、1人、また1人と犠牲になっていくのか。インターネットでは少々日が当たっていないだけとか、うちには影響がないはずなどといった希望にしがみついている小売業者がいまだにいるなら、遠慮なく言わせてもらうと。それは誤った考えだ。そんな妄想に耽る暇があるなら、どうすれば現在のやられっぱなしの状態を食い止められるのか考えるべきだろう。

第3章　広告が効かない世代との付き合い方

筆者は、仕事柄、世界中で開催される50ほどの小売業界イベントに足を運んでいる関係で、じつに多くの業界関係者と顔を合わせる。筆者が出会った小売業界の経営幹部は、ほとんどが45歳から65歳で、その大部分が1946年から1964年に生まれたベビーブーム世代だ。

その意味で小売業界では、経営戦略の柱となる2つの鉄則を信じて育った人々がリーダーの座にあると言っても過言ではない。その鉄則とは次の2つだ。

「マスメディアは非常に頼りになる」

企業のマーケティング担当者なら、地元の商圏で日刊紙の購読世帯がどのくらいあるのか把握していて当然だった。雑誌ごとの購読状況も、国民的人気ドラマの視聴率もつかんでいたし、テレビ番組に関わるあらゆるデータを押さえていた。いずれも十分に当てにできる数字だった。腕のいい代理店に気の利いた広告を制作させて、人々の目に留まるところに掲出できればしめたもので、店舗にはどっと客が押し寄せる。仮に消費者の反応が鈍いとすれば、考えられる原因としては、広告量不足くらいしか思いつかなかった。それほどに、マスメディア依存体質ができあがっていたわけだ。

「消費者が購入に至る流れは一本道で、基本的に予測可能である」

これまで消費者は、ブランド認知段階から最終的な購入段階まで明快なステップを踏んでいた。さらに、この一連の流れに沿って発生するデータは、ブランドと販売店がほぼもれなく管理できていた。消費者は情報面でいわば完全に隔絶された状態にあって、何か判断するときに頼れるのはブランドや販売店の提供する情報がすべてといってもいい状況だったからだ。つまり、販売店こそがキャスティングボートを握っていたのである。

これは、半世紀をゆうに越える期間にわたって、販売店と消費者の間の了解事項となっていた。いわば「お約束」である。だからこそ、従来型の販売店の多くは、景気が悪くなれば反射的に広告予算を積み増そうと考えるのである。

たとえばカナダで苦境に立たされていた百貨店シアーズでは、3年間に6人ものCEOが次々に登板する迷走ぶりで、平均任期は6カ月だった。あっという間に競合他社にシェアを奪われ、特にネット通販はボロ負けだった。やはりと言うべきか、死に体のブランドを何とか再生させようとトップの首がすげ替えられるたびに「大刷新」を謳って、ずいぶんと豪勢な宣伝キャンペーンを仕掛け、消費者に「乞うご期待」と訴えていた。だが、こんなふうに莫大な予算を投じて、やれ生まれ変わっただの、エキサイティングだのとブランドの売り込みを図ったところで、状況はまったく変わらなかったのである。結局、唯一の大刷新はCEO執務室のドアの名札だけだったというオチがつく。

こんな状況に次のような疑問が浮かぶ。

▼ネット通販がもたらした小売危機の打開策は広告なのか。
▼扉をぶち破って襲来してきたアリババやアマゾンなどの無法者たちに対して、マーケティング予算の積み増しで対抗できるのか。
▼うまく手を回して巧妙に手配したメディア露出で、過去の栄光を取り戻せるのか。

メディアに希少価値なし、関心こそ希少価値

今、広告の全体量は過去に例がないほど増えている。たとえば2015年に全世界の広告支出は5520億ドルで、前年に比べ4％近く増加している。アメリカに限ってみると同1870億ドルだ。このうち790億ドル（じつに42％）は、あらゆる広告媒体があるなか、時代遅れの感があるテ

レビにいまだに支出されているのである。

世間で何と言われていようと、メディアとしてのテレビは健在だ。驚くなかれ、アメリカ人はいまだに1日4・3時間もテレビを見ている[1]。また、先ごろイギリスで実施された調査によれば、消費者の90%が、テレビ広告は、ずば抜けて記憶に残る広告形態と評価している[2]。わたしたちがテレビを見なくなったわけではないのだ。問題は、わたしたちがテレビCMを見ていないことにあるのだ。少なくともかつてのようには。

問題の大部分は、テレビ広告の主要指標として使われている「リーチ」に端を発している。このリーチとは、特定の広告を「目にした可能性がある」視聴者数を指す。広告担当の責任者は、この潜在的な視聴者数を参考に、いつどこで広告を打つか決断を下しているのである。

問題は、リーチがいまだに有効な指標なのかという点だ。筆者はこの疑問を探るべく、講演会などの場を利用して大規模調査を実施してきた。まず、テレビを見ている人がどのくらいいるのか調べるため、挙手を求める。すると、ほとんどの人が手を挙げる。次に、テレビを見ているときに、ラップトップPCや携帯端末、タブレットをいつも身の回りに置いている人に手を挙げ続けてもらう。案の定、ほぼ全員が手を挙げ続けたままだ。おそらく読者のみなさんもうなずいているのではないだろうか。この手を挙げたままの聴衆に、番組を見ている途中でCMに切り替わったら何をするのか尋ねる。ご想像どおり、回答はさまざまだ。メールチェックをする人もいれば、フェイスブックをチェックする人もいる。ほかにもインスタグラムに写真をアップロードする人、ネット

「ながら視聴」で2つの画面が消費者の注意を取り合うことに。 ©Marco Piunti

で買い物をする人、動画を見る人、その他の娯楽・気晴らしに切り替える人など人それぞれだ。だが、明らかに共通しているのは、CMを見ていないという点である。もちろん、意図的ではないのだろうが、手元にはお楽しみがたっぷり詰まったPCがあり、スマホには、わくわくするようなコンテンツがあふれているのだから、わざわざ退屈なCMを見るわけがないのである。

これは目新しい行動ではない。少々古いデータになるが、2011年の時点でニールセンが実施した調査によれば、スマートフォンやタブレットのユーザーの40%は、テレビを見ながらこうした携帯端末も使用する「ながら視聴」をしていた。広告担当責任者のなかには、ながら視聴の消費者であっても注意力を分散させてCMの内容もきちんと拾っていると都合のいい解釈をしている向きもある。各種調査を見る限りどうやらそれは幻想で、ながら視聴族は明らかに商売の障害になっている[3]。

複数の端末に注意を分散させると、広告の効果は致命的な影響を受ける。先ほどのリーチという指標に話を戻すと、たとえば視聴率60%超えも記録したことのあるイギリスの音楽オーディション番組『Xファクター』が、今晩どのくらいの視聴率を叩き出すのかわかっても、そのうち何人がCMを見るのか絶対的な手がかりはない。お世辞にも科学的とは言えない筆者の実地調査だが、それでも何か見えてくるものがあるとすれば、CMを見る人は多くないという事実だ。

クロスプラットフォーム型消費とは

もう1つリーチをぶち壊しにする要素がある。もはや視聴者が放送時間に合わせてテレビの前に縛られるような時代ではないという現実だ。端末もサービスもプラットフォームも時間も気にすることなく、自由にテレビ番組を見られるというノンリニア視聴により、広告の力は明らかに曲がり角を迎えている。

実際、ニールセンはこれが理由で視聴率調査システムの変更を余儀なくされた。番組を視聴できる多種多様な機器やチャネルを対象とした視聴動向を調査するため、現在、ニールセンでは「トータルオーディエンス（総視聴者数）計測」という指標を使っている。これは、1つの番組の視聴について、すべての機器ごとの視聴をカウントするものである。そこから驚異的な事実が浮かび上がった。初期の実証実験で、あるドラマの視聴状況について調べたところ、本来の放送時にドラマを視聴した視聴者はわずか45％にとどまり、残る55％は、実際の放送時ではなく、他の時間に多様な機器を使って視聴していたのだ。

▼32％が放送から最初の7日以内にデジタルビデオレコーダーで視聴
▼2％が放送後、8〜35日以内にデジタルビデオレコーダーで視聴
▼7％が放送から35日以内にオンデマンド型ビデオで視聴
▼6％がネットTVで視聴
▼8％がPC、携帯端末、タブレットでストリーミング配信を視聴

タイムシフト視聴（放送時に録画しておき、都合のいいときに視聴する形態）の利用者がじっくりとCMを見てくれているとの希望的観測を捨てきれないマーケティング担当者がいるようなら、戦略の修正を検討したほうがよさそうだ。前出のイギリスでの調査によれば、デジタルビデオレコーダー（DVR）利用者の86％は、早送りボタンを連打しながら、CMをどんどん飛ばしていることがわかった。

これまで広告を打つには最高の場とされてきたアカデミー賞などの極上のエンターテインメントやスーパーボウルといったスポーツイベント中継でさえ、行き詰まりの様相を呈している。たとえば2016年オリンピックの視聴率は、2012年ロンドン・オリンピックを17％下回った[4]。

本格化するマルチスクリーン時代を明らかに反映した結果と言える。

このため、広告が届いていても見られていないという、リーチ（到達人数）とインプレッション（表示回数）の乖離が激しく顕著になりつつある。しかも、単に広告接触回数を高めるような単純な方法で簡単に解決できるような問題でもない。ちなみにこの接触回数は、業界用語で言えばフリークエンシーである。先のリーチ、インプレッションともにフリークエンシーも含めて広告の3大指標とされているわけだが、リーチ自体が破綻していれば、フリークエンシーも無意味になる。誰もテレビCMを見ようとしていなくて、ただでさえテレビCMが相手にされていない以上、接触回数を増やす分だけ余計に広告が無視されるようになる。

小売業者のマーケティング担当者はとにかく消費者を呼び込みたいのだが、さらに困った問題がある。消費者、特に若い世代の消費者は驚くほどにテレビを見なくなっているのだ。さまざまな調査を見ても、ミレニアル世代と呼ばれる18～24歳の若者による従来型のテレビ視聴は2011年に38％も落ち込んだのだ。その上の25～34歳の層はまだましではあるが、それでも約22％減少している[5]。

デジタルの夢

従来の広告形態の効果がここまで落ち込んでいるため、多くのブランドはデジタルメディアを重視する姿勢を打ち出している。魚の群れが危機を回避しようと一斉に方向転換するかのように、産業界が急激に広告支出先を大きく変更し始めている。

世界の広告支出は2015年に前年比4・6%増となった。主な牽引力となったのはデジタル広告支出の拡大で、広告支出全体の伸びに比べて3倍以上の急成長となった[6]。特に顕著だったのはソーシャル広告の支出で、2015年に前年比33・5%増の236億8000万ドルに急拡大した。2017年末にはソーシャルネットワーク向けの広告は359億8000万ドルに達する見通しで、これだけで世界のデジタル広告支出全体の16%を占める[7]。

もちろん、マーケティング担当者がこのような方向に動くことになった最大のきっかけは、フェイスブックやツイッター、インスタグラムなど、数々のソーシャルメディア（SNS）が誇る膨大なユーザー数にある。明らかにSNSの世界では、依然として規模が物を言う。一例を挙げれば、フェイスブックに関しては次のようなデータをあちこちで目にしているはずだ。

▼2016年6月の1日平均アクティブユーザー（一定期間内に1回以上のサービス利用があったユーザー）数　11億3000万
▼同携帯端末による1日平均アクティブユーザー数　10億3000万
▼2016年6月30日現在の月間平均アクティブユーザー数　17億1000万
▼同携帯端末による月間平均アクティブユーザー数　15億7000万

ツイッターもことあるごとにリーチのデータをさかんに発表している。

▼月間アクティブユーザー数　3億1000万
▼携帯端末利用によるアクティブユーザー数の割合　83％
▼ツイート埋め込みサイトへの月間ユニーク訪問数　10億

そしてインスタグラムも5億人以上のコミュニティと謳っている。

どれも驚くような数字であり、考え方の似通った者同士を結びつけたり、価値あるコンテンツを広めたりするうえでソーシャルメディアは効果的なメディアになりうる。

ユーザーに関する情報を追跡・調査する能力に磨きをかけているフェイスブックと比べれば、アメリカの国家安全保障局（NSA）など素人同然だろう。あまり知られていないことだが、フェイスブックは98種類のデータポイントを使い、ユーザー1人ひとりの瞬間瞬間の興味やニーズ、嗜好を正確に把握している。ユーザーがフェイスブックにログインしているときだけ情報収集していると思ったら大間違いだ。フェイスブックにログインしていなくても、インターネット上のいたるところに散らばっているちょっとしたプログラムやらプラグインやらが、ユーザーの行動を追跡し続けている。そして収集した情報はそのまま〝母艦〟であるフェイスブックに送り込まれている。

たとえば、独身の肉体労働者で、最近ロンドンに引っ越したばかり、ラグビーの大ファン、韓国の起亜自動車のクルマに乗り、インド料理が好きで、母親は6月生まれと——といった具合に、98種類もの情報を集めていて、これを基にこのユーザーにふさわしい広告を次々に表示できる。当然、ユーザーが違えば、こうした基本データも異なるので、別の広告が表示されるわけだ。

こうした土足で上がり込んでくるようなやり方をうっとうしく感じる人もいれば、マスマーケティングを避けられるならこの程度の代償は仕方ないと見る人もいる。ただ、フェイスブックなど無償のソーシャルメディアが、ターゲットマーケティングの本来の意味や狙いをどこまで捻じ曲げるつもりなのかはわからない。

フェイスブックの欠点

大手の小売業者やブランドがソーシャルマーケティングにかける意気込みは結構なのだが、計算上の明らかな不備を見逃しているようだ。桁外れの記録やユーザー数にはビジネス系のメディアが思わず飛びつくものだが、事はそう単純ではない。潜在的な投資効果がどの程度あるのか本当に理解するには、いくつか注意しておくべき「但し書き」がある。ところが、マーケティング担当者のなかで、それを知っている人や、知っていても積極的に認めようとする人はまずいないようだ。それが原因で問題が発生していることに、メルボルン・ビジネススクール助教授のマーク・リットソンも怒り心頭だ。

リットソンの見事なプレゼンテーションがユーチューブで公開されているのでぜひご覧いただきたいのだが、そのなかでリットソンは、うわべだけ取り繕っていることが多いソーシャルメディアマーケティング関連のデータを詳しく吟味している。

典型的な例を挙げよう。リットソンが着目したのは、オーストラリアの小売業者ウールワースが取り組んでいるソーシャルメディア活用のマーケティング活動だ。同社はブランドとしてフェイスブック上で72万1000の「いいね！」を集めていて、一見すると、立派な数字のように思える。だが、ここで実態をもう少し詳しく掘り下げておく必要があるとリットソンは指摘する。フェイスブック上で72万1000ものファンを集めたというが、これは、ウールワースに「いいね！」を押したことのあるフェイスブックユーザーの数である。現時点で同ブランドを使っているユーザー数でも、同ブランドに熱を上げているユーザー数でもないのだ。リットソンが言うように、任意の週にフェイスブック上でウールワースに関心を示した「現役ファン」の数を見ると、わずか8500人にとどまる。あの大風呂敷を広げた数字のほんの1・1％にすぎないのだ。

何よりも理解に苦しむのは、ウールワースが専任のソーシャルメディアチームを使いながら接触できたのは8500人のフェイスブックユーザーにとどまった一方、実店舗には「2100万人がウールワースに来店」していた。つまり、同ブランドがフェイスブック上で（結構な予算を費やして）顧客全体の0・0004％を追いかけている最中に、2100万人の本物の人間が顧客として店舗に足を運んでいたわけだ。だったら、本当に足を運んでくれた2100万人をとことん喜ばせることに予算を使ったほうがましなのではないか。

こうした惨憺たる結末は何もウールワースに限った話ではない。フェイスブック上で「いいね！」を探し求めているほとんどの消費者向けブランドに共通して当てはまる。リットソンに言わせれば、これはブランド側に根本的な誤りがある。ソーシャルメディアにおいて、彼らには「存在価値がない」事実を認識できていないのだ。「間違った使われ方をしている。ソーシャルメディアは人々のものであって、ブランドのものではない」（リットソン）〔8〕。

ツイッターで上位100のユーザーアカウントを眺めてみればわかるが、小売業者や消費者向けブランドは1つたりとも入っていない。むしろメディアネットワークや有名人がずらりと名を連ねている。

ソーシャルマーケティングの信奉者の前でこんなことを説明しても、変わり者扱いされるだけなのだが、ソーシャルメディアでのマーケティングの実質的な価値が問われたのは、なにもこれが初めてではないだろう。フォレスター・リサーチのバイスプレジデントでプリンシパル・アナリストのネート・エリオットは先ごろ、ブランド各社に向けて次のような助言をしている。

そこにコミュニティはない。「フェイスブック上にコミュニティを築く」という考え方があるようだが、フェイスブック上で息の長いコミュニティづくりに成功したブランドをいまだかつて見たことがない。おそらくは何らかの話題がきっかけで1週間ほど人々が集まってくるかもしれないが、会話の流れが生まれることはない。アーカイブとしてまとめられることもない。有意義なコミュニティは形成されない。投稿にたくさんの「いいね!」がついたり、コメントやシェアの対象になったページがいくつもあったとしても、それはコミュニティではない。フェイスブック上にコミュニティを築くという考え方をしたり、ページを管理する人々をコミュニティマネージャーと呼んだりしているが、それはいつも夢物語に終わる。コミュニティが本気で欲しいなら、自らコミュニティを築く必要がある。つまり、自らが所有する場でブランド色のあるコミュニティを作るほかないのだ[9]。

ならば、徹底的にターゲットを絞った広告活動なら確かな効果が得られるのだろうか。リットソンによれば、それも難しいらしい。その理由は、フェイスブックで成果を上げている広告の「インプレッション」なるものと大いに関係がある。たとえば、フェイスブック上ですごい動画広告を制作・掲載する場合を考えてみたい。フェイスブック上の動画表示エリアのうち、ほんの数ミリだけでも利用者の目に入っただけで、実際にはコンテンツ自体を視聴しなかったとしても、フェイスブックは閲覧したと判断して広告主に料金を請求する。話はそれだけで収まらない。フェイスブック上にある動画のおよそ85%は音声が消音の状態で再生されていて[10]、音声を耳にしている利用者は15%にとどまっている。現在、フェイスブック側でもこの問題の対応に動いているということだが、それでもバカらしいことに、音声オフでも動画がたった3秒再生されるだけで、1回視聴されたとカウントして、広告主は広告料金を払わされるのだ。その3秒間が最も重要なシーンで、しかも利用者が読唇術を心得ていることを願うばかりだ。そうでなければ、マーケティング予算をドブに捨てるようなものだ。

2016年下期、当のフェイスブックは、利用者の平均動画視聴時間の算出方法があまりに杜撰《ずさん》だったことを認めざるを得なくなった。フェイスブック上の動画広告の総合的な効果について、ずいぶんと大風呂敷を広げてきたが、その前提は視聴時間が「3秒未満」の動画を除くだけで、あとはすべて視聴とカウントされていたからだ。広告予算をどこにどう使うか企業の担当者が判断するうえで、こんな指標が参考にされていたのである。

だが、消費者が数秒以上広告を見てくれたとしても、クリックしてその広告主のウェブサイトに実際に飛ぶクリックスルー率は2～5%といったところだ。正直なところ、フェイスブックでのマーケティングにどれほど期待できるものだろうか。

問題は、フェイスブック上で売り込みたい場合に、有料利用する以外に選択肢がない点だ。フェイスブックで企業が消費者と草の根的なつながりを持つことは徐々に難しくなっている。というのも、企業による無料投稿が意図的に抑制されているために、ブランド各社がこれまで以上に金を使っても、つながることができる消費者の数は従来と同じか、もっと少なくなる。平たく言えば、フェイスブックは毎年ブランド各社に対する請求額を増やし、そのカネで愛犬や愛猫の写真を披露している無料ユーザーのコストを穴埋めしているようなものなのだ。誰もフェイスブックに広告を見に行こうとしないことは、さまざまなデータが物語っている。
人々がフェイスブックを利用する本当の理由を見てみよう。

▼52％が友達の近況を知るため
▼42％が友達に直接メッセージを送るため
▼39％が連絡を取り合うため
▼20％が動画を投稿するため
▼15％が友達が楽しんでいる映画・テレビ番組や音楽などを知るため[11]

ブランドや販売店との交流を目的にフェイスブックを訪れる消費者の割合は、あまりに数字が小さすぎて右のリストに挙がっていない。この状況はフェイスブックだけに当てはまるわけではない。せっかく囲い込んだ利用者をなんとか収益化に結びつけたいソーシャルメディアはどこも同じような問題を抱えている。

どこを見てもゴミばかり

こうした事実を受け、フェイスブック戦略自体を再考するブランドも現れている。プロクター・

アンド・ギャンブル（P&G）では、2016年にターゲット広告の重点利用から手を引いた。さまざまなデジタル広告と比べて投資効果がないと気づいたからだ。P&Gに限らず、ブランド各社は、この新しいメディアが明らかに普及している事実と、最終的な費用対効果という現実とにどう折り合いをつければいいのか苦心していた。

思うにフェイスブックは現代版のテレビ民放キー局になっただけのような気がする。アメリカでいえばABCやNBC、CBSといったところだ。ひとたび頼れる情報源としての座を獲得したら、ほとんどの人々がフェイスブックに〝チャンネルを合わせる〟ようになり、タダでサービスやコンテンツを楽しむかわりに広告を見せられる。では何も変わっていないのかと言えば、新しい部分もある。今、消費者の反撃が始まっているのだ。たとえば、イギリスでは成人の22％、アメリカではインターネットユーザーの10％がアドブロッカーと呼ばれるオンライン広告阻止ソフトを使っている。広告を撃退するナパーム弾のようなものだ[12]。このためオンライン広告を出している広告主とアドブロッカー開発元は常に火花を散らし合っている。

このいたちごっこは一種異様な様相を呈している。2016年8月、フェイスブックは、ユーザーがアドブロッカーを使っていても、強制的に広告を表示する対策を編み出したと発表した。フェイスブックは自社ブログ上でフェイスブック存続のために広告は欠かせないとユーザーに訴えた。要は、ユーザーが好むと好まざるとにかかわらず、ニュースフィードに広告を無理やり押し込みますよということだ。発表からわずか48時間後には、少なくともアドブロッカー開発元1社がすでにフェイスブックの〝アドブロッカー・ブロッカー〟（アドブロッカーの利用を阻止する機能）の迂回策を見つけ出していた。当然、これに対してフェイスブックも〝アドブロッカー・ブロッカー〟を阻止するブロッカー開発に動き出した。

未来学者ガード・レオナードがこんなふうにも言っている。「広告主は、罠に磨きをかけて仕掛けるたびに同じことを学ぶんだ。消費者は罠が嫌いなのだと」［13］。誰もが見て見ぬ振りをしている問題がある。広告のルートがいけないのではない。広告自体の問題だ。そもそも消費者は広告が嫌いだ。これまではそれに対して何もできることはなかったが、今は広告に対抗する力も技術もある点が昔と違うのだ。

飲料大手のペプシコ社長、ブラッド・ジェイクマンは、「デジタル・マーケティング」はおろか、「広告」という言葉も忘れるべきだと言ってはばからない。現に、広告という考え方自体、人々が目にしたくないもので世の中を「汚す」行為を前提としているとジェイクマンは言い切る。特にジェイクマンが槍玉にあげているのがプレロール広告である。動画本編の前に流れる30秒広告だ。ジェイクマン自身、人生のかなりの時間をこの広告に奪われているのだそうだ。先ごろ開催された会議の席上、「これ（プレロール広告）を作っている人たちは、嫌われることを承知でやっているのだから余計に始末に悪い。どうしてそう言えるのかって？　30秒編、20秒編、15秒編とあるが、どのくらいなら我慢できるかと聞いてくるのだから。このゴミをあと10秒我慢すれば本当に見たい本編にありつけるというわけだ。こんな汚染コンテンツモデルが長続きするわけがない」［14］。

筆者なら、ジェイクマンの説からもう一歩踏み込んで、広告という概念そのものがもう長続きしないと言いたい。見た目を変え、別の名前をつけて、新しいチャネルに流すことはできるが、やはり依然として広告であり、おぞましいことに変わりない。

販売店やブランドにアドバイスできることがあるとすれば、カネの力で注目を集めて成功をつかむ方法はもう時代遅れと頭を切り替えることだ。ブログやソーシャルメディアなど信用・評判を獲得するメディアを「アーンドメディア」（獲得メディア）と呼ぶが、こうしたメディアをフル活用して注目や評判を集める活動が不得手なら、どれほど有料の広告を打ったとしてもキリがない。コンテンツ中心の広告だろうと、プログラムに沿った広告だろうと、ユーザーの現在位置を意識した広告だろうと、古きよき昔ながらのテレビCMであろうと、あまたの障害をくぐり抜け、見事に多くの人々に注目してもらえるような見込みはゼロに等しい。

ターゲットの顧客を狙って、混沌とした市場のなかで十分にメッセージを届けられたとしても、今度はまったく別の課題を抱え込むことになる。かつてはそれだけですんなりと商品購入につながっていたが、今はさまざまなチャネルやタッチポイント（顧客との接点）、プラットフォーム、機器が迷路のように複雑に入り組んでいる。消費者があるブランドにたどり着くまでの道のりを見ると、さまざまな手段があり、その多くはブランド側にコントロール不可能なものだ。顧客を絞り込めるどころか、先に進めば進むほどにブランドや商品の選択肢は飛躍的に増えていくのである。

たとえば、フェイスブックやツイッターで、ある商品について初めて耳にすることがある。だがそれはブランド側が出した広告がきっかけではなく、たまたま友達がそのことに触れていたからにすぎない。それがきっかけで、そのブランドのサイトを訪れることはある。そこに掲載されている販売店一覧を眺めて最寄りの店に足を運ぶことになるわけだ。そうなったとしても、そこで買わずにウェブを検索して競合商品を調べたり、他のユーザーのレビューを読んだりするだろう。そんなこんなで何週間か、ひょっとしたら何ヵ月も購入を見送ることもある。以前に出向いた店のサイトにアクセスする。だが、すぐには買わず、その販売店のアプリをダウンロードしておき、やがてカフェにでもいるときに、思い出したようにその店のネット通販でようやく購入にたどり着く。

こんな複雑怪奇な道のりをマーケティング担当者は説明できるだろうか。ましてや購入に至るまでの消費者の体験をコントロールできるわけがない。しかも、その道のりには、消費者のまったく新しいニーズや嗜好が渦巻いているのだ。

第7章 2つの未来、どちらを選ぶか？

消費者の思考回路は完全に切り替わり、新しい期待を抱くようになっている。オンラインでの体験に慣れた結果、オフライン（実店舗）での体験にもそれを求めるようになっているのだ。いわばわたしたち自身のプログラムが書き換えられたとも言えるだろう。だから小売業者やそのマーケティング担当者にとっては余計に課題が増えている。

その好例として思い出すのが、アメリカの大手家電量販店、ベストバイの店舗に初めて足を運んだときのことだ。当時としては驚愕の品揃えにしばし呆然としてしまった。確か75台ほどだったと思うが、テレビがずらりと展示されているさまに言葉も出なかった。一方、今、アマゾンにアクセスして「テレビ」で検索すると、50万件以上の結果が表示される。50万件である。「テレビの品揃えが素晴らしい」と驚くときの基準は、30年も経たないうちに75台から50万台に跳ね上がってしまったのである。

それだけではない。優れたネット通販サイトは、単に選択肢が多いだけでなく、商品の選びやすさにも力を入れている。ホームセンター大手ホームデポのウェブサイトで1000アイテムを閲覧して絞り込み、比較検討して選択するまでの流れは、ホームデポの巨大な実店舗で100アイテムから同じように選ぶよりもはるかに楽だ。

最近になってこれを実感することがあった。我が家でリフォームするバスルームの蛇口を探しに夫婦で出かけたときのことだ。大型ホームセンターの蛇口売り場には、さまざまなサイズ、価格、仕上げ、機能の蛇口が100種類はあった。お互い無言のまま、売り場に立ち尽くし、壁面に展示された膨大な数の蛇口をぼんやりと見つめていた。しばらくして何の収穫もないまま店を後にした。なぜすんなりと選べなかったのか、その晩になってようやくわかった。わたしたちの思考回路が、絞り込み検索や商品比較、きれいに整理された製品情報の閲覧などが可能なオンラインショッピングの世界にすっかり適応してしまった結果、実店舗でのショッピングはそのような機能が使えないために、わたしたちの頭脳がお手上げ状態になってしまったのだ。認知の機能不全である。

手軽さや利便性が売りのオンラインショッピングに対して、手間や過酷さがつきまとうオフラインショッピング。その差は開く一方で、近いうちに重大な転換点に到達するはずだ。すると、今日わたしたちが思い描く実店舗のような情報の少ない場にあえて足を踏み入れる意味はなくなる。それでも見放されないためには、小売業者は実店舗にツールやらデータやら技術やらを導入し、消費者に豊富な情報を提供してスムーズに判断が下せる体制づくりを迫られる。

しかもハードルはさらに高くなっている。これほど簡単に買い物ができる新しい巨大な環境は消費者の家庭のＰＣの中だけにとどまっているわけではない。買い物中も消費者に一緒に付いてくるようになった。そう、携帯端末というかたちで手の中、ポケットの中、あるいはハンドバッグの中にあるのだ。

携帯端末のすごさを今さらここで紙幅を割いてくどくど説明するつもりはない。すでに読者もその威力については十分にご存知のことだろう。２０１４年の時点で早くもスマートフォンの所有数が従来の携帯電話の所有数を逆転している。米調査会社フォレスターリサーチによれば、２０２０年までに全世界の携帯端末のうち、スマートフォンが85％以上に達すると推定している。さらに、加入者数ベースで見たスマートフォン市場規模は２０２０年までの5年間の年平均成長率９・５％を達成する見込みである[1]。

毎日周囲を見回せば、こうした統計データのとおりであることは、読者も感じ取っていることだろう。カフェや空港、公園といった公共の場に行けば、いつでも携帯電話にかじりついている人々の姿が否応なく目に飛び込んでくる。コンサートもアートギャラリーも街巡りのツアーも、スマートフォンを通して体験できる時代だ。文字どおり端末の画面を通して日々を生きていると言っても過言ではない。朝起きて最初に見るものとして携帯端末を挙げる人は、少なくとも68％に

携帯端末にかじりつくカフェの常連客たち。　©Oktay Ortakcioglu

上る［2］。それで終わりではなく、ごく普通の1日なら合計220回も画面を覗き込んでいる［3］。携帯ユーザーの3分の1は、端末を持っていない自分を想像しただけで不安になるという。

筆者もその1人だ。最近、旅行をしたときのこと。ある晩、1人で夕食に出かけ、席についた瞬間、スマートフォンがバッテリー切れを起こした。そのときの慌てぶりが想像できるだろうか。まるで酸素供給を絶たれたかのようだった。ウェイターがやってきて「ご注文は」と声をかけてきたので、思わず「充電器を！」と叫びそうになったが、何とか自制した。オーダーした食事を待つ間、スマートフォンがない状態で人はいったい何ができるのか改めて考えるはめになった。

好むと好まざるとにかかわらず、わたしたちの暮らしはますます技術と無縁ではいられなくなっている。買う商品、タイミング、場所、そして買い物の理由までもが劇的な影響を受ける。今や小売の取引の少なくとも50％に何らかのかたちでウェブが関わっていて、携帯での取引の割合は一貫して右肩上がりの状態だ。デジタル技術のおかげでいつでもつながっていられるという状況が生まれた結果、消費者として知りたいこと、手に入れたいもの、見たいもの、やりたいことなら何でもちょっと画面をタップするだけでたどり着けてしまう。

選ぶのはあなただ

ネット通販に脅かされている実店舗のこれまでの策といえば、広告予算の増額しかなく、それでますます自分の首を締めるという流れだった。この業界をどのような未来が待ち受けているのか。ネット通販の過度な拡大が続いているが、いつになれば小売市場全体としての成長率が正常化するのだろうか。前年比2桁成長という天文学的な伸びが、せめて従来の小売業者にとって3~5％程度のまっとうな成長率に落ち着くのはいつのことなのか。驚かないで聞いてほしいのだが、かのウィンストン・チャーチルの有名な言葉に「今は終わりではない。終わりの始まりですらない。いやきっと始まりの終わりなのだ」［4］というものがある。

どの証拠を見ても、未来の小売の姿がオンラインへと向かっていることは明らかだ。やがて今日のネット通販の姿が、カタログ販売の代名詞的存在だったシアーズ・ローバックのクリスマス・カタログのような時代遅れの代物になるかもしれない。そのころにはきっとわたしたちも孫を前にして、昔はPCの前に座り、2次元の写真をクリックし、支払い情報を入力してガソリンで動く配送車がやってくるのを待っていたものだよ、などと昔話を披露しているのだろう。それを聞いて孫は、昔は大変だったんだねと憐れみながら、当時の人々はいったいどうやって暮らしていたのかと不思議がるはずだ。

では、ネット通販の未来はどのようなものになるのか。筆者の考える未来の姿を披露しよう。だが、その前に選択肢を示しておきたい。映画『マトリックス』に登場する伝説のハッカー、モーフィアスは、主人公のネオに青い錠剤と赤い錠剤を見せながらこんなふうに言う。「どちらか選べ。青い薬を選べば物語はすべて終わる。朝起きたら、また自分が信じたいものだけを信じる生活に戻る。赤い薬なら、不思議の国は終わらない。（不思議の国のアリスのように）ウサギの穴の先に迷路のように広がる世界を案内しよう」。

つまり、ここで本書を閉じれば、これまでどおりのやり方で商売を続けることができる。この本は見なかったことにすればいい。現在の地位を築くうえで頼りにしてきた信念や物の考え方にこだわり、今後も頼りにしようと期待する道が1つ。もう1つは、この先も本書を読み進め、世の中がどうなっていくのか見極める道だ。だが、その場合、未来の可能性を寛大に受け入れる広い心を持ち、懐疑心は今の世界に置いていく必要がある。

青い薬か赤い薬か、選ぶのはあなた自身だ。

第II部

メディアが店舗になった

第8章 Eコマース3.0

赤い薬を選んだみなさん、ようこそ。

今、小売の世界で起こっている変化は二極化だ。ネット通販が成長し、実店舗は淘汰以外の選択肢がない。膨大な数の小売業者が競争についていけずに落伍し、閉店が相次ぐことを考えると、例のマーク・アンドリーセンが言っていた「ソフトウェアが小売を飲み込む」という言葉も説得力を持ってくる。

一方、小売業界が抱える課題の万能薬として「オムニチャネル」を掲げる人々もいる。さまざまな販売チャネルの運営に関わる要素をバックエンドで統合すれば、フロントエンド側で消費者は一貫性のある体験が得られると言う。顧客、商品、嗜好について販売チャネルの垣根を超えて情報を共有すれば、死にかけていたビジネスモデルが息を吹き返し、いわゆる従来の店舗が今後も見放されずにすむというわけだ。

どちらの見立てもあまりに単純化しすぎで、根本的な欠陥がある。実際、わたしたちの目の前で

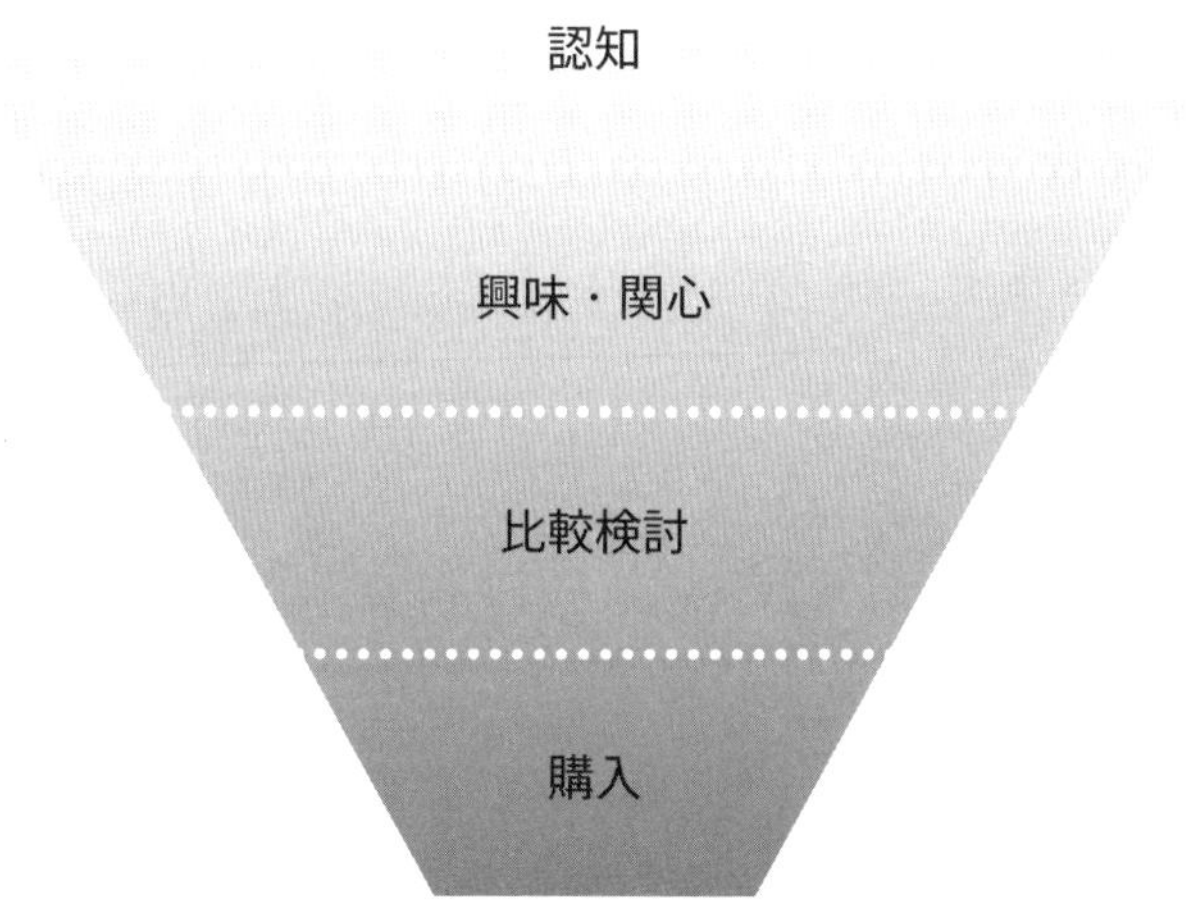

パーチェスファネル

起こっていることは、「メディア」と「店」がそれぞれ担っていた役割が入れ替わるという歴史的な転換なのである。メディアがある一線を超えて実質的に「店」になろうとしているのだ。何やらマーシャル・マクルーハンばりの物言いに聞こえるだろうが事実である。だが、そんなめくるめくような話ではない。この大転換を説明する前に、メディアと店の間にずっとある従来の力関係を簡単に振り返っておこう。

　顧客が購入に至るまでの心理変化を逆ピラミッド形になぞらえたパーチェスファネルというモデルがある（〝パーチェス〟は購入、〝ファネル〟は漏斗の意）。その最上段にあるのが入り口にあたる「認知」で、主に広告媒体の助けを借りて達成される。通常、広告には、ブランドのストーリーを語り、製品やサービスに対する欲望を創出し、消費者がこの逆ピラミッドの各段階を進んで購入まで至るよう後押しするという3つの役割がある。有力ブランドなら、特徴あるクリエイティブとコピーをふんだんに使ってブランドのインプレッションを高め、次に商品に魅力的な言葉やイメージを添えて消費者の欲望を駆り立て、最後にしかるべき場所へと誘導して商品購入につなげていた。メディアがこの3つの役割に長けていれば、基本的には事がうまく進み、商品が何であれ、消費者は見事に店に誘導されて購入につながっていた。

この逆ピラミッド形のファネルの最後の段階は「購入」で、それが実現される場は、従来は実店舗だった。かつては広告を投入したら店側は準備を整え、客が押し寄せるのを待っていればよかった。店に広告商品の在庫が十分にあり、スタッフに商品知識が少しでもあれば、あとは会計をするだけと、じつに単純だった。

つまりメディアは最初の情報伝達を担い、店は最後の商品配給の場であった。もうかれこれ300年もの間、この構図がメディアと店の力関係を決めていた。

だが今、高度につながりあった世界で、パーチェスファネルは上下反転してメディアが商品配給の場=店になりつつある。商品に関するメッセージを送る段階から消費者が商品を購入する段階までの距離が消滅したのだ。

今や雑誌に掲載されているインタラクティブ広告から直接購入できる時代である。フェイスブックの広告をクリックすれば、ボットと呼ばれる特定の作業を実行するプログラムが即座にオーダーを処理してくれる。スマートフォンに送られてきたテキストメッセージから、あるいはユーチューブ上で画面をクリックして購入する「ショッパブル広告」からでも直接購入できる。スマートTVやビデオゲーム、QRコード付きの看板からでも、あるいはサウンドや曲からでも広告を通じて購入できてしまう。あらゆる形態のメディアから直接購入できるのである。もはやメディアは、かつてのように実店舗へ客を誘い出すだけの存在ではないのだ。今はメディアこそが店なのである。わたしたちはネット通販のまったく新しい時代へと突入しているのだ。

ネット通販が今後も一直線に成長していくと思っているなら、おめでたいとしか言いようがない。すでにさまざまな技術やベンチャー企業が続々と現れつつあり、オンラインの小売の世界にまったく違う時代がやってこようとしている。デザイナーや技術者、数学者、ソフトウェア開発者、エンジニア、あるいは起業家精神に満ちあふれた新時代の小売業者がスキルを磨き、狙いを定めている。ゴールはオンラインショッピングをどこまでも体験重視で直感的なものにし、なおかつ押し付けがましくなく、待たせることなく、そのうえ人間的な要素まで提供することだ。

メディアは店としてさらに完璧になっていくだけでなく、近いうちにデジタルか実物かの区別さえ難しくなるだろう。従来、店が担っていた役割をメディアが兼ねるだけでなく、店をはるかに上回るようになるだろう。

もはやネット通販は「する」ものではなく「ある」ものになる。買い物をするしないにかかわらず、そこに店があると意識しているか否かにかかわらず、ネット通販は環境の一部となるのだ。電気と同じようにあって当たり前で、なくなったときに初めてその存在を強く意識するようになる。

あらゆるメディア、あらゆる端末、そしてわたしたちを取り囲むあらゆる面、お望みなら身体の表面さえも店になる。欲しいものは、一言口に出すだけで手に入り、わたしたちが必要とするものの大半は、わざわざ求めるまでもなく、届くようになる。

わたしたちがイメージする店とは、自分で訪問しようと思って訪問する物理的な空間やアプリやウェブサイトだった。だが、今後はそのどれでもなくなる。わたしたちの持ち物や周囲、ひょっとすると（移植手術などによって）わたしたちの身体の中にいつでも存在するようになる。

いくらなんでもその話には無理があるとお思いだろうか。落ち着いて聞いてもらいたい。これらはすでに現実のものとなり始めているのだ。

補充型経済

2009年、P&Gは、広告代理店関係者を招いてある説明会を開いた。当時としては斬新で、ともすれば過激なマーケティング戦略だった。それまでさまざまなかたちでトップダウン型のマスマーケティングを打ち出してきた同社だが、「店舗回帰」を謳い、マーケティング手法の刷新を決断していた。要は、いかなるマーケティング手法でも購入時点で効果を発揮できないのなら、投資する価値がないという考えに沿って生まれたものだ。つかみどころのない消費者への広告メッセージの発信に膨大な予算を投じるくらいなら、購入への道のりの最終段階に入った時点の消費者にはっきりと訴えかけるほうがましだという考え方である。

この戦略変更は、P&G が（マスメディアの販売チャネルではなく）店舗の売り場こそ販売の最重点激戦地であり、最終的には唯一の重要な場と捉えていることをマーケティング関係者にはっきりと示したことになる。消費者が商品を手に取るまでの最後の一歩は少なくともP&Gの目には重大な局面と映っていたのだ。だからP&Gは、メディアで大々的にマーケティング・キャンペーンを展開するよりも、素晴らしいアイデアは常に売り場の棚から生まれるという哲学を打ち出したのである。

だが、せっかくの店舗回帰の方針も、間違った想定の下で運用されている。定期的に必要な商品は、今後も人々がずっと意識的に購入し続けるという想定だ。実際には、毎日、毎週、毎月のようなペースで使っている商品の大部分はわたしたちの意識から消え、技術が代わりにオーダーするようになる。購入を決断するまでの道筋がないのだから、そこに至るまでの間にマーケティング活動の影響も受けず、売り場の棚の前であれこれ考える必要もない。これを「補充経済」と呼ぼう。毎日、毎週、毎月必要になる商品について、その大部分はセンサーや端末、強力な分析技術で管理される未来がやってくる。とすると、これまで使ってきた消費者向け日用品・家庭用品のマーケティング戦略は10年もしないうちにお払い箱になる。

現在、全世界でネットワークに接続されている端末数はおよそ250億台に上ると推定される[1]。このなかには、スマートフォンやタブレット、ノートPCのほか、フィットネス・モニターなどのウエアラブル端末、さらには交通信号や電力網、防犯カメラといった都市インフラを支える各種センサー・ネットワークに至るまで、あらゆるものが含まれる。

シスコ・システムズの会長ジョン・チェンバーズら業界関係者は、10年後にはネットワーク接続されている端末数が爆発的に増加して5000億台に達し[2]、わたしたちが想像もしないような多種多様なものも仲間入りする可能性が大いにあると見ている。脈拍や血圧など身体のバイタル情報をモニターして医療機関に送信する機能を内蔵した錠剤型センサーや体内移植センサー、脱水症状や心不全など生理学的状態を測定・予測するウェア型センサー、通信・商取引のためのインテリジェントなネットワーク接続ポータルとして機能する自宅の壁や天井に至るまで、さまざまな技術が地球を覆い尽くすだろうと予測されている。これまではネットワークとも接続されていない"無能"な無生物だった物体や場所が、通信可能な賢い存在となってわたしたちの暮らしを支える可能性を秘めているのだ。あらゆるものが相互に通信し合い、わたしたちに語りかけ、必要に応じてしかるべき供給先に連絡を取る。そしてこれを支えるのが急速に発展を続けるクラウドコンピューティング技術で、こうした多種多様な端末が膨大なデータ、情報、学習機能にアクセスできるようになるのだ。

言い換えれば、こうした1つひとつの技術が新たな"消費者"となり、ニーズが生まれるたびにその場で購入判断をリアルタイムに下すようになるわけだ。どの商品をいつ購入する必要があるのか決定する能力を持ち、即座に最新のデータに基づいて、どの店でいくらで買えばいいのかも助言してくれる。このようにネットワーク接続された端末が集まってＡＩ（人工知能）の階層を生み出し、実質的に消費者の〝外部頭脳〟の役割を果たすようになる。現在わたしたち自身が実行している意思決定のうち、２０２５年までに最低でも25％は完全に技術任せになるだろう。

こういう話をすると、実感のない縁遠い未来に思えるかもしれないが、すでにその動きは根を下ろし始めている。補充経済はＳＦの世界どころか、着々と現実のものになろうとしているのだ。

あらゆるものがインターネットにつながる

２０１５年、アマゾンは「ダッシュボタン」なるサービスを導入した。超小型のＷｉ－Ｆｉ接続端末で、特定商品を注文するだけの機能を持った文字どおりのボタンである。これがまさに先ほど話した未来に向かう第一歩だった。たとえば人気洗濯洗剤「タイド」のダッシュボタンを洗濯機のそばに置いておき、もうじき洗剤がなくなりそうだなと思ったらボタンを押せばいい。それだけでタイドが注文され、代金はこのボタンを登録済みのアマゾン・プライム会員に請求され、商品が出荷される。アマゾンでは、ペーパータオルの「バウンティ」、ジレットの髭剃り替え刃やデオドラント、ハギーズの紙おむつなど、さまざまな日用品のダッシュボタンを用意している。

一部のユーザーからは、ボタンの設定があまりに煩雑との批判の声がすぐに上がった。商品の選択肢がイマイチとの不満も聞かれる。はたまた商品の価格が高すぎるという声もある。いずれも的を射た批判だ。確かにダッシュボタンは完璧とは言い難かったが、こうした批判の陰で見逃されていたことがある。買い物のあり方を一変させるほど大きな可能性がこの技術に秘められている点だ。消費者が購入に至るまでの道のり全体を破壊して一気に短縮しようと、アマゾンが初めて挑んだ大胆な企てこそ、ダッシュボタンだったのである。

アマゾンは、消費者の購入品の大多数が純粋に補充型商品であることを承知している。どちらかといえば、買い忘れしやすかったり、店から自宅まで持ち運びが面倒だったりする商品だ。アマゾンが消費者の自宅の収納棚を直接覗き込んで、買い置きがなければ簡単に補充できるようになるということは、競合他社の売り込みを完全に締め出せるとわかっているのだ。これでは競合が入り込む余地はなくなりかねない。

ダッシュボタンは、「ダッシュ補充サービス」（DRS）と呼ばれる一大構想の最初の一手にすぎない。これはかなり野心的な技術で、製品自体に組み込まれたセンサーが自動的に補充発注する仕組みのため、ユーザーがオーダーにまったく関与しない。このプラットフォームを導入するにあたり、アマゾンが第1号として投入したのが浄水器メーカーのブリタのポット型浄水器で、交換用フィルター・カートリッジの自動補充発注に対応している。Wi-Fi機能を搭載し、同社製の通常のポット型浄水器の約2倍の価格だ。これを皮切りにブラザーのインクカートリッジ、ワールプールやゼネラル・エレクトリック（GE）の洗濯乾燥機、血糖値モニターの「Gmate SMART」など、DRS対応の家電や家庭用品を拡充している。サムスンもさまざまな製品をD

RSに対応させる方針を明らかにしている。

これでも小売業者を震え上がらせるには不十分とばかりに、アマゾンはDRS機能をオープン・アプリケーションとして外部にも開放し、アマゾンに出店している企業であれば自社製品にDRS対応の補充発注機能を自由に組み込めるようにした。

ここで一般的なスーパーマーケットの店内を想像してもらいたい。一番目立つ店内中央の通路には洗剤、紙おむつ、ドッグフード、日用品、掃除用品、牛乳など、たくさんの商品が並んでいるが、これがすべて補充経済に飲み込まれたらどうなるだろうか。DRSが浸透すれば、一般的なスーパーマーケットの通路に並ぶ全商品の標準購入経路がアマゾンになりかねない。しかも、消費者が意識して購入する必要さえなくなる。

ではホームセンターはどうだろう。電球やら暖房器具のフィルターやら砂利石やら、プール用の洗浄剤やらがあふれている。これはほんの一例だが、ほかにも何千とある家庭用品がネットワークにつながり、自動的に補充発注するようになったとしたら？ ランニングシューズや自転車のタイヤ、テニスボールがDRSに対応したら？ こうしたものの使用量が計測され、一定のレベルに到達したら、自動発注がかかるのである。

まもなく何千もの商品がネットワークにつながり、自ら交換時期を判断して自動発注できるようになるのだ。アマゾンのDRSプラットフォームにとどまらず、あらゆる分野のメーカー各社がIoT（モノのインターネット）技術を自社製品に組み込むようになり、消費者直結の補充に拍車がかかる。当然、わたしたちの生活で使われるほとんどの製品が程度の差こそあれ、いつかはネット対応を果たし、情報取得や自動発注の機能を持つと考えてもいいだろう。

この新たな現実は、マーケティング担当者にとってかなり手強い問題だ。最初から特定のブランドを買うようにプログラムされている人工知能を相手に、いったい全体、どうやって自社の洗濯洗剤を売り込めというのだ。たとえばある冷蔵庫の心臓部に埋め込まれたセンサーはコロナビールを補充発注するようにプログラムされているとして、バドワイザーのマーケティング担当者は、そんなセンサーの〝味覚〟にどう訴えかければいいのか。ナイキのランニングシューズの底がある程度減ってきたら同等クラスの後継製品を補充発注するプログラムになっているのに、その持ち主である消費者に対して、ニューバランスの担当者は何ができるというのか。世の中のほとんどの製品にアマゾンDRSが浸透しているような市場で、テスコやウォルマート、ターゲットといった量販店がわずかでも食い込む余地はあるのか。そもそも、自分でこれらの商品を買わないという消費者にどうやって働きかければいいのか。

P&Gの店舗回帰の話に戻ると、消費者が足を運んでくれなくなったスーパーマーケットの洗剤コーナーでいくら販促活動を展開しても誰も振り向かない、ということがわかるだろう。哲学の世界には「誰もいない森で木が倒れたら音はするのか」という有名な問いかけがあるが、それと同じだ。

販促活動や売り場の演出といったインストアマーチャンダイジング、店頭でのクーポン配布、エンドキャップ（陳列棚の両端にある売り場）、ダンプビン（大きな箱に商品を山積みにする演出）、POPディスプレイ、シェルフエッジビデオ（陳列棚組み込みのビデオ）など従来の販促活動も、日々の定型的な消費の管理を任されている膨大なネットワーク接続の端末に流されない冷静沈着な端末に対してなす術がない。

消費者が購入を決めるまでの一連の流れがなくなってしまったら、消費者にどのように売り込めばいいのか。どの分野であろうとマーケティング担当者なら、このゾッとするような問題に取り組まざるを得なくなる。

「指を見るのではなく、その指し示す先を見よ」

作者不明

第9章 AIで実現するCコマースの世界

消費者市場が発達した社会に暮らしている人なら、チャットボット（会話を意味する「チャット」と、「ロボット」の合成語）なるものに一度は接したことがあるだろう。チャットボットとは対話型の人工知能プログラムで、クラウド上にあるデータに基づき、自然言語処理機能を駆使してユーザーからの問い合わせや会話にリアルタイムに応じる。どこかの会社に電話をかけると、自動応答装置があれこれ尋ねながら電話を適切な部署に取り次ぐ。これは初歩的なチャットボットだ。

チャットボットという言葉は聞き慣れないかもしれないが、コンピュータに話しかける考え方自体は決して目新しいものではない。何十年もの間、わたしたちの想像力をかき立ててきたテーマだ。『スタートレック』や『2001年宇宙の旅』、『ナイト・ライダー』といった映画やテレビドラマは、人間のように振る舞う技術を創り出したいというわたしたちの欲望を刺激する内容だった。もっとも、ロボットやコンピュータを相手にそれなりに自然な会話を実現する能力は、つい最近まで非常に限られていた。電話でこちらが何度話しかけても正しく理解できない自動応答システムに、怒りをぶちまけたことのある人も少なくないはずだ。だが、最近、コンピュータの処理速度やクラウドコンピューティング、自然言語処理の分野で技術革新が進んだ結果、企業がかなり込み入った用途にチャットボットを導入する機会が一気に増えている。

少なくとも当面は、チャットボットが通話料無料のコールセンターに完全に取って代わるわけではない。ほとんどの場合、顧客サービスという体験の最前線で機能するだけで、顧客との親密な関係づくりにつながる待ち時間を短縮し、最初にいくつか質問に答えてもらって取り次ぎ先を決める機能を果たす程度だ。もう1つ重要な役目として、ボットが最初の顧客とのやり取りからデータを収集してインデックス化し、データマイニングまで実行するものもある。

時が経つとともにボットが高度化し、人間とボットの違いが薄れていく。配車サービス大手ウーバーの開発者エクスペリエンス責任者、クリス・メッシーナは先ごろ「会話サービスを提供しているのが人間なのかボットなのか、それとも両者の組み合わせなのか、あまり興味がない。わたしは意図的にそれらを区別しないようにしている。今後はコンピュータで動くボットが人間らしさをさらに高めて、その差がユーザーに気づかれないほどに向上するだろうし、そうなれば人間相手でもコンピュータのボット相手でもほぼ同じようなやり取りをするようになるというだけのことだ」[1]。

ボットは単なるコードの集まり、つまりプログラムにすぎないのだが、それが近いうちに人間のオペレーターといっても通用するほど高度になるというのが、メッシーナの見解だ。この違いを感じられるかどうかを試す試験は、一般にチューリング・テストと呼ばれている。コンピュータプログラマーのアラン・チューリングが1950年代に開発した試験方法である。彼の業績は2014年に『イミテーション・ゲーム』として映画化もされている。さて、そのチューリング・テストでは、会話の相手が人工知能かどうか知らされずに5分間やり取りをしてもらう。そのうえでユーザーに相手がコンピュータであることを見抜かれなければ、テストは合格。晴れて人工知能と認められるわけだ。言い換えれば、その技術は人間と同等の知性を示したことになる。

ボットがチューリング・テストの合格圏に突き進んでいくうちに、ある一線を超えることは間違いないだろう。つまり、わたしたちの目には、単なるプログラムで終わらず、信頼できる親友のような存在になっていくはずだ。

話せ、さらば与えられん

中国屈指の人気を誇る女性がいる。その名は「小冰」(中国語読みは「シャオビン」、英語名「シャオアイス」)。毎日、何百万人もの中国の若い人々が彼女に写真を見てもらったり、話を聞いてもらったりするほか、ときには転職や交友関係などかなりプライバシーに踏み込んだ相談を持ちかける。頼りになる存在であり、何でも話せる大親友になることもある。なかには彼女に愛の告白をする者までいる。小冰もその想いに応え、ファン1人ひとりの名前はもちろん、それぞれのプライベートな環境まで事細かに覚えている。前回の会話に出てきた出来事に触れることもあるし、調子はどうか、人生うまくいっているかといったことも常に気にかけてくれる。また、中国最大の衛星放送ネットワークのニュース番組でお天気レポーターに採用された才女でもある。

頭の回転が早く、親身になって話を聞き、思いやりもあり、独特のユーモアのセンスを備えている。ただし、小冰にはたった1つだけ欠点があった。実在の人物ではないのである。そう、彼女は会話ができる人工知能（AI）だったのだ。中国では誰でも知っているチャットボットで、開発元はマイクロソフトである。

小冰はマイクロソフトのハッカソン（プログラマーやエンジニアが参加してマラソンのように長時間にわたってプログラミングに没頭し、成果を競い合うイベント）から生まれた成果で、人間とAIの相互作用を探求するマイクロソフトの活動の主役と言ってもいい。オンラインで交わされている何十億件もの会話のデータをマイニングしてシナリオを抽出する作業を重ねながら、多種多様なユーザーの問いかけや状況に対して、最適な反応を見極める能力を磨いている。遊び心あふれる冗談まじりの会話を楽しむこともできるし、ニュースや情報を教えてもらうことも可能だ。あるいは何かの時間が来たら知らせてくれる秘書代わりになってくれるし、会話の翻訳までやってのける。マイクロソフトのアプリケーション&サービス担当マネージングディレクターの王永東《ワンヨンドン》は「小冰がついに自律学習と自律成長のループに入ったと断言できる。よくなる一方だ」[2]と話している。

話せば答える小売の未来

チャットボットをコールセンターにとどまらず広く活用している企業の1つがフェイスブックだ。2016年4月、サンフランシスコで開催されたフェイスブックの開発者会議「F8」で、同社CEOのマーク・ザッカーバーグがある発表をする。フェイスブックのインスタントメッセージングソフトとして急成長している「メッセンジャー」上で、ブランド各社によるチャットボット開発を支援するという提案だった。企業がメッセンジャー上で独自のチャットボットを用意すれば、顧客サポートやネット通販など多彩なサービスの促進につながるというわけだ。

この発表から、フェイスブックが2つの大きな考え方をはっきりと確信していることが見て取れた。第1はメッセージングこそがオンラインコミュニケーションの主役になるということ、第2はチャットボットこそが最終的に人間とコンピュータのコミュニケーションの主流になるということだ。携帯電話上の月間アクティブユーザー数で、2015年の段階で早くもメッセージングアプリがソーシャルネットワークを上回り、メールも追い越す勢いにあった。フェイスブックの方針はこうした現実に裏打ちされていたのだ。現在、月間ユーザー数でワッツアップ、フェイスブック・メッセンジャー、ウィーチャット(微信)、バイバーがフェイスブックやリンクトイン、ツイッター、インスタグラムを上回りつつある。ソーシャルネットワークがチャットネットワークへと姿を変え始めているのだ。

また、メッセージングは、ブランドがその体験に組み込むコンテンツに関して、自由度が大きい。テキストにとどまらず、動画や画像、インタラクティブなコンテンツや決済のプラットフォームまで消費者に提供できる。メッセージングの即時性に加えてスレッド（共通テーマを巡るやり取り）ごとに保存されるフォーマットのため、使い勝手がよく、コミュニケーション手段として効率的なのだ。

チャットボットの存在感や役割が拡大していることは、フェイスブックの商魂にも火をつけた。ソーシャルネットワークとしてのフェイスブックは、企業と消費者の関係を穏やかな「いいね！」や「シェア」で終わりにさせず、もっと直接的な取引関係にまで深めようと、まるで取り憑かれたかのようにあの手この手を繰り出していた。その背後には、フェイスブック上で実際に販売しやすくするための環境づくりという側面があった。

フェイスブックの発表をきっかけに、さまざまなサービスの機能を備えたボットが堰を切ったように続々と登場することになった。発表からわずか2カ月で1万1000以上のボットがメッセンジャー上で稼働している[4]。1つの技術分野として見た場合、このボット市場は早くも40億ドル以上が動く規模に発展している。

この状況は、消費者にとって何を意味するのか。お目当てのブランドが開発・配布しているアプリを個別にダウンロードしたり、ウェブサイトを訪問したりする必要がなくなり、フェイスブック・メッセンジャーを開いて、検索欄にブランド名を打ち込めば、ほぼ瞬時にそのブランドのチャットボットに接続する。あとはボットが会話を仕切り、簡単な質問を投げかけながら消費者にふさわしい製品に絞り込んでいく。会話のなかで消費者のニーズに最適と思われる別の製品があるとボットが判断すれば、それを推奨することもある。

ご想像どおり、さまざまなブランドがフェイスブック上でユーザーの相手をボットにさせようと動き出している。もっとも、有名ブランドとなると、アメリカン・エキスプレス、バンク・オブ・アメリカ、バーガーキング、イーベイ、スタブハブ（オンライン・チケット販売）など数えるほどだ。たとえばガムの「トライデント」やチョコレートの「キャドバリー」で有名な米食品大手モンデリーズ（旧クラフトフーズの食品部門）では、同社製品を欲しいと思った消費者がメッセンジャーの検索欄に製品名を打ち込めば、即座に注文ボットに接続するような仕組みを想定している。要するにチョコレート・クッキーの「オレオ」が欲しければ、メッセンジャーに「オレオ」と話しかけるかタイプする。するとオレオが家に届くのだ。アメリカン・エキスプレスが実施したデモンストレーションでは、顧客がニューヨーク行き航空券を購入すると、後にメッセンジャー経由でボットがラウンジ無料利用券、空港構内マップ、ニューヨークのおすすめレストランを送ってくれる様子を紹介していた。つまり、ボットがいわば人工知能コンシェルジュとなるわけだ。

自分専属のデジタルアシスタントに

筆者は、２０１３年に上梓した『The Retail Revival』のなかで、そう遠くない将来、誰もが消費者として専属のバーチャルなデジタルアシスタントを常用するようになると書いた。このアシスタントは、単にわたしたちの買い物のニーズを予測するだけでなく、わたしたちの好みや交友関係、現在地、予算などの条件を勘案しながら、気の利いた推奨品を提案してくれる。最終的には、わたしたちに代わって売買の取引を実行してくれたり、出荷・配送を管理してくれたりする。しかも、いちいちわたしたちの邪魔をすることなく、最終的なゴーサインのお伺いを立てる以外は勝手にやってくれる。また、こうしたアシスタントの実力をフルに引き出すため、アップルやグーグル、アマゾンなど信頼に足る業者のサービスに加入して、文字どおりデータや情報、個人情報を託すようなかたちも考えられる。常に消費者生活の中心にいて、いつでも信頼できる仮想的な相棒として活躍するようになるだろう。ひょっとしたら人間並みの親近感を抱くようになるかもしれない。

当時多くの読者は、暗黒の未来をかなり控えめに表現しているだけだと感じたようで、なかには妄想が甚だしいとの批判もあった。もっとも、そういった反応も理解できないわけではない。ほんの数カ月前にアップルの「シリ」が発表されたばかりで、ほとんどの人は、目指す方向性としては面白いが、機能的には相当難ありと受け止めた。特に自然言語の認識力には問題があった。グーグルのＡＩである「グーグル・ナウ」は２０１２年７月に投入されていたが、機能は相当制約があった。この手の取り組みについて、せいぜい実験どまりと早々に却下するのは簡単なことだった。

だが筆者を含め、ＡＩが人間と技術の関係を根底から変えてしまう可能性は大いにあると見ている人たちもいた。実際、大方の人々の想像を上回るペースでＡＩは進歩している。未来学者のレイ・カーツワイルによれば、コンピュータの認知能力が大きく高まり、２０２９年には全人類の認知能力を束ねても勝ち目がなくなるという。わたしたちの日常生活のいたるところにＡＩが入り込んでくる。ポケットに入っている機器から自動車まで、あるいはわたしたちが走行する道路に至るまで、ほぼ例外なく、ありとあらゆるものがネットワークにつながり、かなりのレベルの知性を持つようになる。

技術を信頼の置けるアシスタントとして利用し、依存するようになるという考え方は、すでに推測や空論といった段階をとうに通り越している。デジタルアシスタントは現実であるばかりか、オンラインでのやり取りのあり方をがらりと変えるものと多くの人々が感じている。１９７３年に登場したグラフィカル・ユーザー・インターフェース（ＧＵＩ）も革命的だったが、それ以上に大きな衝撃をもたらす可能性がある。マイクロソフトＣＥＯのサティア・ナデラによれば、今、人類は、「人間の自然言語と機械の高度な知性が組み合わさる未知の領域の最先端」[5]に立っているという。

現在ある多くのチャットボットは、特定分野に固有の問い合わせや作業に特化して、ＡＩを比較的限定したかたちでつくられている一方、ベンチャーも含めて多くの企業がいわゆる汎用人工知能（AGI）の開発競争に力を注いでいる。このAGIがあれば、驚くほど広い分野の話題や機能に対応し、実用性を発揮できるデジタルアシスタントが登場するはずだ。実際、2011年にグーグル、IBM、ヤフー、インテル、アップルなどが、高度な人工知能の分野で事業展開していた企業30社以上を買収している。グーグルだけで、このうちの9社も手中に収めているのだ。

チャットボットやデジタルアシスタントの出現を受け、わたしたちはEコマースの時代からCコマース（対話型コマース）の時代に突入することになる。アップルの「シリ」、マイクロソフトの「コルタナ」、グーグルの「ナウ」、アマゾンの「アレクサ」はいずれもデジタルアシスタントのトップ・ブランドの座を狙ってつばぜり合いを演じている。現実の会話では、わたしたちがニーズを口にするだけで叶えてくれることになる。

現時点で最も説得力のある例としては、アマゾンが2015年に一般向けとして投入した製品「エコー」だろう。一見ちょっとしたブルートゥース対応スピーカー以上の何物でもない。だが、この機器は、アマゾンの「アレクサ・ボイス・サービス」（AVS）に対応していて、さまざまな機能を搭載している。ニュースや情報の提供から、家庭内にあるサーモスタットや照明器具といった他のネットワーク接続機器の制御まで、何でもエコーに一声かければ、代わりに実行してくれるのだ。

さらに、さほど驚くには値しないのだが、エコーは商品をショッピング・リストに追加してくれるだけでなく、（お察しのとおり）アマゾンに直接注文までしてくれる。こんなことがいとも簡単に実行できてしまうのは、恐怖さえ感じる。ペンでもなんでもいいのだが、適当にアレクサに命じれば、注文が完了してしまうのだ。すると、まずアレクサは過去の注文に同じものがあるか確認する。命令に一番近い履歴を発見すると、これをおすすめ品として提示する。「ビックのウルトラ・ラウンド・スティック・グリップのボールペン」といった感じで候補を挙げる。続いて販売価格を示し、これを注文したいかどうか尋ねてくる。「イエス」と答えれば、注文は実行され、登録済みの決済方法で代金が支払われて、登録住所に出荷される。以上である。

２０１５年半ばにアマゾンは、エコーの破壊力をさらに高めた。外部の開発者がエコーに新しい機能を組み込むための「スキルキット」をリリースしたのだ。つまりどの企業でも自社製品をエコーのＡＶＳに対応させられるということである。しかも、１億ドルの準備金を用意してアレクサ・ファンドなる基金も設立した。これは、ＡＶＳを活用し、「音声技術でお客様の暮らしを充実させる画期的なアイデアをお持ちの方なら誰でも利用できる」基金だという[6]。ほかのことでもそうだが、アマゾンは、ネットワーク効果を生かし、驚くようなスピードでＡＶＳを大規模展開していくはずだ。

だが、アレクサやシリなどの技術では、誰でも知っていて具体的に指示できるような消費者ニーズに応える仕事は、ほんの序の口だ。デジタルアシスタントは、ユーザーの豊富な履歴データやクラウド上に集積されたユーザーの膨大なデータからの学習結果を基に、ユーザーが近いうちに何を必要とし、何を欲しがるのかといった高度な予測もこなすようになる。こうしたおすすめ品を提示する際には、わたしたちの嗜好や苦手なものはもとより、現在地や一緒にいる人、現時点の行動など、わたしたちの生活のさまざまな要素が考慮される。条件に最も合うホテル、好みのレストラン、面白そうな娯楽などを案内してくれる。興味のありそうなセール情報を見つけ出し、可能なら会員カードのポイントを使い、家計のやりくりまで任せることができる。家族同様に信頼するようになる。いや、もしかしたらそれ以上かもしれない。

だが、消費者はこのような状況を気味が悪いと思わないのだろうか。どうやらそうでもないようだ。実際、「ブランドや販売店がＡＩ技術を使って自分が興味を持ちそうな製品を提案してくれることについて、アメリカのミレニアル世代の70%、イギリスのミレニアル世代の62%が評価すると答えている。また、この技術の発展に伴い、ＡＩを使用するブランド各社が消費者の欲しがるものを正確に予測できるようになると確信しているとの回答はそれぞれ72%、64%だった」[7]。

はっきりしているのは、ＡＩがすでにアップルやグーグル、アマゾン、マイクロソフトといった企業の主戦場になっているということだ。最高の習熟度と予測分析力を備え、しかもユーザーに最も充実した体験をもたらすようなＡＩを開発した企業こそ、将来の「店」を制する鍵を握ることになる。

この現実を前にいくつか重大な疑問が持ち上がる。わたしたちの暮らしのなかで必要な日用品を単に補充してくれる機器から、わたしたちが置かれている状況に応じて、そのときどきのニーズを聞き入れてくれるデジタルアシスタントに飛躍するまでの間は、やはりわたしたち自身が店に出向く必要があるということだろうか。また、たとえそうだとしても、その店は現実の店舗である必要があるのか。

「人工知能は２０２９年ごろまでに人間相当のレベルに達する。このままいけば２０４５年あたりにはさらに何倍もの知能レベルとなり、わたしたちの文明の人間生物マシンの知性は10億倍に跳ね上がる」

レイ・カーツワイル

第10章 VRで買い物体験が激変する

パルマー・ラッキーは10代にしてビデオゲームのシステムやハードウェアをハッキングして性能を高めることにかけて、並外れた能力を身に付けていた。機械いじりが趣味のラッキーは、小遣いが余るとイーベイで故障したスマートフォンを手に入れ、修理して売ることもあった。そんな生活をしているうちに、バーチャル・リアリティ（VR）技術にすっかり魅了され、もっと没入感や臨場感の高いビデオゲームが開発可能な点に大きな魅力を感じるようになった。

当時のVR機器の乏しい機能に不満を抱いていたラッキーは、廃棄処分となったミリタリー型のVR機器を買い取って改良し、機能を強化するようになった。2009年から2011年にかけてカリフォルニア州立大学に通うかたわら、南カリフォルニア大学のクリエイティブ・テクノロジー研究所でインターンとして働き始める。自ら「オキュラス」と命名した機器の改良を重ねていたのも、このインターン時代のことだ。2012年には、カリフォルニア州ロングビーチにある実家のガレージを自分の実験室にして、安価な接眼レンズ、モバイル通信回路、軽量のヘッドセット

ＶＲヘッドセット「オキュラス・リフト」を使っている様子。　写真提供：マークセント

型ケースを組み合わせて、試作品を生み出した。これが後にこの分野を飛躍的に向上させることになる。

このオキュラスがゲーム界の起業家ブレンダン・アイリブの目に留まることになった。２０１２年、ラッキーとアイリブは何人かのパートナーを集め、同技術の開発を次の段階に進めるため、クラウドファンディングのキックスターターを使って資金調達活動を展開した。初期は50万ドルを目標に掲げたが、目標額が大きすぎるとラッキーが不安に感じたことから25万ドルに下方修正した。資金調達活動をテコ入れするため、３００ドル以上を出資してくれた人にオキュラスのデベロッパー・バージョン（完成品ではない開発者向けバージョン）を提供した。一同そろって驚いたことに、この資金調達活動で集まった金額はじつに２４０万ドル、設定した目標額のざっと10倍である。オキュラスは必要な資金を獲得できたばかりか、開発資金で一気に潤沢になった。

そんな折、ラッキーの発明に同じように注目した技術系の若き起業家がいた。その男はほんの10年前に自らベンチャー企業を立ち上げてそれなりに成功を収め、次なる成長の足がかりとなる大きな舞台を探していた。それがフェイスブックCEOのマーク・ザッカーバーグである。パルマー・ラッキーと同様に、彼もオンライン・コンテンツの未来をかたちづくるうえでVRの可能性を確信していた。それだけに2014年3月25日、フェイスブックはオキュラスVRを現金と株式を組み合わせた20億ドル相当で買収する正式契約を発表した。自宅のガレージにこもって技術に熱中していたラッキーは、わずか6年で億万長者になった。

この買収の発表に当たってザッカーバーグは、オンラインでの体験の未来を決めるのはVRだという固い信念を強調した。VR技術の応用先として、非常にわかりやすい最初の入り口になるのはゲームと認めつつも、次のように語っている。

しかし、これは出発点にすぎません。ゲームに続いて、オキュラスをさまざまな体験の場に育てていきます。たとえば、試合をコートサイドの観覧席で楽しむとか、世界中の学生や教師がいる教室で学ぶとか、医師に対面で診察してもらうといった状況を想像してみてください。これが自宅にいながらにして、ゴーグルを身につけるだけで実現するのです。

これは文字どおり新たなコミュニケーションのプラットフォームです。その場にいるかのような臨場感が得られるため、自分の人生で関わりのある人々と、制約のない空間や体験を共有できます。ほんの一瞬だけをオンラインで友人と共有するのではなく、自分の体験やわくわくするような出来事をまるごと友人と共有できるとしたらどうでしょうか〔1〕。

想像してみてほしい。友達を引き連れて世界中のあらゆる店を訪れて買い物ができるようになるのだ。店という概念、買い物という概念が根底から覆されるのである。たとえばVRで有名人のお宅を訪問して衣装部屋やワインセラー、冷蔵庫を見て回り、気に入ったものがあればその場で購入するなどといったことも可能になる。自分の周りの人であれ場所であれ物であれ、姿かたちや香り、音や話し声をいつでも確認できるのだ。メーカーやブランドの担当者が別の言語を話していても、リアルタイムの翻訳機能を通じてごく自然に会話ができる。デジタルなものとリアルなものの境界線が消え、それが当たり前になっている世界に足を踏み入れることができるとしたら、どうだろうか。これがVR、つまり仮想現実によるショッピングの未来の姿だ。

このような未来を創り出している草分けと言えるのが、VR体験やAR（拡張現実）体験の開発にいち早く乗り出したシックスセンスのCEOで共同創業者でもあるアミル・ルービンだ。パルマー・ラッキーがやっと乳離れしたころ、すでにルービンは揺籃期だったVR技術の研究に乗り出していた。ルービンはこの分野の大御所となった今も、VRに秘められた価値のすごさを多くの人に知ってもらおうと普及促進に熱心に取り組む。

ルービンとVRの出会いは1994年にさかのぼる。当時、米軍とイスラエル軍向けのVRシミュレーション・システムの開発に参加したのがきっかけだ。このシステムはロッキード・マーティンなどの企業が今も引き続き使用している。兵士は死と背中合わせの状況を戦い抜くスキルが求められるが、ルービンが生み出したシステムでは、多様な戦闘シナリオに基づき、迫真的で没入感がきわめて高い空間を作り出すことで、兵士が安全に訓練できる。このように没入感が高ければ、わたしたちの学びや交流のあり方が抜本的に変わり、最終的にVR技術のメリットを享受できるとルービンは断言する。

だが、肝心なのはタイミングだ。VRに対して商業的に世の中の関心が集まるまでには10年以上の歳月が流れた。2007年、ルービンは、マーベル・スタジオ元CEOのアヴィ・アラッドと一緒に、任天堂のWiiが使われている様子を初めて目にした。その瞬間、VRならではの没入感の高い体験を人々が受け入れる準備が整ったと確信したという。これがきっかけで2人は、現実と区別がつかないくらい圧倒的に迫真性がある体験づくりを目的にシックスセンスを起業した。ルービンらVRの専門家は、こうした没入感の度合いを「実在感」で表現する。これは、自分が存在する状況があらゆる点で現実だとする絶対的、本能的な感覚である。

Eコマース体験を根底から変える

VR体験の目新しさはともかく、VRを利用したショッピングに採算性はあるのかといわれれば、確かにある。現在のネット通販は明らかに長期的に持ちこたえられないほどの返品の嵐である。イギリスだけでも、ネット通販の返品に小売業者は年間200億ポンド（約3兆1000億円）ものコストを負担していると推定される[2]。また、アメリカでは、2014年の小売販売全体に占める総返品率は8・89％で、販売機会損失は2800億ドル以上に達した[3]。しかも、ネット通販市場の拡大に伴って、この機会損失額も膨れ上がっているのだ。何よりもこの返品こそがネット通販専業事業者の利益を圧迫している元凶であり、その結果、事業の将来性に疑問符が付くのである。

この返品問題の大部分は、そもそも購入者がオンラインで買った商品がどういうものか、実際に現物を受け取るまで完全に把握できていないことに原因がある。ネット通販は実際に手にとって確認できない短所があり、説明文や画像、ときには動画を頼りに判断するしかなかったからなのだが、VRを活用すれば、客が文字どおり商品を確かめることができ、この問題解消につながる可能性がある。「古きよき時代に戻りたいと思って何が悪いのか。そう、商品を買う前にまず試していた時代だ」とルービンは言う。「VRのおかげで消費者ははるかに大きな自信を持って商品を購入できるようになる。現在のネット通販にはこれが欠けているのだ」（ルービン）[4]。

ルービンは、あるドローンのメーカーに対して、先ごろ開発したVR体験について次のように説明している。客は多彩なドローンのなかから好きなモデルを選び、屋内や屋外、穏やかな天候、強風など、シミュレーションによる各種条件の下でテスト飛行できる。没入型の環境で実際に試用できるうえ、自分の使用環境を再現する機能もあるため、購入前にどのような商品かしっかり確認できる。その結果、このドローン・メーカーでは売り上げと顧客満足度がそろって向上したという[5]。

企業にしてみれば、自社の製品やサービスに対する消費者の関心をこれまでにないレベルにまで高めて引き込むことができるとあって、VR空間の本格的な実験に乗り出す企業が増えている。たとえばマリオット・ホテルズはサムスンと提携した新企画として「VRoomサービス」の提供を開始した。まず宿泊客はマリオットのモバイル・アプリからVRヘッドセットのルームサービスを依頼する。ヘッドセットにはあらかじめ3つの「VRポストカード」が読み込まれている。このVRポストカードとは、オリジナル制作のVR旅行コンテンツで、ルワンダや北京、アンデス山脈の頂上といった珍しい場所を没入型のVRで体験できる。マリオットの快適な客室にいながらにして、珍しい地域への仮想旅行が楽しめるのだ。各ポストカードでは、ユーザーは、実際に現地を歩く旅行者と一緒に旅をすることになる。この旅行者が現地で味わった旅をVRで追体験する仕組みだ。旅行系のウェブサイトでいくつもの写真をクリックして眺めるだけの場合と比べれば、その差は一目瞭然。旅行業界がいち早くVR導入に乗り出した理由がわかるはずだ。

自動車業界では、高級車ブランドのアウディがサムスンと手を組み、ロンドンの旗艦ショールーム「アウディ・シティ」でVR試乗のサービスを開始した。新型アウディTTに関心のある顧客向けにVRで外観や内装、エンジン音など、実際の乗り心地を試すことができるようにしたのだ。

また、アウディＴＴのデザイナー、ユルゲン・レフラー監修のレーストラックを試走することも可能だ。過去の退屈な試乗と比べてみれば、なぜボルボなどの競合他社が独自のＶＲ試乗に追随しているのか納得がいく。

２０１６年、ＧＭの高級車ブランドのキャデラックが思い切った動きを見せた。ディーラーの一部を完全な仮想店舗に転換すると発表したのである。「プロジェクト・ピナクル」と銘打った取り組みで、ディーラーは、大量の実車在庫を抱えることなく多彩な車種を案内できるようになる。実際、実車在庫はディーラーにとってかなりのコスト要因になっている。顧客はＶＲでいろいろな自動車を見学できるほか、試乗も可能だ。候補を絞ってから、最終的に気に入ったモデル名や型式の実車で改めて試乗すればいい。

オーストラリアでは、イーベイがオーストラリアの百貨店大手マイヤーと提携し、「サイト・サーチ」と名付けた機能を使ったバーチャルなショッピング体験を生み出した。ＶＲ環境内で気になった商品に着目するだけで、同店の品揃えが表示され、商品説明や関連映像が現れる。

ブランドや販売店は、ＶＲが実店舗の魅力を高めるためだけでなく、完全に取って代わる可能性にも気づき始めている。消費者向けＶＲ体験の開発を手がける有力企業マークセントのＣＥＯ、ベック・ベセッカーによれば、ＶＲ技術はとてつもない速さで進歩しているという。同社は、住宅リフォーム大手ロウズ・ホーム・インプルーブメントのＶＲ型キッチン・浴室リフォーム・システム「ホロルーム」など、小売業向け主要プロジェクトのＶＲ体験の部分を担当している。ベ

ホームセンター大手ロウズのＶＲデザイン・スペース「ホロルーム」　写真提供：マークセント

セッカーは、近いうちにどんな企業でも独自のＶＲコンテンツを制作できるツールを所有するようになると言う。「アップルは誰でもアプリを開発できるような世界を実現しているが、これと同じように誰でもＶＲ体験を創作できる時代が来るはずだ」[6]。

ＶＲを利用するための機器がさらに高性能化、最適化されていくのに伴い、ＶＲの使用感や印象もますます現実味が増していく。ルービンの予測によれば、２０２０年には少なくとも10億台のＶＲ機器が流通するようになる。こうした機器は、コンテンツの解像度が飛躍的に向上し、今よりももっと真に迫ったイメージや現実味のある体験が可能になり、現実と区別がつかない状態に近づくとルービンは確信する。

感触までも再現

1人で画面を見つめながらマウス片手に買い物をするというのが現在のネット通販の姿だが、まもなくまったく違う時代がやってくる。1人でも友達と一緒でも、どこでも好きな場所に移動して買い物を楽しめるようになるからだ。VRの世界でバカンスを楽しみ、現実世界の商品が家に届く。VRの販売員に相談すれば、いくらでも商品を見せてくれるので、納得がいくまで試着なり試用なりを重ねてから購入すればいい。バーチャルな世界ですべての商品に触れて体感できるようになるのか、その鍵を握る第一人者がキャサリン・クーヘンベッカーだ。

クーヘンベッカーは、ペンシルベニア州立大学の機械工学准教授だ。彼女が率いる研究チームでは、10年近くを費やして「ハプトグラフィ」なる技術の開発に取り組んでいる。触覚を意味するハプティックと、撮影術を意味するフォトグラフィの合成語である。このハプトグラフィについて、クーヘンベッカーは次のように説明する。「物体に触れる、ボタンを押す、特定の質感の表面上で道具を動かす。こういった動作をしたときに、人はどのような感触を覚えるのか記録します。そしてこれを独自のコンピュータ・プログラムで分析して、感触という体験の本質を引き出していくのです」[7]。さまざまな素材、物体、表面について触覚特性を突き止め、特有の特性を振動に変換して、特殊設計の器具で感じ取れるようにする。

たとえば、特殊な機器を使ってキャンバス地（帆布）の触覚特性を記録し、これを数学モデルに

ハプトグラフィの応用装置で仮想的な立体物の触り心地を再現できる。
©Heather Culbertson/Katherine J. Kuchenbecker

変換してからコンピュータに取り込んでおく。ユーザーがコンピュータにつないだグライドパッド上で特殊設計のスタイラスペンを動かすと、その数学モデルに基づいた振動が伝わり、キャンバス地と同じ感触が再現されるため、あたかもキャンバス地を触っているような感覚になるのだ。別の例では、同じ手順で歯学部の学生向けに虫歯発見の演習システムを開発している。歯科用の器具で歯の表面に触れたときの表面硬度の違いから生じる感触を正確にシミュレートするのだ。ほかにも触覚のフィードバックを記録する特殊手袋やウエアラブル機器などがある。

2013年のTEDトークに登壇したクーヘンベッカーは、ハプトグラフィ利用のさまざまな可能性を解説したが、その中心はオンラインショッピングについてだった。彼女が指摘するように、そもそも商品に直接触れて感触を確かめられないことがネット通販の最大の欠点とされてきた。衣料品や家具の分野は特にそうだ。購入の決断や商品の最終的な満足感を大きく左右するのが、生地などの素材感であることは確かだが、商品に触れることができないため、とりわけ衣料品の分野で返品率が桁違いに高い。だが、自宅でくつろぎながら、ミラノ辺りのショップの素敵な家具をVRで見て回ることができたら、どうだろうか。商品を見たり、店員に話を聞いたりするだけではない。実際にお目当ての家具に触れて確かめることも可能なのだ。これなら、はるかに自信を持って購入を決断できるはずだ。

この技術に関して今後目指すべき姿をクーヘンベッカーに尋ねたところ、「次のステップはスタイラスペンをなくすこと」とじつに単純明快な答えが返ってきた。人間には生まれながらにして、何かに触れて感触を確かめたいという本能がある。彼女が心に描いているのは、ウェブのアクセスに使う端末やプラットフォームにこうした本能が直接組み込まれているような世界、つまり仮想的に触れて感触を確かめられる世界である。現時点でアマゾンのことを脅威だというのなら、アマゾンがデジタル・カタログを脱却し、ユーザーが入り込めるような広大な仮想世界を構築したらいったいどうなるのか。そこは地球上にあるあらゆる商品をその目で、その手で直接確認し、試しに動かしたり、使ったりすることができる空間だ。そして、実際に試してから購入を決断できる新しい現実だ。

匂いを嗅ぎ分ける男、デイビッド・エドワーズ

ペンシルベニア州立大学からハーバード大学まではそう遠く離れていない。同様に、やがてオン

ラインで見た商品に触って感触を確かめられるようになれば、触覚以外の感覚も知覚できるようになると考えるのも決して論理の飛躍とは言えない。このような未来像を語るのは、生体工学が専門のデイビッド・エドワーズ教授だ。実際、2014年、「oPhone」と名付けた技術を発表するに至った。「oSnap」という携帯アプリで小型のネットワーク接続端末を操作すると、ユーザーはさまざまな香りのメッセージ（「oNote」）を送受信できる。単独の香りにも、複合型の香りにも対応する。エドワーズにとって最終段階は、〝アイチューンズの香り版〟を開発することだと言う。本や音楽、メディアなどのコンテンツを嗅覚情報で強化できる場だ。

その気になれば、この端末を使って臭いの悪ふざけを仕掛けることも容易に思いつくが、もっとまじめな実用化方法をあれこれ考えずにはいられない。だが、その前に、消費者の暮らしのなかで香りが果たす役割を考えてみよう。

人間の鼻には匂いの分子を捕まえて識別する嗅覚受容体があるが、その数はイヌと比べると半分しかない。それでもわたしたちが置かれた環境について考え、感じ、認識する活動のかなりの部分で嗅覚機能が活躍している。人や場所、物に関する記憶のうち、特に深い記憶になるのは、さまざまな感覚のなかでも主に匂いと結びついたものが多い。言い換えれば、姿かたちや音の記憶は長い間に薄れてしまっても、匂いの記憶は記憶の最深部にとどまっている可能性が高い。

朝の淹れたてのコーヒーの香り、秋の紅葉の匂い、新車の匂いなど、わたしたちの鼻はさまざまな匂いを嗅ぎ分けることができる。大した意味もなくそういう能力があるわけではない。生理機能から言えば驚異的なことで、ヒトという種が繁栄するうえで大きく貢献している。科学的には次のように説明されている。「大脳辺縁系は大脳内にある構造物の総称で、情緒、記憶、行動、感情を司るうえで重要な役割を担っていると見られている。初期の哺乳類の脳にも同様の辺縁系が存在していたことから、脳の最も古い部位、言い換えれば原始的な部位と言われる。これを知っていれば、なぜ匂いが記憶、情緒、感情で重要な役割を果たしているのか理解しやすい」[8]。

認知で嗅覚が果たす役割を考えると、どんなレストランで食事をし、どんな車を買い、誰と友達になるかといった選択にも大きな影響を与えていることになる。

エドワーズが開発した技術については、本人もまだ初期段階としながらも、匂いが他のデータ同様に送受信可能な情報になると確信している。アメリカの週刊誌『ニューヨーカー』のインタビューでエドワーズは「現時点では、夜中の3時に突然目を覚まして『しまった、匂いのメッセージを送るのを忘れてた！』などと思うような人はいませんが、そのうち、そんな人が出てきますよ」と語っている[9]。

視覚や触覚だけでなく、嗅覚でも商品を確かめることができたら、オンラインショッピング体験の魅力ははるかに高まるはずだ。オンラインで買おうかどうか迷っている革張りのソファの匂いが確認できたら、あるいはワイン選びの際に香りを確かめることができたら、どうだろう。匂いは、商品選びや店選び、さらには取引相手の選択を大きく左右する究極のデジタル・コンテンツになる可能性が高い。

第11章 「あなたに合うものだけ」の店

オーストラリアのシドニー郊外にあるローズという町で住民の間に不安が渦巻いていた。よそ者であふれていたからだ。「毎晩ゆうに1000人を超える群衆が殺到し、完全な混乱状態だった。夜中の耐え難い騒音、渋滞で交通麻痺、ゴミはそこら中に散らかし放題でタバコは吸うわ、酒は飲むわ。なかにはテントを張ってキャンプする人までいて、携帯電話の充電器を売り歩く輩まで現れた」と、ある住民は証言している[1]。あまりに深刻な状況に陥ったことから、ローズ地区があるカナダベイ市のヘレン・マカフリー市長が警備隊の増員を要請し、臨時のゴミ収集を指示した。報道によれば、警察はたむろ行為に200ドルの罰金を科すと警告して群衆を解散させざるを得なかった。

ローズ地区は見るからに危機的状況に陥っていた。だがそれは、経済的な問題や社会不安が発端ではないし、都市の荒廃や麻薬取引とも関係ない。ローズで夜毎発生した惨状の原因は、ポケモンGOだった。1996年に発売されたゲームで火がつき、玩具やビデオゲーム、テレビ番組、トレーディングカードなどを次々に生み出したポケモン。これを新たなハイテク応用ゲームにして人気を集めていたのがポケモンGOだ。これは位置情報を活用したゲームで、プレイヤーは「ポケモン・トレーナー」となって、現実世界を歩き回りながら探索して仮想生物であるさまざまなポケモンを発見、捕獲、収集し、さらには他のトレーナーとトレードもする。

ポケモンGOを単に一時的なブームと受け流してしまうと本質を見誤る。文字どおり世界を夢中にさせたゲームだ。2016年7月に調査会社シミラーウェブは、アンドロイド向けアプリのなかで、ポケモンGOの1日当たりのユーザー数がツイッターを超え、スナップチャットを猛追していると報告した。プレイヤーは1日に平均43分間使用していて、ワッツアップやインスタグラム、スナップチャットを上回っている。ソーシャルメディア解析会社のスプレッドファストによれば、ポケモンGOのリリース直後の1週間に、イギリスではEU離脱の是非を問う国民投票があった週にもかかわらず、ツイッター上のツイート数で「ポケモンGO」が「ブレグジット」を超えていた。また、7月末にアップルは、ポケモンGOがリリース初週のダウンロード数で歴代1位になったと発表した。

ポケモンGOには、重要なアイテムが入手できる「ポケストップ」というエリアがあるのだが、前述のオーストラリアの小さな町がよりによって3つのポケストップに囲まれていて、しかも珍しいポケモンが何百も存在する設定になっていたのだ。このため、ポケモンの宝庫を目指せとばかりに膨大な数のプレイヤーが毎日ローズ地区に押し寄せ、同時に住民を失意のどん底に突き落とすことなったのである。

それが小売の未来にどういう関係があるのか首をかしげる読者がいるかもしれない。じつは大ありなのだ。ゲームとして大成功を収めただけにとどまらず、ほかのアプリには成し得なかった成果をあげている。拡張現実（AR）技術をグローバルな規模で大衆に広めたのが、ポケモンGOなのだ。

平たく言えば、ARは、「現実を拡張する」という名のとおり、デジタル・コンテンツを実世界に重ね合わせて眺めることができる。これまでVRが世の話題をさらっているが、その親戚のようなARは、消費者にもっと大きな影響をもたらすと確信している人が多い。また、AR市場は早ければ2020年にも900億ドル市場に達すると見られている。

筆者がブランドや販売店向けにAR活用事業を手がけるレイヤーやブリッパーといった企業を追いかけ始めたのは2009年のことだ。大手家具量販店のイケアはAR技術を利用してユーザーが同社カタログにある商品を自宅に仮想的に配置してみることができるサービスを開始した。玩具大手のレゴでは、店内で箱入りレゴセットの中身を子供たちに見せるサービスに乗り出した。また、建築資材メーカーは、客が新製品を自宅などのスペースや壁面にARで重ね合わせてフィット感を確かめるサービスを展開している。このようにARは幅広い状況で大きな効果を発揮することが明らかになっている。ブランド各社や科学技術の分野ではすでに10年近くもARの可能性を探る実験が繰り広げられているが、消費者の心をつかみ、ARを一躍世に広めた立役者は、ポケモンGOにほかならない。

とにかく飛びつけ

この分野で、謎に包まれた素性もさることながら、メディアの前評判も高く、資金調達額も抜きんでていたのがマジック・リープだ。2010年創業の同社は、「デジタルと現実世界の暮らしが渾然一体となった空間を体験できるコンピューティング・プラットフォーム」と謳っていた[2]。

端末上でデジタル・コンテンツを生成し、搭載カメラで捉えた現実世界の景色に重ね合わせて表示するAR技術と異なり、マジック・リープが目指しているのは、〝複合現実〟（Mixed Reality＝MR）だと創業者のロニー・アボビッツは説明する。ホログラムの生成に使われる技術と同じ光照射野と呼ばれる技術がある。アボビッツが言うMRは、この技術を使い、わたしたちの目を通じてデジタル映像を脳に送り込むことで、脳は現実を見ていると錯覚を起こす。基本的に人間の脳をコンピュータのプロセッサーとして利用することにより、従来とは一線を画する劇場映画並みの高画質が実現する。要はマジック・リープが開発していたのは、ホログラフィ技術で生成した画像をわたしたちの脳を介して直接ユーザーに見せる手段だったのだ。

同社は、2015年に学校の体育館に児童らを集めて、実物大模型によるデモ映像を公開して大きな話題をさらった。突然、体育館の床を突き破って巨大なクジラが飛び出し、数メートルの高さ

マジック・リープのMR技術によるデモでは、体育館の床からクジラが飛び出した。　写真提供：マジック・リープ

までジャンプしてから再び床を突き破り、大きな水しぶきをあげながら姿を消したのだ。子供たちをはじめ、観客らが度肝を抜かれたことは言うまでもない。

マジック・リープには、アリババ、グーグル、クアルコム、アンドリーセン・ホロウィッツ、ワーナー・ブラザースなど、錚々たる企業が出資している。投資額が技術や市場の可能性を示す一種のバロメーターだとすれば、マジック・リープがこれまでに40億ドル近い資金を調達していながら、2016年下期現在、まだ製品らしきものを何ひとつリリースしていない点は注目に値する。とはいえ、インターネットに引けを取らないほどの技術的な大躍進につながる可能性を秘めていると、多くの人々は見ている。

同社は最終的にどのような製品を目指しているのか一切語らない秘密主義を貫いているが、世界各地の技術系コラムニストらは、同社の発表や特許出願、役員の採用状況などの断片情報を基に、同社内部で何が進められているのか探ろうと躍起になっている。技術系メディアのあるライターは「コンピュータ生成のグラフィックスと現実世界を違和感なく融合可能なグーグル・グラスの増強版のようなもの。ヘッドセットには光ファイバーのプロジェクター、特殊なレンズ、大量のカメラが組み込まれている。現実と見紛うような拡張現実」と説明している[3]。

マジック・リープがオンラインの体験をどこまで変容させるのかを把握するには、最近の同社の特許出願書類の重要ポイントに着目するほかない。

▼ゴーグルとポケットサイズの小型パック以外に必要となるコンピュータや端末といったハードウェアは不要
▼バーチャル・コントローラーがあるため、ハードウェアのコントローラーは不要
▼マッピング技術で仮想の物体を現実世界の空間に配置可能
▼自分がいる室内に友人、家族などが現れ、インタラクティブな講義やワークショップ、その他の交流の機会を一緒に持てる。お互いに相手の姿を視認可能
▼商品の周辺にレビューや評価、コメントを表示可能
▼ショッピングカートのハンドルを独自のコンピュータ・インターフェースとして利用
▼店内にあるか自宅にあるかを問わず製品を独自のインタラクティブ広告として活用
▼企業は自社製品の仮想デモを実施可能

マジック・リープでは、ネットワークに接続し、振動のフィードバックを返すことで仮想物体に触れる感覚を生み出す「触覚グローブ」なるものも特許出願している。前出のハプトグラフィの第一人者であるキャサリン・クーヘンベッカーが明らかに喜びそうな機能だ。

ここに挙げたリストが仮に話半分だとしても、それでもマジック・リープは相当なインパクトをもたらしそうだ。マジック・リープのショッピングに対する考え方もかなり独特だ。最高マーケティング責任者のブライアン・ウォーラスは、同社が開発している「ルック・バイ」というアプリケーションについて語っている。商品を見つめるだけで買い物ができる商取引システムだという。「たとえば誰かが着ているセーターが気になって眺めているうちに、『これ、欲しいな』と思ったとします。すると、このシステムは、ユーザーがセーターを見つめていると認識して、（ネット通販の）アリババが起動して、そのセーターを認識し、今なら10％引きで買えますよと知らせてくれます。しかも、視線を下に落とせば、そのセーターを着ている自分の姿を確認することも可能なんです」[4]。あとは簡単なゴーサインだけで、お買い上げとなり、支払いも完了するという。

にわかに信じられないかもしれないが、ごく近いうちに、どこにいても、何でも買える時代が来る。リビングでくつろぎながら実物大のポルシェ911を眺めたければ、それも可能だ。昼休みにシャンゼリゼ通りに繰り出して、週末の結婚式で着るドレスを選びたければ、すぐに出かけて買ってくればいい。オフィスのデスクから一歩も離れることなく完了できる。グランドキャニオンへの家族旅行も簡単だ。飛行機に乗る手間さえ不要だ。将来は、どこにいても、欲しいものは何でも

VRで思いどおりにできるようになる。

試着してぴったりなら即買い

ショッピングで購入に至るまでの流れがあらゆる面で手間のかからない没入型の体験になるだけでなく、カスタマイズにも対応していて、五感に訴え、人工知能による豊富な情報を提供できるようになる。いや、そうなっていくだろうことは明らかだ。

ただし、悲しいかな、（少なくとも現時点では）できないことがある。購入前に仮想的ではなく本物を試着したり、試用したりすることは難しい。購入前にきちんと試着できない事実は、衣料品のオンライン通販業界にとって最も頭の痛い問題であり、これが原因で〝サイズ試着〟なる現象が起こっている。同じ商品のサイズ違いをいくつか注文し、ぴったり合うものだけ残し、あとは全部返品するテクニックだ。実際、ネット通販で販売された衣料品全体のうち、数量ベースで推定25～40％が販売店に返品されていて、販売店側は莫大な費用を負担させられている。さらに、ネット通販のユーザー側にも面倒な手続きがあるため、衣料品のネット通販の伸びを鈍らせる深刻な障害となっている。

だが近いうちに、この試着を巡る課題は小売業者にとっても客にとっても記憶にさえ残らなくなる。フェイスブック上であろうと仮想世界であろうと、見るものも買うものもすべて自分にぴったりフィットするからだ。すすめられる商品は、最適なサイズであることはもちろん、自分好みのスタイルや趣味に合うことも事前に吟味されている可能性が高い。これこそ、トゥルー・フィットのロムニー・エバンス率いるチームが実現しようとしているビジョンだ。その取り組みが始まったのは、エバンスがボストンに本拠を置くコンサルティング会社イノサイトで働いていたころだ。ちなみにこのイノサイトの創業者は、シリコンバレーのバイブルとされている『イノベーションのジレンマ』の著者でもあるクレイトン・クリステンセンである。この本もクリステンセン率いる同社も、破壊的技術というコンセプト、そして企業や発明家が常識を覆すようなイノベーションで市場を劇的に変える方法に重点を置いている。

「イノサイト勤務時代、こうしたフレームワークのことばかり考えていた。ある日、一緒に買い物に出かけた妻が店で試着をしていました。確か10着以上のジーンズを試着していたと思いますが、結局、何も買わずじまい。見るからにがっかりして不機嫌になっていました。わたしはふと『大変だな。みんなこんなに苦労しているのか?』と思ったんです。それがきっかけでしたね。オンラインで自分のサイズなどの情報を登録しておいて、どの商品ならぴったりだとか、どの商品はサイズが合わないとか、どのサイズを買うべきかといったことを教えてくれたら便利じゃないかと気づいたのです」[5]。

この経験に背中を押されるようにベンチャー企業トゥルー・フィット（本社マサチューセッツ州）を仲間と立ち上げ、約1万以上の洋服・靴ブランドを対象に膨大な商品データを蓄積する一方、

3000万人を超える世界中の登録ユーザーのスタイルや着用感の好みとのマッチングを図っている。同社では、これを「史上初の洋服と靴のゲノム」と呼んでいる。この機能を各小売業者のウェブサイト内に常駐させ、スタイルと着用感についておすすめ情報を手際よく教えてくれる使い勝手のいいエンジンが誕生した。気になる商品が自分に合うかどうかわからない場合、トゥルー・フィットに好みのスタイルやサイズに関する情報をいくつか入力するだけで、ほかのユーザーや規格に関するデータを参考に推奨品を案内してくれる。このエンジンを使うユーザーが増えれば増えるほど、推奨の精度が高まり、ますます使えるようになるのだ。

「実際に百貨店で買い物をするのと同じような体験ができるので、自分には合わなかったといった失敗とは無縁になります。しかも、推奨品としてあがってくる商品はすべてユーザーに気に入ってもらえるはずです。そういう商品ばかりを見て回るわけですから、これからは嫌な思いをせずに大好きなショッピングを心から楽しめるようになります」(エバンス)。

従来のオンラインショッピングについてエバンスは「もっと重大な問題があります。携帯電話は画面のサイズが限られているため、検索結果として出てきた20着すべてを一覧できず、ページを切り替えていく必要があります」[6]と指摘する。それだけに本当に自分の体型にフィットしそうな商品が表示されることはこれまで以上に重視されるという。

着用感の問題の解決に取り組んでいる企業はトゥルー・フィットだけではないが、商業的にそれなりの成果をあげているという意味では、筆者が最初に把握できた企業の代表格と言える。エバンスによると、直近の実証実験では、小売業者の純利益はトゥルー・フィット採用前と比べて平均5％の増加が見られ、返品率は劇的な減少を記録したという。トゥルー・フィットの蓄積データが充実しているのを受け、着用感やスタイル、さらには購入データなどに基づき、ユーザーのファッション・アイテム選びで積極的なアドバイスができる程度にまで効果が上がるとエバンスは見ている。オンラインのどの店でも自分専用のアルゴリズムがついて、自分にぴったりのアイテムだけを提示してくれる。

未来のショッピングでは自分に合うものだけを買えるようになるのだ。

第12章 自動車も3Dプリンターで！

フォードの名車マスタングの50周年を記念したモデルが発売された2015年、同社の設計・製造チームの苦悩に満ちた車づくりへの挑戦を描いたデイビッド・ゲルブ監督によるドキュメンタリー映画『A Faster Horse』が公開された。映画は自動車開発に想像を絶するような時間、資金、エネルギーが注がれた現場をつぶさに描いている。先の見えない一か八かの挑戦のなかで、とてつもないプレッシャーが襲いかかる様子も見事に捉えられている。映画は無事ハッピーエンドを迎え、マスタングのファンもほっと胸をなでおろす。同時に、50周年記念モデルのマスタングも予定どおり発売にこぎつけただけでなく、厳しい目を持つファンにも大絶賛された。大成功だった。

製造業においては、よくある成功パターンだ。気が遠くなるほど長期にわたる設計プロセスに続いて、巨額のコストと手間をかけたエンジニアリング業務、さらには量産までの長い道のり、莫大な初期投資と大きなリスクを抱える。これらがすべてうまくいけば（簡単なことではないが）、同社は何千台、何万台の量産が可能になり、そこそこの利益を確保しながら、ディーラー網に製品を行き渡らせることができる。こうしたあらゆる面での努力の結果、当然のことながら、購入者のもとに届く車は、ある種の妥協の産物となる。人々の好みや趣味が違うなかで、誰にとってもパーフェクトなデザインというわけにはいかないまでも、とにかく幅広い人々をそれなりに満足させられるように開発された製品だ。

そんな常識を覆した企業がある。ローカル・モーターズだ。フォードとは違って、ローカル・モーターズには、振り返るような歴史もないし、カリスマ創業者もいない。自動車ファンに愛されている象徴的なブランドもなければ、カーレースでの実績もない。だが、同社には、3Dプリント（3次元造形）を使って数時間で自動車を作り上げてしまう能力があるのだ。数十時間ではなく、確かに数時間なのだ。

2007年創業のローカル・モーターズは、自動車をはじめ、各種製品の少量生産に特化したアメリカのメーカーだ。アリゾナ州フェニックスに本社を構える同社は、ジョン（ジェイ）・ロジャーズ・ジュニアが温めてきたアイデアを基に誕生した。2011年に完全なクラウドソーシングによる設計を採用し、合法的な公道走行によるラリー仕様車の製造に乗り出し、一躍注目を浴びた。

2014年、ローカル・モーターズは、クラウドソーシングで設計した自動車を3Dプリント技術により44時間あまりで完成させてしまった。世界初の快挙だった。超大型の高速3Dプリンター「BAAM」を駆使して、自動車のシャーシとボディをまとめて3Dプリントで仕上げた。普通ならシャーシとボディの製造工程には2000点を超える部品が使われるが、1つも使わずにすませたのである。同社の最高販売責任者ミッチェル・メナーカーは、「世界初の共創型の自動車であるラリーファイターを送り出してから約5年になりますが、まだ生産されています。構想段階から市場投入までわずか12カ月で実現しました」と振り返る。「これに対して、典型的なOEM方式で同等製品を開発するには6~8年はかかります。また、費用は市場投入までにざっと10億ドルが必要です」とメナーカーは指摘する[1]。

ローカル・モーターズは、社名とは打って変わって、事業規模は決してローカルではないし、取り扱い業務の面でも自動車メーカーとは言えない。たとえばGE向けの家電製品、エアバス向けの4ローター式ドローンなど、さまざまな企業や製品の受託生産を手がけている。ロジャーズの指揮の下、同社では世界中に小規模な制作拠点を築く計画を立てている。同社の売りは3Dプリント生産方式だけではない。設計過程もかなりユニークだ。メナーカーが説明する。「すでに123カ国6万人ものメンバーが控えるコミュニティを確立しています。アマチュアのデザイナーだろうと熱狂的なファンだろうと趣味人だろうとエンジニアだろうと、はたまたロケット科学者だろうと、どんな立場でもかまいません。作品の投稿、ブログへの投稿、当社が抱える課題への参加などあらゆるかたちで積極的に関与し、独創性を発揮してもらっています」[2]。

たとえば、エドガー・サルミエントという、コロンビアのボゴタに住む24歳の工業デザイナーは、製品開発の仕事に意欲を燃やしていた。そんな彼がローカル・モーターズのクリエイティブ・コミュニティと出会ったとき、ここなら情熱を傾けられると感じた。サルミエントは、公共輸送を

３Ｄプリンティングで製造したバス「オリ」設計者のサルミエント　写真提供：ローカル・モーターズ

目的とした自律走行型電気ミニバスの設計図を提出したところ、ローカルが採用し、試作品づくりを決定した。ミニバスの名称は「オリ」に決まった。その見返りとしてサルミエントは2万ドルの小切手を手にした。それだけでなく、オリが売れた分だけ、設計使用料（率は非公開）も支払われる。メナーカーによれば、オリの販売の引き合いだけを見ても、サルミエントが若くして早期リタイアの道を選べるほど好調だという。「フォードやGMなら、こんな若者からの電話にまともに応対することはなかったはず」とメナーカーは言う。

彼はこんな将来ビジョンを描いている。朝、顧客がショールームを訪れ、コーヒーカップ片手に自分の車の設計にあれこれ要望を出す。その日のうちに3Dプリントを実施し、夕方、できあがった車を運転して帰宅する。独自の方式は自動車の製造だけでなく、自動車まるごとのリサイクルまで視野に入れている。「自分の車に乗って帰り、2年したらまたここに戻ってきて、新しい車と交換する。古い車はこちらで溶解して、まったく新しい車に作り変えるのです」(メナーカー)。

製造のあり方を一変させる技術にこれだけ大きな可能性があるとすると、わたしたちが日々購入している製品の製造に3Dプリントが使われるようになるのはいつごろなのか、俄然興味が湧いてくる。たとえば服やアクセサリー、靴などは、自分のために完全オーダーメードでプリントしてもらえるのだ。2015年10月、そんな未来を予感させる言葉をナイキの最高執行責任者、エリック・スプランクが語っている。ギークワイア・サミットのパネルディスカッションに参加したスプランクには、ナイキの顧客が自宅で靴を3Dプリントできるような日が来ると思うかとの質問が投げかけられた。スプランクは、その可能性を肯定したばかりか、「IP(知財権)の観点もあるのでデータ・ファイルの所有権は(ナイキが)依然として保有するとして、自宅でつくっていただいてもいいし、ナイキの販売店でもプリントできるような未来が来てもいいんじゃないでしょうか。そう遠くない話です」と続けた[3]。これには多くの聴衆が驚きを隠せなかったようだ。

はっきりさせておきたいのだが、これは決して熱狂的な3Dプリント信者や小売ベンチャー企業の熱いセールストークではない。フォーチュン500社ランキングに名を連ねる有力ブランドの最高執行責任者が、オンデマンド型の完全個別化されたサプライチェーン、しかもほぼ消費者主導の運用をほのめかしたのである。それはSFのような遠い未来の話ではなく、近い将来の話とまで言い切ったのだ。

あり得ない話だろうか?

いや、ジョー・デシモンによれば、十分ありうるという。デシモンは、アメリカ屈指の化学者であり、アメリカの学術界の中枢をなす全米科学アカデミー、全米技術アカデミー、アメリカ医学研究所の3機関すべてに選出された20人足らずのうちの1人である。また、ノースカロライナ大学チャペルヒル校の古参教授としても活躍する。そのデシモンが製造業に大革命を起こそうとしている。

デシモン率いる企業、カーボンでは、「CLIP(連続液界面生産)」と呼ばれる3Dプリント技術を開発した。硬化樹脂などの素材の層を重ねながら物体を造形する従来の積層型3Dプリント方式と異なり、カーボンが開発した方式では、紫外線で樹脂を連続的に硬化させる方法により、従来とは桁違いの速度で驚くほど複雑な物体でも造形が可能だ。映画『ターミネーター』には「T-1000」というロボットが、地面に水たまりのようにある液状物質から立ち上がるようにボディを形成し、瞬時に変身する場面があるが、カーボンが編み出した技術では、これと同じように、樹脂の詰まった容器からすばやく物体が立ち上がって、最終形になるのだ。

「これは3D製造を実現する画期的な技術です」とデシモンは言う。「しばらく前から3D製造が話題になっていて、ずいぶん期待が寄せられていました。実際、フォーチュン500社ランキングに名を連ねるような大企業で、ものづくりに携わる企業ならどこでもデジタル機器による製造のインパクトに関心を寄せ始めていました。ところが、結局は軒並み計画が棚上げされているんです。これは、プリンターから出てくる製品があまりに粗末で、加工時間もかかり、経済性も悪かったからです」[4]。

だが、カーボンの方式の場合、大企業であっても、消費者の希望に応じたオーダーメードで、可動型かどうかを問わず、完全に機能する高品質な製品を迅速に製造できるようになる。「複雑な形状でも非常に迅速につくれるようになり、仕上げの部材や機能部品としての特性を備えた部材にも対応し、常識破りのスピードで加工できるとあって、飛躍的な技術進歩と言えます。これをきっかけに本格的な３Ｄ製造業界が立ち上がると思います」[5]。

ナイキが３Ｄプリンターによる靴のオーダーメードというビジョンを掲げていることについて、デシモンは次のようにコメントしている。「スポーツシューズのメーカーは、シューズのオーダーメードを実現しようと、独自のデザインや夢を抱き続けていますが、旧来の技術に縛られています。こうした状況のなか、当社は市場参入について幅広い協議を続けており、今後、あっと驚くようなかたちで、特定のシューズメーカーとがっちりタッグを組み、消費者の期待に応えていくつもりです」[6]。デシモンはかなり慎重に言葉を選んでいたが、おそらく「ご注文のオーダーメードのランニングシューズの３Ｄプリントがもうすぐ終わりますので、ご来店をお待ちしています」と言っているようなものだろう。

この技術のインパクトについてデシモンは次のように言う。「これまで生産施設を整えるには、それなりの資金や力が必要でした。費用対効果に優れた高性能な製造設備を小規模の企業やベンチャーに導入できれば、誰もが自分のアイデアをかたちに変えられるようになります」。

言い換えれば、それは前例のない新たな産業革命にほかならない。技術は、わたしたちの買い物のあり方を変えるだけでなく、ものづくりのあり方まで変えてしまう。そう遠くない将来、企業は完全オーダーメードの高品質な製品づくりを大規模に、しかも以前は考えられなかったようなコストで展開できるようになる。小規模メーカーもこうした最先端技術を駆使すれば、大企業を相手に戦うことも十分に可能になる。そして、消費者は、能力さえあれば、自分が買う商品の設計・デザインに関与するようになり、ひょっとすると自ら超小規模メーカーになってしまう可能性さえある。となると、サプライチェーン全体を抜本的に考え直すことになる。小売や製造という概念を永遠に変える力も秘めているのだ。

「3Dプリントは間違いなく新しい産業革命であり、とりわけオンデマンド生産により、経済モデルとして大きなイノベーションの可能性を秘めている」

パスカル・モラン

第13章 もうリアルな店はいらない?

さて、ここで一歩引いて全体像を眺めた場合、例のアンドリーセンのコメントは、技術界の大御所が場当たりで持ち出したはったり予想にすぎないことがわかる。確かに彼は驚くほどしっかりとした根拠のあるポイントをついていて、それが日に日にわたしたちの周囲に広がりつつあるかのように見える。ソフトウェアが小売業を完全に飲み込むとまではいかなくても、生ける屍のような店がお払い箱になることは明らかだ。

現時点でわたしたちが思い浮かべるネット通販なるものは、わたしたちの度肝を抜くような未来の小売へと向かうほんの入り口にすぎない。ポスト・デジタル社会では、消費者は技術自体に驚嘆することもなくなり、単純に技術に期待を寄せ、そこから得られるメリットを求めるようになる。つまり、デジタル時代の半ばで立ち往生している企業に明るい未来はない。

こうした現実があり、さらにこの四半世紀の世の中の変化を見た場合、何千年も続いて来た小売というビジネスモデルは、今後も「通常営業」の看板を掲げていけるのだろうか。

小売は死んだのか？

答えは「ノー」だ。小売は死んでなどいない。これまでに本書で書いてきたことは、何らかのかたちで現実のものとなることはまず間違いないが、だからと言って小売の死をもたらすほどの影響はない。瀕死の状態にもならない。

これから起こるのは、わたしたちが思うよりもはるかに複雑で、大掛かりで、わくわくするような面白いことなのだ。

第Ⅲ部

店舗がメディアになる

第14章 なぜ人は買い物が好きなのか？

ネットワークに接続された端末がわたしたちの購入活動を監視・管理し、コントロールまでし始めるようなる。技術のおかげでバーチャルな世界で本格的な没入感が得られるショッピングが可能になる。VR（仮想現実）を使えば、いつでもどこでも行けるようになる。AR（拡張現実）なら、どこにいようと、自分のいる環境が本物そっくりの店に変わる。カニエ・ウェストのニューアルバムを買いたければ、のんびりくつろぎながら手に入れて、バーチャルなカニエ自身が目の前にいる場所で新譜を楽しむことができる。これがセールスポイントになるのかどうかは読者の判断を仰ぎたい。

AI搭載のアシスタントに普通に話しかければ、何でも面倒を見てくれるようになることはまず間違いない。今ここで挙げたことはいずれも実現の可能性が高いが、こうした未来は、実店舗の必要性を否定することになるのだろうか。技術は、実際のショッピングという体験を奪ってしまうのだろうか。

そんなことはあり得ないはずだ。人間はモノを入手するためだけにショッピングをするわけではない以上、実店舗が不要になることはない。現に技術が暮らしに入り込むにつれて、むしろ現実の店で買い物を楽しむことの価値が高まり、大切な経験になるだろう。本能的、感情的に結びついた体験への飢餓感が強まるからだ。そもそもショッピングは人間らしい活動である。太古の採集狩猟社会にまでさかのぼって、人間という生き物に刻み込まれたニーズなのだ。

紀元前400年ごろのローマ時代の市場から、パリやロンドン、はたまたニューヨーク5番街の高級百貨店に至るまで、人間は、単なる物品の調達にとどまらない多種多様な理由で、長い歴史を通じてショッピングという行為を続けている。ショッピングは潜在意識に深く刻み込まれたニーズに訴えかけ、わたしたちの心の奥底に触れるのである。

アメリカで9・11の同時多発テロの後、この事実を痛感した。多くのエコノミストが消費の大幅な落ち込みを予想した。あの大惨事の規模と性格を考えれば、そうなったとしてももっともなことだった。ところが蓋を開けてみれば、まったく逆の現象が見られたのだ。消費者はいつにも増して、いや、はるかにたくさんのモノを買いまくった。これは、心理学者によれば「死の顕現性」（自身の命のはかなさを悟った状態）と呼ばれる現象で、「安心感や安定感を与えてくれる」モノやサービスに対する欲望が高まるという[1]。

発見のためのショッピング

ショッピングには、条件さえ整えば、常に発見という重要な瞬間が得られる希望がある。探求や宝探しのわくわく感は、人間であるわたしたちにさまざまなレベルで影響を及ぼす。

皮肉なことだが、わたしたちの暮らしに技術が複雑に根を張り巡らせ、データ主導になればなるほど、世界の視界は悪くなり、思わぬかたちで何かを発見する確率も大幅に低下する。感覚的には逆のような気もするが確かにそうなのだ。

わたしたちの意識の範囲に入ってくる人、場所、モノは、データ主導で扱われ、アルゴリズムで運命付けられてしまう傾向が高まっている。フェイスブックなどのソーシャルネットワークは、友人の輪を広げてくれるわけではない。むしろ、「いいね！」をしたくなるような情報や製品、イベント、人を軸に、わたしたちを束ねてひとまとめにする一方、あまり興味を示さない人や場所、モノへのドアを閉ざしていくことで、むしろわたしたちの友人の輪を収縮させている。近いうちにフェイスブックはわたしたちの考えや信条、好きなもの、嫌いなものをこだまのように返す場、同類の仲間から同様の声が返ってくるだけの空間になるだろう。

同じくネットフリックスもわたしたちの視聴の世界を広げてはくれない。わたしたちが楽しいと思ったコンテンツと同様の番組やら映画やらを次々にすすめてくれる結果、視聴の世界は収縮に向かう。スポティファイも音楽の嗜好を広げてはくれない。わたしたちがプレイリストに追加した曲と同類の曲を次々に提供してくれるため、わたしたちの音楽の幅は狭まっていく。出会い系サイトも自分とは違う個性のある人を集めて思わぬ出会いをもたらしてはくれない。まるで靴下をそろえるように、相性第一で人と人をマッチングさせるからだ。

小売も例外ではない。

以前、アウトドア用の家具を買いにコストコに行ったことがある。その後、アウトドア用家具のセール品のお知らせが購入からまる1年にわたって、週に2回届くようになった。同様に、何年も前にイーベイで車のパーツを購入して以来、ずっと同じパーツの通知が送られてくる。こんなバカげた話はない。両社にしてみれば、購入品に関するセール情報を顧客にできるだけ提供すれば喜んでもらえるはずという一心でやっているのだろうが、データというものは、ときに非常にぶしつけで非効率的な道具になりうることを端的に表す好例である。まるでセレンディピティ（ふとした偶然がもたらす幸運な結果）など無意味で、わたしたちの残したデータが動かぬ証拠とでも言いたいようだ。

一方、こうしたアルゴリズムによるおすすめ情報は完璧ではないにせよ、この100年近くわたしたちを苦しめ続けてきた無差別攻撃のような憎き広告と比べれば、むしろありがたいくらいだという声もあるかもしれない。確かにこうしたマスマーケティングはもうたくさんという意見には同意する。だが、データ重視主義を小売に持ち込みすぎると、思わぬ商品との遭遇がもたらすわくわく感やときめきが薄れ、ショッピング中のわたしたちの感覚を麻痺させてしまうことも事実だ。

ショッピングの本当の楽しみは、妥当性と偶発性の絶妙なバランスにある。買い物客としては、自覚しているニーズや好みを刺激する商品に出会えることは確かにうれしい。と同時に、自分の趣味に合うとは思ってもみなかった店、まさか存在するとは思いもしなかった商品、何の前触れもなく突然ハッとさせられたり魅了されたりした出来事などと出会える驚きや喜びも心のどこかで切望している。実店舗はこうした魔法のような場所になりうるし、そうあるべきなのだ。一方、データは、どうがんばってみたところで、真の発見という体験を再現することは不可能だ。

ふれあいを求めて買い物をする

買い物に出かけて、あまりに混雑しているとげんなりするが、人混みに対する人間の生来の反応はまったく逆である。無意識に人混みを探しているのだ。

店内に数分間誰もいないことはあっても、数人が入ってきたとたん、さらに別の客も後に続くように入ってくることがある。実際、同じような店が2つあり、片方には客がいなくて、もう一方は客が入っている場合、人は客がいるほうの店に入ろうとする。手短に言えば、これがショッピングの持つ社会的な本質である。人混みは、最も明快で端的な「社会性の証し」である。何万年も前に人類が木から降りてきて以来、まったく変わっていない現実でもある。ある空間に誰かがいることは、何らかの価値あるものがそこにあることを示す最良のバロメーターとして今も機能しているの

アイフォン６発売日のニューヨークシティのアップルストア。　©Robert Cicchetti

である。

　ショッピングモールや店にいるとき、客が買い物に熱狂している様子を見ると何らかの興奮を感じるというのは、多くの読者が理解できるだろう。「何かありそうだ」と感じたときの興奮やわくわく感だ。たとえばブラック・フライデー（年末商戦の初日）のセールが始まったときの大騒ぎはまさにこれが根底にある。人混み、興奮、喧騒にはすべて一種の中毒性があるのだ。

　アップルは、ほぼ創業当初から、現実の場で、人々を熱狂させることに長けている。新しいアイフォンの発売日に集まった人々が店舗前から遠くの角を曲がった先まで長蛇の列をつくっている光景に見覚えがあることだろう。だが、そんなアップルでさえ、こうした人の集まりのなかで生まれるわくわく感を同社のオンラインショップでは生み出せないことを承知している。だからこそ、同社ウェブサイトでの「オンラインショッピング環境の魅力を高める」特許まで出願している。アップルは次のように説明している。「オンラインショッピングの欠点は、迫力がなく孤立感を抱かせやすい点にある。このような環境では顧客は、オンラインショッピングに前向きな気持ちを抱きにくく、ウィンドウ・ショッピングと同じように夢中になる傾向は小さい（たとえばコンピュータのディスプレイにかじりついて商品を眺めるようなことはない）。このため、最終的な消費額は実店舗での買い物客を下回りやすい」[2]。

アップルは、同社ウェブサイトのデザインを根本から刷新しようと考えた。ユーザーがウェブサイトを訪問したときに、ほかにも買い物客がいるページや人だかりができているページをわかりやすく伝えるような仕組みを検討していたのである。具体的には新製品や新サービス、何らかのイベントを紹介するページがこれに当たる。特許出願の説明によれば、「たとえば書籍の著者がオンラインショップ主催のライブチャットに登場する場合、その書籍のアイコンが常に画面に現れ、（あらゆるコーナーにいる）顧客に特別なイベントが開催されていることを注意喚起する」という。つまり、アップルは実店舗のような雰囲気をウェブサイトに持ち込もうとしたのだ。

当時アップルが把握していたことは、今も間違っていない。実店舗でのショッピングには、言葉で言い表せない雰囲気が生まれやすい。現実世界の人混みがつくり出す活気のなかで、いいものを見逃したくないというわたしたちが持って生まれた不安感が刺激される。この一瞬の興奮の高まりが、店でのショッピングの強い印象や中毒性につながっているのだ。

ショッピングの生理学

わたしたちの脳は買い物が大好きだ。楽しいショッピング体験は、合法的な麻薬のようなものである。これは冗談ではない。素晴らしいショッピング体験への反応を神経学的に見ると、実質的にコカインを吸引したときの反応とほぼ同じで、どちらもドーパミンという化学物質を脳内に生み出すからだ。

ドーパミンは快感や意欲、集中力、行動力を左右する神経伝達物質だ。平たく言えばドーパミンは、楽しい物事に出会うと、脳内を駆け巡ってご褒美をくれる化学物質なのである。セックスや麻薬やロックンロールに魅了されるのもドーパミンが関わっている。神経科学者のボーガン・ベルはかつてドーパミンを、お騒がせセレブの代表格とされているキム・カーダシアンを引き合いに「神経伝達物質界のキム・カーダシアン」と呼んだことがある。マスコミにたびたび取り上げられる有名人に重ね合わせて皮肉ったものだ。わたしたちの中毒的な行動の多くで中心的な役割を果たしていることから、ドーパミンはすっかり有名になってしまった。実際、多くの人々にとって買い物は中毒性がある。次にアウトレットモールを訪れるときは、会計のレジに並ぶ人々の表情に注意していただきたい。それがドーパミンがほとばしっているときの表情だ。この分野の権威がロバート・サポルスキーだ。

サポルスキーはスタンフォード大学教授で、生物学、神経科学、脳神経外科学を専門にしている。さまざまな業績のなかでも、サルの脳内でのドーパミン生成の研究は大きな注目を浴び、人間に対するドーパミンの因果関係に関する理解を深める一助となった。この実験の結果、小売業者はドーパミンが買い物客の行動に与える影響について、重要なヒントを手にした。いろいろな実験があったが、そのうちの1つは、サルに簡単な作業を実行するように教え込み、その作業をやり遂げると、ご褒美の食べ物がもらえるというものだ。実験の開始が近づくたびに小さなライトが点灯し、サルに作業の開始を促す。するとサルは作業を始める。作業が終わるたびにご褒美が与えられた。

サポルスキーは、サルがご褒美を受け取ったときに脳内のドーパミンが最高レベルに達すると仮説を立てていた。ところが、実際はそうではないことがわかった。ライトの点灯を見た瞬間にサルの脳内のドーパミンが一気に上昇したのである。ライトの点灯自体がもうすぐご褒美をもらえるチャンスの合図になっていたからだ。言い換えれば、脳内で最もドーパミンが放出されるのは、ご褒美そのものではなく、ご褒美への「期待」だったのである。

ここから話はさらに面白くなる。作業をした後にご褒美が毎回必ず与えられた場合、ドーパミンのレベルは平均的になった。ところが、ご褒美が与えられる確率が100％未満になったとたん、サルのドーパミンのレベルが上昇したのである。そしてご褒美が与えられる確率を50％にしたところ、ドーパミンは最高レベルに達したのである。つまり、作業完了後に何かがもらえると保証されている場合は、骨折り損になるリスクがある場合よりもドーパミンが減ってしまうのだ。

この結果からさまざまなことが説明できる。ギャンブル、出会い、宗教、麻薬中毒、社員報奨制度なども説明がつく。また、ショッピングでも重要なことがわかる。買い物客のドーパミンは、探し求めていたものが手に入ると期待できるときに最高レベルに達し、入手できないリスクもあるとわかっている場合には、さらにドーパミンが増えるのだ。オフプライス・ストアやアウトレットモール、さらには見切り品セールやがらくた市に至るまで、サイズなり、カラーなり、スタイルなりに制約があるなかで格安品の宝探しを強いられる場に根強い人気があることも納得がいく。気に入った商品が見つかるかどうかわからないというだけで、ドーパミンの量が増加したのである。

この調査から推測できることがある。アマゾンなどの巨大市場が品揃え拡充のペースを緩めることなく、顧客が本当に欲しいものを見つけられる可能性を高めていくうちに、ショッピングに伴って放出されるドーパミン量をうかつにも下げてしまいかねないのだ。アマゾンで欲しいものが見つかる可能性が大きければ、わたしたちの脳の理性を司る部分には大きな魅力と映るが、ドーパミン放出量が少ない体験になり、やがては満足感が低下してしまう。こうなると、従来の小売業者に追い風となる。

実際、コストコなどの小売業者は、独自の品揃えを展開しつつも、用意する数量を非常に抑えるなど徹底的に考え抜いた戦略で買い物客のドーパミン量を増やしている。その結果、コストコの買い物客は、買いそびれるのではないかという不安感を抱えながら思わず買ってしまう。お察しのとおり、これがドーパミンを増やし、当初の予定以上にあれこれ買い込んでしまうのである。筆者はよく引き合いに出すのだが、ポークチョップを買いに行っただけなのに、本物のカヤックを抱えて店から出てくるような場所はコストコ以外にない。ドーパミン、おそるべし。

一貫性と信頼性を大事にする一方で、客が自力で何かを発見する偶発性と買いそびれの不安感も盛り込むという、わたしたちの脳の反応からいえば、ギリギリの線を狙ったじつに鮮やかな売り方だ。実店舗でのショッピング空間に、ほんのわずかな無秩序感が上手に仕込んであれば、発見のわくわく感が生まれる。言い換えれば、充実したショッピング体験の肝は、確実性と偶然性の絶妙なバランスにある。

オンラインからオフラインへ

こうした小売の人間的な要素に着目すれば、ネット通販専業業者が次々に実店舗を設置していることもうなずけるのではないか。1社、また1社と、デジタル王国から抜け出しては、「店」という不慣れな現実の世界に姿を現している。ここ数年だけでも、20社以上のネット通販会社がこの大ジャンプをやってのけている。そのなかには、メガネ販売のウォービーパーカーといったベンチャーも含まれる。同社は2010年に独自のメガネのオンライン仮想試着というビジネスモデルを引っさげてメガネ業界に一石を投じて話題になった。オンラインのオーダーメード・スーツ・メーカー、インドチーノ（本社カナダ・バンクーバー）や、紳士服・婦人服分野で業界に新風を吹き込むエバレーンもネット通販専業からの実店舗参入だ。そしてそこにはアマゾンも名を連ねる。この20年間、現実世界の書店を次々に廃業に追い込んできた、あのアマゾンが実店舗の書店（アマゾン・ブックストア）とコンビニエンスストア（アマゾン・ゴー）を出店しているのである。

デジタルでの小売が唯一の未来へ通じる道なら、なぜこうしたブランドが苦労して稼いだ資金を実店舗づくりにつぎ込んでいるのか。仮にブランド各社が実店舗という重荷を背負っているようでは小売という海の荒波を泳ぎきれないとすれば、いったい全体、なぜこうした企業が実店舗にあえて投資しているのだろうか。割に合わないコスト、生産性の落とし穴、救いようのない財務状況を理由に、マーク・アンドリーセンに絶望の淵とまで言わせた小売の実店舗に、なぜあえて挑むのか。

ウォービーパーカーの場合、答えは単純明快。店舗は顧客と関係を築く重要な手段になるからだ。同ブランドの元々の事業計画では、自宅での試着機能があるのだから実店舗の必要性は完全に排除されていたが、共同創業者のニール・ブルメンソールは顧客が結局は実店舗を必要としていることに気づいたという。

開始から48時間で需要が殺到してお手上げとなり、自宅試着制度を一時中断せざるを得なかったのです。すると今度は電話が次々にかかってきて、「会社に行けば試着できるのか」と。それで「アパートの一室がオフィスなんですが」と答えるような状況でした。

とにかくお客さんがやってくることになったので、メガネをダイニングテーブルの上に並べました。ショッピング体験としては決して褒められたものじゃないと思いましたが、お客さんとの関係づくりという意味で本当に素晴らしい時間をすごすことができたんです。メガネは全部試着してもらえました。それで従来の実店舗のような場があるべきだと悟ったのです[3]。

ブルメンソールのアパートの一室で出会った初期の顧客の存在がよほど大きかったのか、同社は全米とカナダに35カ所のショールームを開設するに至った。だが、従来の典型的なメガネ屋とはまったく違うと彼は断言する。「ポイントは、特別な時間を持てるかどうかなんです。店に一歩足を踏み入れると、ほとんどの人が目を丸くして驚きますよ。メガネを売っている場とは思えない常識破りの空間だからです」[4]。

オンラインでオーダーメード・スーツを販売しているインドチーノも実店舗のある将来を志向する。2007年創業の同社は、2014年に7店を開設した。2015年にはさらに全世界で150店の出店計画を発表している。もう1つ別のオンライン紳士服ブランド、ボノボスの戦略も見てみよう。同社の場合、店舗は製品在庫を置く場所ではなく、試着のほか、スーツのスタイルや生地を選ぶ〝ショールーム〟と位置付けている。

季節ごとのコレクション発表といった業界の慣習をことごとく無視して2011年に一躍注目を浴びたオンライン・ファッション販売のエバレーンでさえ、2016年にサンフランシスコのミッション地区に初の常設店舗をオープンさせる道を選んだ。同店では商品を見て回ったり、サイズ感のつかみにくい商品を試着したりするほか、エバレーンの経験豊富なスタイリストに相談することも可能だ。

秘密主義やわかりにくい戦略で知られるアマゾンに関しては、実店舗開設の動機を完全にはつかめそうにない。だが、筆者がスピーチを引き受けた会議で、同社の店舗開発チームのメンバー数人と知り合う機会に恵まれたおかげでいろいろとわかってきた。実店舗に対するアマゾンの見解は従来の考え方とは一線を画するもので、本をもっと売るのが目的で書店をオープンするのではないようなのだ。実際、「書店」を装ってはいるが、いわばトロイの木馬のようなもので、アマゾンがはるかに大きなビジネスチャンスをつかむ手段にするつもりだと筆者は見ている。

第1に、アマゾンが出店する新しい実店舗はそれぞれ担当地域の注文品の集配、配送、顧客への引き渡しを担う重要なミニ流通ハブとして機能することにより、アマゾンの収益力を大きく左右する配送の最終区間のコスト構造をスリム化するはずだ。ちょっと想像してほしいのだが、アマゾンが小規模の効率的なコンビニや書店を街中に次々に配置し、ほとんどの商品を注文翌日には顧客に引き渡せるようになったら、どうだろうか。

第2に、といってもこちらのほうがもっと重要なのだが、こうした店舗が、ファイア・タブレットやファイアTV、キンドル・リーダー、エコー、ダッシュボタンなど、アマゾンのデジタル機器のショールームとして機能するのだ。ご存知のとおりアップルの店舗は顧客に新製品を見て触って試してもらう場となっているが、アマゾンでは実物を触って試せる場を用意したことがない。その結果、同社のデジタル機器はアップル並みには市場に浸透できていない。こうしたデジタル機器は、アマゾンならではの魅力を顧客に届けるポータルとなることを考えると、大変な機会損失になっている。

実店舗が重要となる理由はもう1つある。これはアマゾンも当然のことながら気づいているだろう。実店舗がそれぞれの地域でのブランド認知を高めるだけで、オンライン販売の促進につながることは言うまでもない。ウォービーパーカーの共同創業者の1人、デイビッド・ギルボアは、「店舗自体がブランド認知の大きな向上につながり、ウェブサイトに多くの客を誘導して、ネット通販の売り上げ促進に貢献するハローー効果も期待できる」[5]と説明する。そう考えているのはギルボアだけではない。インドチーノのCEO、ドルー・グリーンも同様の経験があると認めたうえで、「街に出店するたびに、その地域での認知度や売り上げがオンラインだけの場合と比べて4倍に伸びている」と語る[6]。筆者自身も、数々の消費者向け有力ブランドで同じ現象が起こっていることを確認している。実店舗をオープンすると、多くの場合、オンラインの売り上げが急増するのだ。つまり、実店舗＝オンライン販売の増加という方程式が成立するのである。

だが、何はなくとも物理的な拠点は買い物客の体験を演出する場となる。特に従来とは明らかに違う世代の新しい消費者の愛着心を引き出すうえで大切な時間をすごしてもらう場なのだ。

「わたしはショッピングについて1日中考えています。最高に素敵なものを発見するわくわく感とか、鼓動が高鳴る感じがたまらないんです。だって本当に素敵なものなんですから」

ミンディ・グロスマン

第15章 モノはいらない、経験が欲しい

「彼ら」は怠け者だとか自己中心的だとか自己主張が強いと言われる。政治からは基本的に距離を置き、偉い人たちは何もわかっていないと批判的に見ている。消費文明や持ち家志向、結婚などの伝統的価値観を嫌う一方、大量生産品よりも手づくり品を好む。自分たちの仕事は、経済的な利益にとどまらず、もっと崇高な目的に貢献していると信じる理想主義者で、消費者としての判断は環境にやさしいかどうかを基準にしている。

さて、誰のことだろうか。

ミレニアル世代とかジェネレーションYと答えた読者もいるだろう。残念ながら間違いだ。ここに挙げたのは、彼らの親の世代に当たるベビーブーマー世代の特徴である。40年前、マリファナを吸い、平和を愛するヒッピーたちを形容するのに使われた言葉だ。もっとも、まさにその世代がオゾン層を破壊し、ウォール・ストリートを大規模金融破壊兵器に仕立て上げ、人類史上、どの世代よりもグローバルな規模で摩擦をひき起こそうとしていることなど、当時、誰が想像でき

ただろうか。

ここから得られる教訓があるとすれば、単純なキャッチフレーズと一般論である世代を語ろうとすると、その世代を誤解するだけでなく、顧客としても取り逃がしかねない。悪いことに小売業者の多くはこの2つの間違いを犯している。

ミレニアル世代は、1984年から2004年までに生まれた世代で、これほど頻繁に分析の対象となった世代も少なくないが、彼らに対する誤解も飛び抜けて多い。むろん、こうした混乱の一因は、タイミングの影響もある。ほんの10年前、マーケティング担当者らは、高級品に対してあくなき欲望を持つ新たな消費の原動力と位置づけていた。この世代は親の世代が同じ年齢だったころと比べて支出額は500倍に上るとあって、小売業者は、この巨大な一群が買い替え需要の主役を担う日が来ると信じ、うれしさを禁じ得ない様子だった。盛大なパーティーが始まったかに見えた。ところが、史上最長の景気後退という段差につまずいたとたん、華やかなBGMも止まり、「狂乱のミレニアル世代」に賭けた夢は、文字どおり夢で終わってしまった。

今や小売業者は、この世代について、物質的な所有を避けて不満をくすぶらせている貧しい集団とまで批判する始末だ。使い捨てのお手軽なファストファッションを好み、高級ブランドに見向きもしないデジタルネイティブだとか、そのなけなしのカネも「モノ」(物質)より「こと」(経験)に消費する世代というわけだ。

いったいどちらが正しいのか。ミレニアル世代は小売の未来なのか、それとも小売崩壊の前触れなのか。消費意欲旺盛なのか、それとも反大量消費主義なのか。事実と虚構は分けたほうがいい。まず事実から見ていこう。

▼ミレニアル世代は2020年までに総支出の3分の1を占めるようになる[1]。人口統計上、間違いなく巨大な集団であり、小売業の大部分は、この集団が関与してくれるかどうかにかかっている。

▼ミレニアル世代は高校を出てから借金を抱えて進学の道を選んでいる。たとえばアメリカでは、卒業生の71%が借金を抱え、その平均額はおよそ3万ドルである[2]。この借金の重荷に就職難も重なり、結婚や出産・子育て、自宅購入といった人生の大きな出来事が先送りされている。本来なら、いずれも消費者にとって大きな節目であり、これが買い替え需要につながるものばかりだ。

▼北米や多くの欧州諸国では、ミレニアル世代の収入は国内平均を下回っている。たとえばアメリカでは、30歳未満の暮らし向きは定年退職者より悪い[3]。

▼ミレニアル世代の持ち家率は上の世代をことごとく下回っていて、多くが借家を選ぶか、長期にわたって実家での親との同居を選んでいる。

▼ミレニアル世代は大都市に集中している。たとえばアメリカでは1920年代以降初めて都市の成長率が郊外を追い抜いている。この新たな都市集中の流れを受け、実店舗でこの世代をつかま

えたい大規模小売店にとっては課題となっている。

▼ミレニアル世代はモバイル第一。先進国市場ではほぼ例外なくモバイル機器、とりわけ携帯電話で、この世代が最も高い利用率を示している。

▼ソーシャル志向で、フェイスブックやインスタグラム、スナップチャットなどのソーシャルネットワークに平均以上の時間を費やしている。また、新しいソーシャルネットワークが登場すると、簡単に乗り換えてしまう傾向が強い。

ここに挙げたことは事実であり、検証可能である。

だが、小売に関してミレニアル世代は実店舗でのショッピングを必要としていないとか、興味がないといった話を聞いたことがあるのではないだろうか。モバイル中毒だから店舗に出向かず、それこそ何でも携帯電話で注文するとも言われている。要は実店舗の小売勢との最終決戦をもたらそうとしているというわけだ。いったい真実はどこにあるのか。ミレニアル世代が実店舗を楽しめないという証拠はかけらもない。むしろ逆なのだ。

２０１６年にイギリスで実施された調査によれば、若い世代ほど実店舗を高く評価していることがわかった。報告書は「実店舗に最も大きな愛着を感じている年齢群は、16〜24歳と25〜34歳である。この年齢群のオンライン専業小売店の利用率は目に見えて低い。このことは実店舗の重要性を裏付けるだけでなく、将来も重要であることを示している」と結論づけている［4］。

調査会社アクセンチュアによる大規模調査でも同様の結果が出ている。「デジタル世代の多くは、オンラインショッピングよりも店舗を訪れるほうを好む。また、当社がアメリカで実施した調査の結果は、同じく当社がほかの国々で実施した調査でも同様の傾向が見られた。世代を問わず賢い消費者なら共通していることだが、あるミレニアル世代の若者も『実際に触ってみたいし、香りも確認したいし、手に取って見たいですから』と話している」[5]。

また、商品カテゴリー別に実店舗とオンラインショップのどちらを好むか調査したところ、ドラッグストアの実店舗派はミレニアル世代の91%に上ったほか、エレクトロニクス分野では68%、百貨店では84%、ディスカウントショップ・量販店では83%がそれぞれ実店舗を支持した[6]。

さらに別の調査では、ミレニアル世代の半数近くが製品そのものよりもブランドの印象を重視することがわかった。ところがベビーブーマー世代になると、この数字はわずか22%にとどまる。また、ミレニアル世代では48%が愛着心を生み出す最大の要素はブランドの印象と考えているが、ベビーブーマー世代では17%しかいない[7]。

明らかにミレニアル世代は実際の体験を非常に重視しているのだ。この現実との親和性についてもっと検証したければ、音楽業界を見るといい。ライブイベントは過去にないほどに高い人気を誇っている。2015年7月には、全米最大規模の野外音楽イベントであるコーチェラバレー・ミュージック・アンド・アーツ・フェスティバル（カリフォルニア州）が19万8000枚のチケットを販売し、8425万ドル以上を売り上げるという快挙を成し遂げた。1999年に始まったコーチェラにとっては過去最高のチケット販売枚数となる。もっとも、コーチェラの場合、過去4年間連続で観客動員数記録を塗り替えている。じつはコーチェラの成功が例外的なのではなく、ロラパルーザ、ガバナーズ・ボール、ボナルーといった野外ロックフェスティバルも軒並み観客動員数が爆発的に伸びているのである。

では、なぜこのような事態になっているのか。音楽がまるで川の水のようにそこら中でタダ同然で手に入る時代に、南カリフォルニアの砂漠のど真ん中で開催される3日間の音楽フェスティバルに19万8000人が集まってくるのはなぜか。理由はさまざまだろうが、その根底にあるのは、身体を動かす体験である。音楽を聴くだけではなく、身体で感じ、ある意味で音楽と一体になりに行くのだ。生の交流イベントに溶け込み、そのエネルギーを全身で浴びるのである。生活のあらゆる面がほぼ例外なく何らかのデジタル化の影響下にある世の中では、身体を動かし、五感や魂を揺さぶられる体験に大きな価値があるのだ。

すでにデジタル化が進んでいるなかで、わたしたち自身に本能的なものが宿っているとすれば、それこそわたしたちが渇望しているものである。たとえ一時的にせよ、インターネットから飛び出して現実世界に〝逃避〟したいニーズは強く、わたしたちが技術に縛られれば縛られるほどにその欲求は膨らんでいく。

問題は店側にある

問題はミレニアル世代が実店舗を嫌っているわけではないということだ。ほとんどの店に入っても、ろくなことがない点に問題があるのだ。軽はずみな気持ちや受け狙いで言っているわけでもない。心の底からそう思うのだ。わたしが足を運ぶほとんどの店はシアターが設置してあるわけでもなければ、わくわくするようなこともない。センスのよさを感じる魅力的な店内でもない。まして や身体を刺激するような体験など期待しようがない。小売店の大多数は、月並みで退屈の極みなのだ。

筆者の言葉をそのまま信じないとしても、自分の経験を振り返ってみればいい。ショッピングモールや百貨店、ショップで最後に心を動かされたのはいつのことだろうか。「あのお店、すごく楽しかったよ！」と友だちや家族に興奮して最後に話したのは、いつのことだろうか。

ほとんどの小売店は、交通渋滞と同じくらい面白くも何ともないものに変わり果てている。物心ついたときから圧倒的なデジタルの刺激に囲まれて育った世代の消費者は、ほとんどの店に足を運んでも退屈でつまらないと感じるだけだ。ホームデポに行っても何も刺激になるものはないし、ウォルマートにも面白いものはない。百貨店のメーシーズも、看板を外したら競合のJCペニーと区別がつかない。そのJCペニーとて、看板がなければロード・アンド・テイラーかハドソンズ・ベイなのか、わかったものではない。要は看板が違うだけで、退屈であることはいずれも同じだ。公平を期するために言っておくと、ここに挙げた小売業者だけが悪いのではない。ショッピングモールだろうが、商店街だろうが、ショップだろうが、世界中にあふれる小売業者の多くに共通して言えることなのだ。香港やロンドン、シンガポール、ニューヨーク、ロサンゼルスなどの都市にある豪華な本店級の店舗であろうと、派手なうわべを取り除けば、同じような店ばかりである。

これはもはや伝染病と言うべきか。なかには偽りの熱狂を演出しようと躍起になっている店まで出てくる始末だ。ちょっと前に妻と一緒にフロリダ州の百貨店を訪れたときのことだ。突然、近くで騒々しい音が響いた。ラッパや太鼓の音のようだが、いったい何が起こったのかわからずにいた。すると店員の一団がやる気があるのかないのかはっきりしない表情で楽器を鳴らしながら店内通路を練り歩いているのが見えた。そして角を曲がって、わたしたちのほうに向かってくるではないか。まるで太鼓を鳴らしながら処刑台に向かう行進かと思うほど、不思議なくらい重苦しい光景だった。そこで近くにいた店員にいったい何ごとかと尋ねると、上層部の命令で1日に何度か社員が店内をパレードして「活気づくり」をしているのだという。そう答える店員の表情を見れば、現場がこの施策をどう感じているかわざわざ聞くまでもなかった。

また、技術を駆使して店内の環境を盛り上げようとしている小売業者もある。もっとも、統一感のある計画を打ち出せていないことのほうが多い。「デジタル体験」といったスローガンが掲げられているが、これ自体が問題をはらんでいる。次のような理由があるからだ。

▼顧客体験そのものを再検討して、本当に意味がある場合に技術を駆使して体験の刷新や強化を図るのではなく、往々にして代わり映えのしないありきたりの顧客体験に技術を無理に取り入れるだけの小売業者があまりに多い。

▼消費者は毎日嫌というほど技術漬けになっているのに、小売業者は依然として消費者が技術を使いたがっているという大きな思い込みをしている。1日に平均220回も携帯電話を見ている時代に、221回目のためだけにわざわざ実店舗に足を運ぶだろうか。店はまず何らかの不思議な力や魅力を持つべきで、その実現の道具として技術が使われることはあっても、絶対条件ではない。

▼多くの小売業者は、ミレニアル世代の心をつかむにはスマートフォンなどの技術を駆使すべきと思い込んでいるが、それは必須条件ではない。確かにミレニアル世代はモバイル志向でネットワークを常に利用しているが、きわめて身体活動にこだわる世代でもある。実際、古い世代よりもはるかに体験志向だ。

実店舗は身体性を大事にし、製品に対して本能的に「触れる」、「試す」、「感じる」、「体験する」という行為が楽しめないといけないのである。スポーツ用品店では、ゴルフのビデオを眺めるのではなく、実際にゴルフクラブを手にとってスイングしてみることが重要なのだ。埃っぽい倉庫の真ん中で、どんな製品が欲しいのかチャットボットに話しかけるのではなく、熱心に気持ちよく対応してくれる商品エキスパートが必要だ。しかも、こうしたエキスパートが技術を生かして、専門性を高めていればさらにいい。VRを使って退屈な店から逃避するのではなく、現実から逃避できるような素敵な店づくりが重要なのだ。ほんのわずかな時間でも、そうやって違う世界を楽しませてくれることに意味があるのである。

技術は、どこにいてもいろいろな体験を実現する際に利用できるし、そうあってしかるべきだが、消費者は身体的な体験を求めているという事実を見失ってはならない。わたしたちには、商品を購入する前に、1つひとつ手に取ってはどういうものか確かめたり、触ったり、動かしたりしたいというきわめて根本的なニーズがある。しかも、人とのふれあいがあり、活気あふれる賑やかな空間であればなおいい。たとえ便利な技術であっても、わたしたちが買い物をする理由の根底にある人間らしさを完全に支配することはできないのである。

現実とデジタルの絶妙なバランスを取るには、よく考えぬいた巧みな体験型デザインを導入することが第一歩となる。どういう条件が整えば、買い物客が物理的に関わり没入してもらえるかを探る必要がある。技術は、店舗でハッとするような体験を実現する引き金になりうる。また、客が購入に至るまでにいくつかのポイントを通過していくが、技術は、そのポイント同士をつなぐ結合組織としても機能する。だが、小売業者は、生の小売の現場に本来的に備わっている身体性や、楽しく身体を動かせる雰囲気を忘れてはならない。

店は、ある意味で先ほど挙げた野外フェスのミニ版のような体験を生み出す必要がある。客の五感を刺激し、店を出た後も長らく客の印象に残るような体験だ。全身のすべての細胞で感じることのできる体験である。

ミレニアル世代が素晴らしいショッピングの機会を心から求めていることは、どの指標を見てもわかる。彼らが求めている店とは、面白そうな商品を自ら手にとり、何かを発見したり試したりして、充実したひとときをすごすことのできる店だ。自宅や携帯電話の中では真似のできない時間を求めているのだ。彼らが探しているのは、あっと驚くような現実世界での買い物を体験させてくれる店である。もっと言えば、ミレニアル世代に限らず、誰もが心からそのような店を待ち望んでいるのだ。

では、それを妨げているのは何なのか。消費者が興奮して思わずのめり込んでしまうような素敵な体験を望み、小売業者もそれを認識しているとすれば、なぜブランド各社はこの課題に取り組み、自社運営店舗でそうした体験を提供しようとしないのか。小売業者の経営陣に善意の心がないとか、能力や知性がないというわけではない。あるいは、変革への切迫感に欠けているわけでもない。むしろ切迫感はあるのだ。では、消費者が小売店の変革を快く思っていないのか？　そんなわけがない。

小売業者に二の足を踏ませている理由はもっと根深いものだが、ショッピングの体験をがらりと変えるには、この問題に正面から取り組み解消していくほかない。小売店の生産性を測る基本指標と言えば、この業界での成否を語るうえでなくてはならない指標だが、これが顧客の体験を進化させるうえで大きな阻害要因になっているのである。小売業者の経営陣が独創性や革新性、大胆な取り組み、あるいは創造的破壊を目指しても、結局は「売り場面積当たり売上高」という、情熱のかけらもない昔ながらの物差しで測られてしまうのだ。

ショッピングの楽しさを詩にたとえるなら、われわれは数式でその詩を書こうとしているようなものなのだ。

退屈の経済学

過去200年間に電球からナノテクノロジーまで多種多様なイノベーションが生まれてきたというのに、小売業の成否を測る物差しは、1872年に米高級百貨店ブルーミングデールが開店して以来、基本的に変わっていない。売り場面積当たり売上高、社員1人当たり売上高、既存店ベース成長率、在庫回転率といった物差しは、ペニシリンがこの世に現れる前から使われている。なぜいまだに健在なのか。

もっと厄介なのは、こうした指標が株主向け報告書の重要データとして扱われていることだ。経営陣もアナリストも投資家もまずここを見る。そしてこれを根拠に、〝物言う株主〟は店舗閉鎖を迫る。店舗はさまざまな販売チャネルでの販売促進に必要なブランドの存在感を生み出すものでもあるのだが、その肝心要の店舗を閉めろというのだ。この数字のせいで、イノベーションも独創性も勇気も抑制されてしまう。そして賢いはずの人々が数字に縛られてバカなことをしでかしてしまうのである。

たとえば、メーシーズ百貨店で、ある部門の買い付けを担当するカテゴリー・バイヤーの立場になってみるといい。バイヤーとして、店でどの商品を売るか決める際に、一番重視する条件は何だろうか。おそらく「売り上げ」と答えたのではないか。間違ってはいない。売り場面積当たり売上高はほぼすべてのバイヤーの頭から離れない指標だ。従来の小売の考え方から言えば、商品の売れ行きが悪ければ、売り場を確保する正当性がなくなる。実際、売り場面積当たりの売り上げが低迷すれば、ほかの部門に売り場を取られても仕方がない。そして最終的には後任のバイヤーに仕事まで取られかねない。

今や小売を生かすも殺すも売り場面積当たり売上高次第だ。このたった1つの理由のために、商品であれ、企画であれ、イノベーションであれ、個性的だとか楽しいとかファッショナブルだとか魅力的というだけでは、大手チェーン店の売り場で日の目を見ることはないのだ。この1つの指標が、燃えたぎる独創性に水を差すことになる。

自分のクビをかけてまで、大きな棚を確保して数が出そうにない商品を並べるバイヤーがどこにいるだろうか。たとえその商品が買い物客の総合的な楽しみを爆発的に広げたり、何かを発見したという実感を高めたりするとしても、である。あるいは、商品を取り下げてスペースを空け、ちょっとおしゃれな雰囲気づくりに利用する賭けに打って出るバイヤーはいるだろうか。

たとえ買い物客に楽しんでもらえるとしても、一種のギャンブルには変わりない。企業はほぼ例外なく「顧客に喜びを」などと謳っているが、自分のボーナスをフイにしてまでそんな賭けに出るバイヤーはまずいないのが現実だ。だが、それはそんなに狂気じみたことだろうか。本当に恐ろしいのは、売り上げが悪くなるほど、売り場面積当たりの生産性にこだわり、ますます当たり障りのない退屈な店になり、さらに売り上げが落ちるという悪循環に陥っていくことだ。

ここではメーシーズのバイヤーの立場になって考えたが、これは世界中の小売店のバイヤーに当てはまる話だ。誰もがまったく同じ指標を追いかけているから、ショッピングモール内には同じような店がずらりと並ぶことになる。そしてモール同士もそっくりになっていく。そして「退屈」は流行病のように一気に広がり、結局、どの店も確実に売れる商品、デザイン、ブランドを売ろうとする。個性や面白さを追求した体験やエンターテインメント、デモンストレーションに貴重な売り場を割く勇気もなく、すっかり麻痺してしまって、顧客を楽しませようという冒険心が持てなくなっている。

買い物客として、最寄りの百貨店で新しいもの、わくわくするもの、想定外のものに出会える望みは消え失せている。客の心をつかんで離さない意外性あふれる商品で勝負に出ようという気概のあるバイヤーがいないからだ。あるいは売り場スペースを催しなどの体験に明け渡す気がないからだ。

消費者が小売を殺そうとしているのではない。小売業者が小売を殺し、消費者はその犯罪の瞬間に立ち会ってしまった無実の目撃者にすぎない。小売業者が短絡的に売り場面積当たりの売上高に気を取られている限り、買い物客は幻滅させられ続け、小売業者は泥沼にはまっていくのである。

今、オンラインには個性的、独創的な商品がいくらでもあり、消費者は多彩な品揃えや目利き力、新たな発見を当たり前のように期待するようになっている。それだけに事態は余計に厄介なのだ。在庫をギリギリまで減らしたい実店舗と異なり、アマゾンは小売界のノアの箱舟のごとく、その気になれば地球上のあらゆるものを1つずつと言わず、2つずつ取り揃えてもビクともしない。ハンドメイド品オンライン販売のエッツィーに至っては、ありとあらゆるものを売るのに一切在庫を持つ必要がない。中国のアリババでは、何千もの店がそれこそ何でも売っている。だからオンラインでは、次の時代を創る素敵な新製品が見つけられるのだ。そういうものは、街の店ではお目にかかれない。これこそ、小売業者の前に立ちはだかるとてつもなく大きな問題なのである。

これから未来に向かっていくうえで、何か手を打たねばならない。実店舗に渦巻く退屈のスパイラルを破壊する必要がある。救いの道を探るうえで、まずは実店舗の成功をこれまでのような売り場面積当たりの売上高ではなく、何で測ればいいのか考えておきたい。実店舗の目的、そしてその成否を測る物差しについて、抜本的に考え方を改める必要がある。

そうなると、もう1つ赤い薬が必要になる。というのも、実店舗の目的はもはや商品を売ることではない可能性があるからだ。

第16章 未来のショッピング空間

10年もしないうちに、センサーによる補充発注や予測分析技術、没入型のオンラインショッピング体験、サブスクリプション・プログラムなど、ネットワーク接続を前提としたさまざまなショッピング形態がわたしたちの日常のニーズを的確に満たしてくれるようになる。なかには現時点では想像もできないようなこともあるだろう。冷蔵庫に牛乳があるかどうかとか、洗濯洗剤がまだ残っているかどうかなど、そのうち考えもしなくなる。家具やファッションは、購入前に触覚技術で手触りや雰囲気を確かめることができるため、安心してオンラインで注文できるようになる。ビッグデータ分析を反映させた服の試着アルゴリズムのおかげで、購入品は常にわたしたちの身体や趣味にぴったり合う。実店舗での商品購入や専門スタッフへの相談も、10年後には家庭やオフィスにいながらにして、VR（仮想現実）やAR（拡張現実）がかなえてくれるようになり、それが当たり前になっているだろう。また、多彩な輸送方式による超高速の無料配送で、あらゆる商品が数分で玄関に届くようになる。

将来はごく一部の商品を除けば、商品を見るために実店舗に足を運ぶ必要はまったくなくなる。とにかく買い物は簡単になるのだ。だが、同時に現実のショッピング空間は、わたしたちを圧倒し、このうえなく楽しくて、心を揺さぶるような体験が可能なメディアになるだろう。現実世界でのメディア体験は次の3つを目標とする。

- ▼身体的な関わり合いや五感に訴えるさまざまな働きかけを通じて、魅力ある明確なブランド・ストーリーを伝える
- ▼没入型の環境で実際に身体を動かして製品を体験できる機会を提供する
- ▼客の話を聞きながら、製品、サービス、別の購入候補などを網羅するブランドのエコシステム全体に誘う入り口の役割を担う

ここで商品販売についてまったく触れられていない点に注意していただきたい。もちろん、将来の小売スペースがモノを売らないと言っているわけではない。だが、実店舗内での商品販売は優先事項でなくなるのだ。むしろ、あらゆる販売拠点や販売チャネルでの販売促進につながるような効果的な体験空間づくりこそ、店舗のゴールになる。

「従来、ショッピングモールは小売70%、エンターテインメント30%がデザインの常識だったが、そろそろこれをひっくり返してもいい」

ショッピングセンター開発の著名な専門家であるアラン・ジーマンがかつてこんなことを言っていた。ジーマンによれば、ショッピングセンターはエンターテインメント第一で、小売は二の次の場でなければならない。なぜなら、エンターテインメント重視の場でなければ、客がモールに足を運ぶ理由がほとんどなくなるからだ。筆者も同感だ。小売業者が将来に望みをつなぐには、実店舗スペースの計画立案からデザイン・設計、建設、運営に至るまでこの姿勢をブレずに貫くべきである。体験こそが最重要であって、商品はその次だ。

従来の小売業で、こうした取り組みが難しいことは承知している。現在、小売業者は、商品まわりの仕事に不相応なほどに時間を割き、忙殺されている。商品を仕入れ、在庫を管理し、拠点から拠点に運び、販売計画を練って仕分けをする。価格を調整し、販売したかと思えば、返品に対応し、年に一度は棚卸しに追われる。ほとんどの小売業者が大量のスタッフを商品の移動や管理に振り向けているから、顧客の体験などは後回しになり、単なるお題目になってしまうのも無理はない。

だが、未来の小売スペースで買い物客に提供できる最重要商品は体験になる。そして、そのような時代に最大の勝利を収めるのは、体験をどうデザインし、どう実行し、どう評価すればいいのか考えている小売業者だ。巷にモノがあふれ、どんなモノでも数日あるいは数週間もあればリバースエンジニアリングが可能な時代だけに、他社との差別化や顧客に提供できる価値の最後の砦となるのは体験なのだ。今や誰でも簡単にモノをコピーできる。だが、人、場所、目的、演出を独自に融合させた最高のブランド体験は、不可能とは言わないまでもそう簡単には真似できない。その証拠に、アップルの店舗で味わえる体験を他の小売業者が真似しようとずいぶん前から躍起になっているが、なかなかうまくいかない。取扱商品とはあまり関係がないのだ。仮にアップルが靴や食品、あるいはペットフードを売ることになっても、やはりかっこいい空間になるだろう。

商品の分配から現実空間でのメディア体験の提供へと軸足を移せば、店の計画、立地、デザイン、人員配置、管理運営、評価のあり方も変わってくる。

そこでよく尋ねられるのが、現時点でこの「メディアとしての店舗」という未来に向かって取り組んでいる小売業者はどこかという質問だ。筆者が知る限りではこのビジョンを完全に具現化している小売業者は1つもないが、程度の差こそあれ、このコンセプトに向かって進化している小売業者はかなりある。言い換えれば、このような未来志向のショッピング空間はすでに実在するのである。注意深く観察すれば、小売の未来の断片が市場のそこかしこに細かく散らばっているのがわかるはずだ。先見性のある起業家やブランド、経営者らは、今後の行方をつかもうと早くも小売の世界を探り回っていて、業界の他社が相変わらずしがみついている古いルールには見向きもしない。

では未来の店とはどのような姿で、どのような機能を持ち、どのような存在なのだろうか。おそらくは次のようなものになるだろう。

商品より体験

未来のショッピング空間は、商品流通を促進するためだけの存在ではなくなる。消費者も、そんな理由で店を必要としなくなる。将来、注文すればたちまち配達されるような商品をわざわざ引き取りに店に出向くことは例外的な行動となる。今後、ショッピング空間の目的と狙いは、こうした商品に関わる「体験」を流通させることにある。スポーツ用品を眺めに店に行くのではなく、試用するために行くのだ。わざわざ10キロ近く車を飛ばしてランニングシューズを受け取りに行くのではなく、自分の走りに適した靴選びを学ぶためにショッピング空間に足を運ぶようになる。大きな七面鳥の肉を手に入れるために食料品店に行くのではなく、上手に料理する方法を学ぶために足を運ぶようになる。技術の有無にかかわらず、学びや試用、実験、体験など、自宅では現実的ではないからこそ、ショッピング空間を訪ねるのだ。

〈実際に聴くから買う気になる〉

米家電メーカーのソノスのCEO、ジョン・マクファーレンがストリーミング配信の音楽をワイヤレススピーカーで鳴らすというアイデアを思いついたのは、2000年代初頭のこと。当時としては画期的で、まさに先見の明があった。現在、市場は競合ブランドのスピーカーがひしめき合っている。ソノスのスピーカーは優れている（筆者の自宅はソノス製品だらけである）が、もはや目新しくもないし、唯一無二というわけでもない。だからソノスはどうすれば同社のスピーカーが売れるか再び知恵を絞ることになった。

ソノスが顧客にアンケートを実施し、どのようにして同社のワイヤレススピーカーの存在を知ったのか調べたところ、友人宅でくつろいでいるときという回答が目立った。この結果を手掛かりに、買い物客に同じような居心地を体験してもらおうと、ニューヨークシティに初の体感スペースを開設した。

開店まもない390平方メートルの店舗内には、スタイリッシュな友人のマンションの一室といった想定で家具などを備えた完全密閉型のリスニングルームを用意した。どの部屋も音響特性は完璧に調整されていて、防音設備のほか、著名なインテリアデザイナーを起用したインテリアも見事だ。スピーカーと機器の組み合わせは部屋ごとに異なり、買い物客が部屋を渡り歩きながら聴き比べができるだけでなく、製品や構成について文字どおり体感して学ぶことができる。まさに至福のオーディオ環境だ。

それだけではない。音楽やサウンド、技術を賞賛するような独自のアート作品を部屋に飾る手の込みようだ。また、訪れた買い物客がのんびりとくつろげるオープンなラウンジスペースも用意されている。ソノスのグローバル・ブランド担当バイスプレジデント兼エグゼクティブ・クリエイティブディレクター、ドミトリ・シーゲルは、「本当にくつろげて、何らかの気づきや触発につながる環境に身を置きながら好きな音楽に耳を傾ける。けれど今まで経験したことのない雰囲気が、

客が思い思いの空間で好みの音楽をたっぷりと楽しめるリスニングルーム。　写真提供：ソノス

この店全体で味わえるようになっている」と説明する[1]。

もちろん、ほとんどの競合他社のように製品を何の変哲もない店舗に並べ、大量の在庫を用意したほうが、はるかに簡単でコストも抑えられる。だが、ソノスは、ほかでは真似のできない心に残るリスニング体験で自社製品を包み込む道を選んだ。製品を目で見て耳で聞くだけでなく、全身の神経を研ぎ澄ませて体感してほしいからだ。

世の中にこれ以上エレクトロニクス・ショップはいらない、とソノスは考える。ほかにはない五感で味わえる音楽リスニングを楽しもうと人々が集える素敵な場が求められているのだ。

「ストア」から「ストーリー」へ

さまざまなブランドがあるなかで、驚きのある忘れられないひとときをゲストに味わってもらうことにかけては、ディズニーを抜きに語ることはできない。ディズニーのテーマパークを一度でも訪れたことがあればわかる。人々の人生に魅力あふれる瞬間を生み出すことにかけてディズニーの右に出る者はいないだろう。世界中の小売業者やブランドが毎年ディズニーのテーマパークを訪れ、何をどのように実行して見事な体験づくりを実現しているのか視察しているのもうなずける。

考えてみれば、ディズニーはそもそもストーリーありきだ。

ディズニーの伝説のテーマパーク・デザイナー、ジョン・ヘンチがかつてこんな言葉を残している。「ディズニーのテーマパークのデザインを組み立てるうえで欠かせない基本理念となるのが、ストーリーだ」。ヘンチ率いるチームによれば、優れたテーマパークとは、魅力あふれる物語の中核をなすキャストやコスチューム、舞台デザイン、技術、アトラクションで時代の空気を体現しているという。「ただの空間からストーリー性のある空間に変えるのがわたしたちの仕事。1つひとつの要素をうまく連携させなければ、この場のストーリーを支えるアイデンティティは生まれない」とヘンチは言う［2］。

はるか昔にヘンチが気づき、今、先見性のある小売業者も気づき始めていることがある。それは店舗設計、技術、製品、商品化計画にどれだけ力を入れようと、強力なブランド・ストーリーという根底をなす基盤には取って代わることができないことだ。他の要素はどうでもいいという意味ではない。もちろんそれも大切だ。だが、まとまりがあって説得力もあるストーリーで人々の共感を得ないことには、いくらほかの要素があっても効果的とは言えない。飾りばかりで本体のないケーキのようなものだ。

将来は、ショッピング空間をデザインする際、いかにも店舗然とした空間ではなく、ストーリーをショッピング体験の中核に据えた注目すべき場を創り出せる小売業者が力を持つようになる。たとえばアップルストアの1号店は、店舗デザイン、商品化計画、人員配置、サービス手法、店内技術などあらゆる要素が「Think Different」というブランド・ストーリーや現状打破のスローガンをしっかり支えていた。どう見てもアップルストアは、それ以前のどんなパソコン販売店とも一線を画す存在だった。だからこそ、アップルのブランド・ストーリーを生き生きと明確に語る場だったのである。

どの小売業者も、取扱商品とは関係なく、こういったストーリー的要素をショッピング空間に吹き込まなければならない。ここではっきりさせておきたいのだが、小売のスペースを古臭いブランド博物館にでも模様替えしろと言っているのではない。壁にポスターやらディスプレイやら写真やらを展示してストーリーをただ見せる場ではない。ここで言うストーリーとは、買い物客の前に並べておけば反射的に眺めてくれるようなものではいけない。積極的に買い物客を引きつけるようなものであるべきだ。

また、どのブランド・ストーリーを語るにしても、最初から最後まで情に訴え続けるような一本調子ではダメだし、見てくればかり気にしてお高くとまったような店内でもいけない。要は、100円ショップだろうと高級アパレルショップだろうと、しっかりとブランドストーリーの内容を練り、明確に表現すれば、客の心をつかむ効果的な物語になるのだ。

そうなれば、買い物客はブランドストーリーに積極的に関わってくれるようになる。結局のところ、ストーリーとは、わたしたちが目で、耳で、舌で、肌で体感し、深く関与するものにほかならない。あるいはまた、わたしたちが言葉を交わす人々であり、帰る道々思い出すような記憶である。たとえばディズニーのマジック・キングダムを訪れると何かが心に生まれる。それと同じような感覚をショッピング空間でも実現できるかどうかは、ストーリー次第なのだ。それこそ、まったく違う世界に足を踏み入れる感覚である。

〈アドベンチャー・ストーリー〉

ドイツのアウトドア用品販売最大手、グローブトロッター（スーツケース老舗のグローブトロッターとは別会社）が1979年に第1号店を独ハンブルクに開店した際、創業者のクラウス・デナートとピーター・レックハートは来店客に、釣りの餌に使われる生きたミルワームを配ったという。小売成功の秘訣とは思えないような話だが、デナートはナイル川をカヌーで進み、山々を登り、密林を横切っては世界中を精力的に飛び回っていた冒険家であり、一方、レックハートは、デナートの友人でプロの冒険ガイドとあって、野外での本格的な冒険への情熱あふれるストーリーの第1章としては、最高の手土産だったのだ。

こうした風変わりなデビューを飾ったグローブトロッターは、今やドイツ国内10ヵ所以上に拠点を置き、売り上げは2億ユーロと、独立系のアウトドア用品販売では欧州最大の企業に成長している。ミルワーム配布は、デナートとレックハートが店頭で顧客向けに用意した没入型体験の1つと言える。来店客は、店で売っている商品よりも、2人のストーリーに出てくる数々の貴重な経験に、自分たちを重ね合わせることができるからだ。

現在、グローブトロッターの小売スペースは、登山家が難易度の高い山に挑戦するにあたって身体を慣らすための高高度室、スキューバ・ダイビングやカヌー、セーリングが楽しめる22万リットルのプール、ベテランも初心者も商品を試せるガラス製のトンネル型クライミング施設、寒冷気候用の機器や衣料を試用するための極地低温室、さらには津波のような豪雨が襲いかかる環境で防水衣料を試用できる暴風雨実験室まであり、さながらアウトドア愛好家のためのアミューズメントパークのような佇まいだ。

店内のどの売り場も実際に商品を試すことができる。たとえば靴売り場では、さまざまな地形が再現されたハイキング・コースを体験できる。店内のトイレさえ、船や列車に設置されているものを再現し、窓の外に広がっているはずの各地の景色がディスプレイに映し出される徹底ぶりだ。それでも不十分とばかりに、次の冒険旅行の準備もここで完了できるように、マラリアや黄熱病などの予防接種専門のクリニックや旅行代理店が併設されている。何よりもすごいのは、テントなどアウトドア用品を試すため、店内で本当に泊まりのキャンプまでできる点だ。

グローブトロッターについてちょっとグーグルで検索すれば、旅行専門サイトのトリップアドバイザーに投稿されている絶賛レビューが大量に見つかる。グローブトロッターが自ら発信する情報よりも利用者のレビューのほうが圧倒的に多いのだ。充実した体験を揃えた結果、ユーザーの信頼や知名度を獲得する大変な価値が同店にもたらされている。

グローブトロッターの店内では、冒険に対する愛情とアウトドアへの情熱に満ちあふれた本物のストーリーがいたるところから伝わってくる。熱心なアウトドア愛好家なら「ここに来てよかった」と再確認できるストーリーであるだけでなく、レビューにあるように、ふらっと訪れた客までアウトドア愛好家に変えてしまう転換力を持つストーリーなのだ。グローブトロッターはアウトドアの冒険を目の前で生き生きと演出する舞台であり、店に足を踏み入れる客1人ひとりがこの舞台の主役になれるのである。

「取りに行く」から「つくる」へ

店で買い物カゴいっぱいに商品を入れてレジに行き、ベルトコンベアに商品を全部載せて支払いをすませたら、再び商品を買い物カゴに入れて駐車場に移動し、今度はマイカーに積み込んで家に帰り、車から商品を全部下ろしてようやく自宅に商品が到着する。この買い物パターンは、今から20年後には信じられないような話になるだろう。荷物を載せたり下ろしたりするなんてあり得ない！という時代が来るのだ。わたしたちが定期的に必要な日用品の大部分は、自分の消費パターンに沿って必要なタイミングで自宅に届くようになるだろう。

そうなると、未来の小売スペースは単に何かを「取りに行く」場ではなく、たいていは何かを「つくる」ために行く場になる。仕方なしに荷物を運ばされるロバのような役割はもう終わりだ。買い物客は、興味ある商品のカスタマイズやパーソナル化にもっと積極的に関わるようになる。

自分が次に買う車の設計に自ら参加でき、自分の目の前で設計どおり3Dプリントされる様子を見届けているうちに、自動車以外の製品でも自分だけのニーズや仕様に合わせてカスタマイズに関わってみたいと思うのは自然な流れだろう。

つまり、自分だけの製品のコンセプトづくりから積極的に関与する興味があれば、アマゾンからログアウトしてソファから立ち上がり、お店に行ってみようという意欲も湧くはずだ。

消費者としてのわたしたちの役割は、製品の運搬から製品の「共創」へと徐々に進化していく。そう、小売スペースはわたしたちの工房へと変貌を遂げるのだ。

〈婦人靴のヒールも自分でつくる〉

現在、この発想を取り入れている店が、婦人靴ブティックのターニャヒース・パリだ。同ブラ

ターニャヒースの店舗では、客が靴を完全カスタマイズできる。　写真提供：ターニャヒース

ンドの婦人靴はヒール部分がワンタッチで着脱可能で、自由に好みのヒールを選ぶことができる。創業者のターニャ・ヒースはカナダ生まれで、経営コンサルタントとしてパリで働くかたわら、フランスの有力技術学校で破壊的イノベーションについて教鞭を執っていた。ある日、ヒール着脱可能な靴のアイデアを思いつき、それから2年半にわたって14人の技術者の協力を得ながら、さまざまな高さやスタイルのヒールをワンタッチで着脱できる靴の設計に取り組んだ。現在、ターニャヒース・パリは全世界に14店舗を運営するまでになった。既製のヒールもじつに多彩だが、店内の専属デザイナーの支援を受けながら、顧客自身が自分のファッション・スタイルやアクセサリーに合わせて完全カスタマイズしたヒールも製作できるようになっている。

カスタマイズ志向のトレンドを踏まえ、米百貨店ノードストロムは先ごろ、同じようにカスタマイズを売りにした靴販売ベンチャーのシューズ・オブ・プレイへの出資を決めた。ターニャヒース・パリと同様に客が靴のスタイルや素材、ヒールの高さを選び、デザインをカスタマイズできる。ノードストロムではすでに全米6カ所の店舗にシューズ・オブ・プレイのブティックをテナントとして迎え入れている。

お客自身が自分の独創性や個性を製品に反映させられるとあって、製品への思い入れや愛着が大きくなるだけでなく、販売店に対する満足度も向上する。ある調査によれば、買い物客は、カスタマイズ型の製品には平均して20％高く支払うことも厭わず、「顧客の継続利用意向を測る標準的な尺度であるネット・プロモーター・スコア（NPS）は、同じメーカーの通常製品を買った顧客よりも50％高いことがわかった」[3]。

このように、未来の小売スペースは、昔ながらの店と比べてはるかにワークショップやデザイン・スタジオの雰囲気が漂うものになる。

活気のない空間から没入型空間へ

今後、実感を持って製品を探したり眺めたり調べたりする行動は、VRやARといった没入型の技術に取って代わられる。その結果、買い物客として品物を見に実際に店に足を運ぶ必要性はほぼなくなる。

ただ品物を並べただけの活気のない埃っぽい倉庫のような大規模小売店は絶滅に向かうほかな

い。現在存在するホームデポの店舗もゆくゆくはオンライン注文をさばくための単なる集配拠点になるはずだ。最終的にこのような店は用なしとなる。これまで長い間、常識だった小売の時代は、時代遅れになるのだ。

客は製品の試用や体験の機会が限られた環境には満足できなくなる。このため、未来のショッピング空間は製品の試用や触発・啓蒙活動がこれまでにないレベルに高まり、買い物客が製品を触ったり試したりすることのできるクリエイティブで楽しい場になる。たとえば寝具店がスパのようなスペースを開設し、買い物客が心ゆくまでくつろぎ、自分で選んだマットレスで一晩ぐっすり眠ってみるようなサービスも十分にありうるわけだ。自動車ディーラーであれば、これまで無駄な在庫の置き場に使っていた敷地内の空きスペースに試乗コースを設置し、客がいつでも試乗できるようにするのも手だ。アウトドア用品店なら、人里離れた地域に登山者やハイカーなどアウトドア愛好家が自然に集える仮設スペースを用意し、実際の大自然の中で新製品を試用できる場を設けてもいい。分野を問わず、小売業者は、ショッピング体験に実践的・身体的な面を盛り込めるように、独自性のある有益な方法を見つけ出す必要がある。

〈水着を忘れずに〉

２００９年、パーチという企業が誕生した。共同創業者であるジム・ステュワートとジェフリー・シアーズは、元々、それぞれの自宅の改築工事を自力で進めているときに知り合い、仲良く

キッチン、バス、アウトドア用品専門店パーチの店舗にある完全可動ショールーム。 ©Mark Steele

なった。だが、大手ホームセンターはショッピング体験についてあまりに無関心で、体験らしい体験もできないことに2人とも落胆したという。

パーチの最高マーケティング責任者であるレイス・ムラドによれば、「ジムは理想を追い求めた家を建てようとしていた」という。「当時、自分が経営していた会社を売却して、理想の家づくりというロマンあふれる夢を膨らませていた。ところが、どの大手ホームセンターに足を運んでも店員は冷淡で、不満は募るばかり。そしてがっかりするような対応に終始していた」[4]。店員は、客であるジムのライフスタイルに合った商品を売ることよりも、在庫のある商品を売ることに躍起になっていた。しかも、器具はどれも試すことができないとあって、ますますがっかりしてしまったのだ。

ホームセンターのあまりのひどさに、シアーズとステュワートは日曜大工や自宅改築に取り組む人々

パーチのショールームでデモの準備をするプロのシェフ。 ©Mark Steele

のショッピングをがらりと変えられないものだろうかと考え始めた。器具のボタンを押したときにどんな音が鳴るのか試せたらどんなにいいだろうか。蛇口の水の出方を実際に体感できたらどうだろうか。ガスレンジの炎の具合を自分の目で確かめ、何ならそこで料理の1つもつくってみてから、購入を決められたらどんなに便利だろうか。2人は、こういうことこそが充実したショッピング体験につながると確信した。

この想いを胸に2人で立ち上げたのが、パーチである。

現在、パーチは9店舗を運営していて、今後、さらに増やす計画だ。どの店舗もキッチン、浴室・トイレ、アウトドア用品に特化している。店舗面積はおよそ280平方メートルで、完璧な没入型のショッピング体験が楽しめる。たとえばプロのシェフと一緒に料理をしてみる。さまざまな器具を試すことが可能だ。ちなみに、その多くはちょっとした高級車並みの値段だ。それだけでなく、水着を持参すればシャワーを浴びることもできる。ムラドによると、週に数組の客が実際にシャワーを試すという。「どうやって使うのかわからないのに、シャワーヘッドを選べますか」とムラドはこともなげな様子だ。

パーチのスタッフには多種多様な経歴の持ち主が揃っている。製品知識よりも性格を重視している。ムラドによると、製品知識はあとから勉強すれば得られるが、顧客を喜ばせる姿勢は不可欠だ。「きちんとした社風、しっかりとした舞台と体験があれば、小売は面白くなります。『売り場面積当たりの価値をどうやって計算するか』なんて話とはまるで違うんです。うちのやり方ではありません」[5]。

確かに彼らのやり方は功を奏しているようだ。実際、パーチの店舗の売り場面積当たりの売上高は、驚くなかれ、平均3000ドルだという。これはアップルやティファニーなどの錚々たる企業を大きく上回る。

売り上げの数字にこだわらないと言ってはばからない店が、どうやってこの驚異的な売上高を生み出しているのだろうか。その鍵は、顧客に素晴らしい体験を提供することに一途に取り組む企業文化づくりにある。

ムラドによると、パーチが抱えている課題は、製品を売ることではなく、「人間の善意や誠意を信じることが難しくなった世の中で、思いやりと信頼の企業文化を築くこと」だ。つまり、パーチの店舗で過ごすひとときを徹底的に心地よく印象深いものにしようという気風である。

顧客に喜んでもらいたいという想いは、難解でも何でもなく、「喜びの原理」と題した同社のマニフェスト集と連動している。これは全社員の行動基準となる指針をまとめたものだ。埃をかぶった就業規則集と異なり、同社の「喜びの原理」は紙1枚にまとめられていて、「何事にもしっかり向き合え」「明日のことは誰にもわからない」「家族の時間を大事にせよ。最後は家族がすべてなのだから」といったフレーズが並んでいる。

社員が仕事や暮らしのなかで真の幸せをつかむことができれば、きっと来店する顧客1人ひとりとも幸せを共有できるはずというのが、パーチの経営理念だ。創業者の1人、シアーズは『フォーチュン』誌のインタビューで「当社では、来店したすべてのお客様が何かを購入したかどうかに関係なく、当店で過ごしたひとときがその日最高の時間だったと感じてもらえることを使命に掲げています」と答えている[6]。

どうやってそんな満足感を測るのかムラドに尋ねると、温かさや気持ちのよさなどの感覚的なものだけを見ているのではないという。実際、パーチでは売上高などの財務指標とは別に、店での体験を友人や家族に紹介したくなった人の数を表す「ネット・プロモーター・スコア」（NPS®）を重視している。

ムラドによれば、同社はイェルプ（地域ごとにショップやレストランなどローカルビジネスについてレビューを投稿できる人気サイト）に投稿されるレビューにも目を光らせているという。現にイェルプでは、パーチの評価スコアが各地にあるフォーシーズンズ・ホテルのスコアを上回っていると即座に付け加えるあたりから、同社の競合に対する考え方が垣間見える。つまり、パーチにとって競合とはホームデポやローズといった大手ホームセンターではないのだ。真の競争相手は、分野に関係なく、市場で圧倒的な体験を売りにしている会社なのである。

現金や運搬を減らし、コミュニティ志向を

これまでの店は商品が集まる場であり、有り体に言えば、見てくれのいい倉庫のようなものだった。だが、販売チャネルの制約を受けず、自由自在に物が買えるようになった今、物理的なショッピング・スペースは人が集う場として見直すべきだ。

アップルの小売担当上級副社長を務めるアンジェラ・アーレンツは先ごろ、将来のアップル直営店の姿を語るなかで、「これ以上店舗を増やす必要はないが、町の広場とか溜まり場のような役割を担う楽しい場をオープンする必要がある」と語っている[7]。

未来の店は、多彩な商品と関連のある活動やライフスタイルを謳歌する場になる。想いを同じくする仲間と交流するために店に行くのだ。製品を手に入れる行為は店舗内で発生するかもしれないし、後にさまざまな購入手段が集まるエコシステム内で実行される可能性もあるが、それはどちらでも重要な問題ではない。大切なのは、この注目すべきスペースでの体験や交流が、顧客とブランドを結ぶ強力な絆づくりの呼び水になっていて、大きな顧客の連帯感を生み出す点だ。

有名トレーナーの講座が受けられるバンディアのスタジオB。　写真提供：バンディア

〈空っぽの280平方メートル〉

ニューヨーク発の女性向けヨガ・フィットネス系ファッション販売店のバンディアが運営するマンハッタンの店舗の3階には、２８０平方メートルほどの空きスペースがある。小売業を手がける石頭の経営幹部がこれを見たらきっと「早晩経営破綻する店だ」と言うだろう。だが、くだんのバンディアにとって、この空っぽのスペースは非生産的どころか正反対の効果を生んでいる。余計なものが一切なく、ひたすら没頭して体感できる魅力が詰まった２８０平方メートルであり、バンディアらしさを語る究極の表現でもある。創業者ジェニファー・バンディアが自らの名を冠して手がける同ブランドは、競合がひしめき合うアスレジャー（アスレチックとレジャーを組み合わせた造語で、スポーツウェア中心のファッション）分野で注目を浴びている。ちなみにバンディア自身はアスレジャーの代わりに「アクティブ・ファッション」という言い方を好んで使う。

ニューヨーク５番街にあるバンディアの店舗の１階物販スペース。　写真提供：バンディア

バンディアの店舗自体は決して大きくない。それを補うように、巨大なヨガ・フィットネス・スタジオ「スタジオＢ」を併設している。このスタジオでは、週に25種類の講座があり、講師陣には有名インストラクターの名がずらりと並ぶ。「講座は無料ではありません。どうせなら超一流、最高峰の講座を開きたいと思ったからです」[8]。バンディアによれば、スタジオ開設から３カ月後には来店客数が倍増したという。

現在、店舗数は５つに増え、バンディアの話では売り上げも順調に伸びているようで、このままいけばネット通販分も含めて２０００万ドルを突破する勢いだ。店舗２階にジュース・バーとアルバム・リスニング・スペースを設ける計画もある。前職は歌手のマネージャーだったというバンディアは、音楽とフィットネスは切っても切れない関係にあると指摘する。それを訴えかけるかのように、店内の巨大ポスターには「ファッション、フィットネス、ミュージック」と書かれている。バンディアには、講座以外にも人が集まる場がある。顧客が関心を持ちそうなテーマでイベントやパネルディスカッションを開催しているのだ。

店舗のメインフロアは、オーソドックスなスタイルのこぢんまりとしたスペースで、よく吟味された商品を普通に売っている。だが、バンディアがひとたび新しい時代について語り出すと、普通どころではない話になる。小売スペースが従来の意味での商業の枠を超えて、エンターテインメントやレジャーの一大拠点になるというのだ。ここで取り扱う最重要商品は、志を同じくする熱心な仲間が集う体験そのものである。

バンディアをはじめ、同様の方向性を打ち出すブランドは、未来のショッピング空間が、共通の関心を持つ人々の集いの場に軸足を移す前触れと言える。単なる商取引の場ではなく、社会的な変革の中心地になるのである。それは、同じ情熱を燃やす人々同士のふれあいを育む場なのだ。

コンバージョン率よりも、客を熱狂的な信者に

買い物の大部分がデジタル化される未来に向かっているとすれば、店舗の役割とは、もはや4つの壁に囲まれた空間で来店者を購入者に転換させることではないだろう。この転換は、小売業界では「コンバージョン率」と呼ばれ、重要な指標とされているが、将来はあまり重要ではなくなる。

その理由は2つある。第1に、現在でさえ売買高を見たところで買い物客の体験が質的にどのよ

うな価値を持つのかほとんど伝わってこない。何かを購入したという事実だけでは、その店を訪れた客が何をどのように感じたのかさっぱりわからないのだ。第2に、店に入った客が何も買わずに帰った場合、何らかの不満があったからなのか、それともその後、オンラインでの購入に至ったのかどうかもわからない。実際、売買は、店が持っている価値の一部でしかないのだ。ところが最近まで、店舗のスタッフがたまたま目にしたこと以外、この売買という指標だけで店の業績を評価するほかなかったのである。

だが、未来の小売業者は、ショッピング空間で発生するやり取りを別の意味で扱うことになる。そこでの体験がきっかけとなって、顧客は製品、購入方法、サービスなどを含むブランドのエコシステムへと送り出される。未来の小売業者は、さまざまなオフラインの分析ツールを駆使して、自社のショッピング空間で顧客がどれくらい深くのめり込んでいるかを測定するようになるだろう。

だが、このように変化する顧客の関心を捉えることによってもたらされる価値をどうやって測ればいいのだろう。まず挙げられるのは、顧客の体験が間接的にブランドにもたらす利益だ。たとえば、アップルのCEO、ティム・クックによると、2015年にアップル・ストアには毎日100万人の来店があったという。1年で3億6500万人である。この来店という行為自体がそのまま売り上げにつながるわけではないが、ブランドの印象を消費者に刷り込む重要な効果を持っている。

広告用語で言えば、アップル・ストアは消費者に対して3億6500万というインプレッション数（広告表示回数）を叩き出したわけだ。このインプレッション数が潜在的にブランドにもたらす効果と、従来のメディアを使って同じインプレッション数を稼ぐ場合に必要なコストをアップルはきっちり計算しているはずだ。

大事なのはここからだ。はかなく消えていく広告やコマーシャルと違って、店での体験ははるかに強烈な印象を深く心に刻み込む。何よりも、買い物客に圧倒的な印象を植え付けるためのコストは、広告キャンペーンなどのように青天井で増えていくわけではない。そもそも店の場合は、インプレッション数なるものを稼ぐために新たに予算を組む必要がない。それはそうだ、店舗もスタッフも製品も全部すでにあるのだから。

しかも、店を訪れた消費者がそこで味わった内容をさらに友人などに伝える副次的効果も期待できる。最近、1万人の買い物客を対象に実施された調査によれば、56％もの人々が、店でいい体験をするとほかの人に話したくなると回答している[9]。もちろん、こうした体験は昔のように必ずしも立ち話のなかだけで登場するわけではない。今はさまざまなソーシャルメディアを通じてはるかに多くの人々に拡散する。

第2の価値に移ろう。顧客に素晴らしい体験をもたらしているブランドの場合、直接的な財務上の効果がある。調査会社フォレスターによれば、顧客の体験を指数化した同社独自の「ＣＸｉ」（カスタマー・エクスペリエンス・インデックス）が優秀な有力企業の株価は6年間に43％も上昇している。これに対して、「Ｓ＆Ｐ５００」（アメリカの代表的な５００銘柄）の平均は14・５％にとどまっている。

また、ＣＸｉの低い企業の株価は、同時期に33・９％も下落しているのだ[10]。

顧客体験がもたらす３つめの利益は、もちろん、店内で素晴らしいひとときをすごしている時点からその後にかけて生まれる売り上げへの直接の効果だ。多くの場合、何日、何週間、ひょっとしたら何カ月も経ってからこうした効果がもたらされる。調査によれば、顧客体験で評判のいい企業は売り上げが劇的に増加している[11]。たとえば売上高10億ドルの平均的な企業の場合、顧客体験による増収効果は、次のようになる。

▼ファストフード・レストラン　３億８２３０万ドル
▼小売業者　３億４３７０万ドル
▼食料品チェーン店　３億４３６０万ドル

未来の小売業者は、店舗での来店者の体験を呼び水に、その後の購入に上手に結びつける方法を確立することになる。要は、未来のショッピング空間の役割は、来店者を購入者に転換することではなく、来店者を生涯にわたって自社ブランドの熱狂的な信者・支持者に変える場であるべきなのだ。

ベニスビーチの商人

2006年、ブレーク・マイコスキーという男がアルゼンチンを旅しているときにショッキングな光景に出くわした。たくさんの貧しい子供たちが靴も買えず、裸足で外を歩いていたからだ。これでは、さまざまな病気にかかる恐れもある。この衝撃的な経験に突き動かされるように立ち上げた企業がトムス（TOMS）だ。1足売れたら、恵まれない子供たちに1足を寄付するという、いわば「恩返し型」のビジネスモデルを採用した。お察しのとおり、このビジネスモデルの実現性や慈善事業としての実効性を疑問視する声が不当なほどに上がった。それから10年。マイコスキーの成功は誰の目にも明らかで、当時の懐疑派の多くはすっかり鳴りを潜めてしまった。

靴販売の手法も異例だったが、それから7年後にマイコスキーは、これまた異例の小売スペースをカリフォルニア州ベニスビーチにオープンすることにした。いや、小売店を装った、とにかくセンスのいい溜まり場としか形容のしようがない空間だった。エスプレッソ・バーがあり、ゆったりくつろげる座席をたっぷり用意したラウンジもあり、愛犬と一緒に快適に休める屋外スペースも確保した。

卸売とオンライン販売を柱にスタートしたブランドだけに、実店舗を構えることは、現実世界でトムスのブランドをアピールするという意味で非常に重要だった。マイコスキーは、このスペースのビジョンについて「しゃれた通り沿いにセンスのいい空間を用意して無料Wi－Fiも提供します。1日中ここでのんびりすごしてもらってもいいですし、何も買わなくてもかまいません」と説明していた[12]。

こんなベンチャーでは完全に失敗すると警告する友人や同僚もいた。だが、マイコスキーには、こういう空間なら商業的にも成功するという信念があった。当時、彼はこんなふうに語っている。「それを証明するために何か調査をしたわけではありませんが、ここに毎日やってくる人々も人間ですから、何か買いたいという衝動に駆られることもあるでしょう。無理に売りつけようとすればするほど、小売店としては逆効果なんです」[13]。

蓋を開けてみれば、トムスのベニスビーチ店はオープンから6カ月もしないうちに収益を上げるようになり、18カ月後には黒字転換を果たした。この大成功を追い風に店舗を増やし、今では6店舗に拡大している。

マイコスキー率いるトムスでは、小売スペースの目的を掲げる際、何人来店して何人に売れたかといった陳腐な数字にこだわらず、目的をもっと高いところに置いたからこそ、同ブランドの熱狂的信者を生み出す仕組みが誕生したと分析している。そして熱狂的信者にとって、トムスは単なる靴屋ではない。彼らの暮らしのなかで信頼が置けて心安らぐものとなり、彼らの価値観自体を映し出す鏡になっているのだ。

知ってか知らずか、トムスがつくってきた小売スペースは、店が一種のメディアになるという未来を垣間見せてくれる場になっている。

「未来はすでにここにある。ただ、均等に行き渡っていないだけだ」

ウィリアム・ギブスン

第17章 オムニチャネルの終焉

あらゆる形態のメディアが進化を遂げながら「店」になろうとしている一方、従来、わたしたちが店と呼んでいた場も強力なメディアへと変化していくだろう。実際、小売業者やブランドが活用できるメディアとしては、現実のショッピング空間こそが、最も強力で直接的な影響力を持つきわめて重要な存在になるだろう。

根拠はいくつかある。第1に、物理的な空間で消費者は小売業者やブランドに関連する体験ができるが、これをオンラインで完全に再現することは難しく、非常に特別な機会となる。第2に、人々の気持ちが移ろいやすく断片化している世の中では、ショッピング空間はブランド色が明確にされたメディアを認知、感情、身体のすべてを使って体験する機会となり、他の形式のメディアではこのような効果は期待できない。また、ほとんどの広告媒体では消費者がどこまで食いついているかは、何となく伝わってきたり、推測に頼らざるを得なかったりするが、物理的なメディア体験の場合、消費者の心をはっきりとつかむことができる。物理的なメディアでは、消費者は明らかに体験空間の内部にいる。身体が確かにそこに存在するのである。

誰かがテレビコマーシャルを見たかどうかは推測するしかない。だが、誰かがショッピング空間を実際に訪れたかどうかは疑いの余地がない。オフラインの分析ツールが多様化しているおかげで、今ではこうした実際の関与状況を簡単に、しかも正確に測ることができる。さらに重要なのは、実際の体験のほうが、広告を目にしたり耳にしたりといった受身的な体験と比べて、覚えている率（想起率）がはるかに高い。

要するに、実際の体験は、他のメディアよりも強力で記憶に残りやすく、測定もしやすいのだ。だが、小売業者の現在の姿と未来の姿との間には大きな溝があり、これを埋めるためには、店とは何か、何をするところか、その成果をどう測るのかについて、認識を大幅に改め、未来へと飛躍しなければならない。大抵の人々にとって、この飛躍とは、もはやまともに機能しないことはわかっているけれど比較的安全な場所を去ることであり、まだよく呑み込めていない領域に足を踏み入れることにほかならない。言い換えれば、これまでの小売店の常識を破壊し、未来の小売店の可能性や行方に思いを馳せるときがついにやってきたのである。

ショッピング空間を商品分配所として扱うことに見切りをつけ、体験を軸としたメディア・チャネルと捉え直せば、空間の計画、デザイン、構築、運営、さらにはその成否や効果の測定に至るまで、あらゆる面が無条件に変わっていく。こうした変化はすべての利害関係者に関わってくる。仕入先と小売業者の関係が変わり、小売業者の社員の役割が進化し、小売業者の経営陣に求められるスキルはがらりと変わり、新たな小売の現実を踏まえて株主の期待にも軌道修正がかかる。

この現実から目を背けるわけにはいかない。わたしたちの常識である小売は、終焉を迎えたのだ。

品揃えより独創性を

デジタルと現実の境界が技術によって曖昧になるにつれて、小売業者はあらゆる機会を捉えて、商品や包装、販促ディスプレイに割り当てるフロアスペースを大幅に縮小し、その分、独自の体験のスペースに振り向けていく必要がある。そのスペースの価値が高まるなら、技術も積極的に活用していい。ただし、単なる目新しい展示や作品を置けばいいのではなく、技術を活用して買い物客の体験に、利便性や本当の楽しさを付加することが大切だ。

デジタルが押し寄せる前の時代なら、大規模小売店のビジネスモデルには意味があった。1カ所であれほど多くの商品を眺められる場所はほかになかったからだ。だが、ポスト・デジタル時代は、洗練された仮想世界のショップに比べると、大規模小売店の品揃えは悲しいほどに貧弱に見える。しかも買い物客がさまざまな商品を思いのままに見て回りたくても、現実の大規模小売店の環境では、通路に邪魔な物が置いてあったり、ひどいときには搬入用のフォークリフトが走っていたりと、制約だらけだ。

そこで課題となるのは、品揃えを拡充する一方、顧客体験の種類も内容も強化することだが、これ以上在庫を増やすわけにもいかない。

〈バーチャルで補完〉

顧客に商品をじっくり体験してもらうにはどうしたらいいのか。この課題を抱えたホームセンター大手のロウズでは、キッチンやバスルームの改築を検討している顧客を対象としたプラン作成や商品購入の支援体制を見直し始めた。「ホロレンズ」という複合現実（MR）技術を活用したヘッドセットを発売しているマイクロソフトと提携し、手始めにワシントン州シアトル地区の店舗を対象に、キッチン用品売り場にMRヘッドセットを導入した。

客は、専門販売員のアドバイスを受けながら、キッチンや浴室の寸法を設定し、暫定的なアイテムを見繕ってから、MRヘッドセットを装着する。すると、自分がキッチンや浴室にいるかのような光景が目の前に広がり、そこを歩き回ることができる。客が見ている光景は、専門販売員の手元にあるiPadにも映し出されるので、設備や仕上げ、レイアウトについて助言したり、その場で部屋の条件を変更したりすることも可能だ。条件などを変更すると、客に見えている光景もリアルタイムに変わっていく。

客は自分がカスタマイズした内容を文字どおり〝見える化〟できるので、豊富な情報を基に、水栓やカウンター、シンク、キャビネットなどさまざまな要素を実際に確認しながら選択できる。この方法であれば、膨大な数のペイントの色見本、カウンター天板素材、備品などを並べては入れ替えるといった作業をするよりも、ずっと充実した体験が可能なうえ、ロウズの店舗スペースの飛躍的な有効活用にもつながる。

未来の大規模小売店で、最終的にこのような体験をどこまで展開できるか考えてみるといい。MR技術を活用して、配管修理や配線作業、造園などについてプロのアドバイスをもらいながら体験できるとしたらどうだろう。仮想的に映し出した自宅内を歩き回り、新しいペイントや床材、照明器具、カーテンやブラインドなどを試しながら絞り込んでいく。いちいち家に戻って確認することなく、こうしたことがすべて店内でできてしまうのだ。

MR技術を生かせば、小売スペース自体が、教育やエンターテインメント、没入型の製品試用など新たな体験空間への玄関口となる。

「友達」数よりも、本当の交流を

ソーシャルメディアが出てきた当初、ブランド各社は顧客とのコミュニティづくりの手段にしようと手を出した。このマーケティング戦略は魅力的に見えたが、ちょっとした落とし穴があった。当の消費者がそんなものは望んでいなかったのである。実際、ある調査によれば、アメリカの消費者の55％、イギリスの消費者の63％がソーシャルネットワーク上でブランドをフォローすることにまるで関心がないと答えている[1]。

実際、消費者との関係づくりや小売の増収を狙って打ち出した取り組みの多くが失敗に終わっている。その結果、多くのマーケティング担当者、それに輪をかけて多くの財務担当役員がソーシャルメディアの投資効果に疑問を抱いている。

ただ、わたしたち消費者が製品やサービスに関して他人の意見を頼りにすることは否めない。実際、ソーシャルネットワーク上で広告を信用すると答えたユーザーは36％にすぎないが、知り合いのおすすめを信用するユーザーは92％に上る。さらに目を引くのは、赤の他人の意見を信用するという回答が70％を占めている点だ。

言い換えれば、ソーシャルメディアの真価は、ブランドが消費者に語りかけることにあるのではなく、消費者同士が語り合い、製品やサービスに関する互いの意見に耳を傾け合うことにある。

もう1つわかっていることがある。ショッピングの際、ソーシャルバリデーション（社会的検証）、つまり、ほかの人々がその製品についてどう思っているのか確認したいというニーズは、すでにわたしたちのなかに埋め込まれた試金石のようなもので、これがないとどうも落ち着かないのだ。たとえばホテルを予約するとき、トリップアドバイザーのような旅行サイトでの評価を調べずに平気でいられる人はどのくらいいるだろうか。あるいはアメリカの『コンシューマー・レポート』誌のような独立性・中立性を謳ったレビュー記事を読まずに、車を買う気になるだろうか。はたまた映画を選ぶ際、映画評論家のレビューをまとめたウェブサイト「ロッテン・トマト」のような情報をチェックしないでいられるだろうか。ソーシャルプルーフ（社会的証明＝あることについて賛同者が多くなると、それが信頼性を持つこと）やソーシャルバリデーションは、わたしたちのショッピング行動になくてはならない要素となり、購買の意思決定過程の要になっているのだ。

とはいえ、ほとんどの小売店に足を踏み入れると、意味のあるソーシャルコンテンツなど見当たらないデジタル不毛の地である。今やわたしたちの購買行動にあって当たり前となったレビューなどのユーザーの手によるコンテンツのかけらもない。購入の参考になりそうな情報らしき情報と言えば、値札とラベルの類、あとはフルタイムとは名ばかりでたまにしか客を手助けしてくれない店員くらいだ。雲泥の差である。

結局のところ、消費者の脳はポスト・デジタル仕様になっているのに、小売が追いついていないのである。わたしたちはもはや技術や情報にショックを受けたり、驚いたりしない。むしろそれがないほうが、はるかにショックだ。だからこそ、こうしたオンラインショッピングの常識に脳が慣らされてしまった買い物客は、過去に例を見ないほどの認知的不協和に襲われる。そしてこの溝は時間の経過とともに、深く広くなるばかりだ。しかもネットワーク利用の増加で、この溝の深刻化にさらに拍車がかかる。

今ではソーシャルプルーフがわたしたちに深く刻み込まれた行動指針になっていることを踏まえると、未来の小売業者にとってはこれに対応する技術をあらかじめデザインに組み込むことが必須条件になる。店頭やオンラインで展示している商品について、小売業者が技術を生かして評価やレビューを顧客がリアルタイムにチェックできる仕組みを用意するのだ。

ノードストロムなど進取の気性に富んだブランドは、すでにソーシャルプルーフを店内に導入している。写真共有型ソーシャルネットワークのピンタレストで最も人気のある商品に、「ピンタレストで人気」といったタグを付けているのだ。アパレル販売のC&Aは、商品ごとにフェイスブックで「いいね！」を押された数がハンガー中央の液晶部分に表示される仕組みを導入した。買い物客はハンガーを見るだけで展示商品の人気度をリアルタイムに確認できるのだ。ほかにも化粧品・香水販売のセフォラといった企業が、すべての取り扱い商品について顧客が投稿したレビューを専用の携帯アプリから閲覧できるというかなり大胆な仕組みを取り入れている。当然ながらアマゾンがシアトルに開店した初の実店舗の書店でも、商品レビューが陳列棚の端に表示されている。アマゾンのウェブサイトと同じように、店頭の書籍1冊ごとに実際のユーザーによるレビューが書かれたカードが添えられている。

常設型から仮設型へ

店はそこにずっとある建物であり、固定的な場所である、といったコンセプトは時代遅れになる。技術があれば、ブランドや販売店は地理的、時間的な壁を超えて消費者に直接商品を提供できるようになる。ネットと連動した仮設店舗のかたちを取るか、目には見えない仮想店舗のかたちを取るかに関係なく、ブランドや小売業者は観客やイベント、タイミングを見計らいながら、空間や体験の場を臨機応変に移動させることになる。

ショッピングモールも同じで、テナント、体験、特設スペースなどを増やしたり減らしたりしながら形態や機能を変容させるようになる。フードコートはキッチンカーが集まる場になるといった具合に、店を固定するのではなく入れ替え制に移行することでモールの多様性や魅力が増す。どのモールでも一定の広さのスペースを確保して、小売やエンターテインメントのベンチャーが常時入れ替え制で登場するようになる。新しいイベントやハプニング、催しなどがあれば、定期的に来店する理由が生まれる。

ネットワーク化が進む世界では、小売空間は最も意味のある場所を求めて常に移動し、そのときどきの客層に対して最適な商品や体験を提供することができる。

〈カートもカゴもないイケア・カナダの店舗〉

店舗や在庫に常時投資することなく、商品や没入型のブランド体験をどうやって消費者に届ければいいのだろうか。家具量販店大手イケアのカナダ法人、イケア・カナダの場合、トロントの大通り沿いにある小規模スペースを確保し、消費者を招いて仮想ショッピングの機会を提供している。2015年に設置した仮設店舗では、VRヘッドセットを用意し、買い物客がイケアのキッチンセットをまるごと眺めたり使用感を確かめたりできるようにした。また、同じ店舗内にイケアの50

種類の家庭用品もあるが、ショッピングカートも買い物カゴもなく、それゆえ在庫もない。客は無線識別(RFID)チップを埋め込んだ木製スプーンを受け取り、店内を歩き回る。展示商品のなかで購入したいものがあったら、スプーンでその商品に触れる。あとはレジにスプーンを渡し、注文内容を確認して支払いをすませる。注文品はその日のうちに発送処理されて即日配達されるという仕組みだ。

こうした仮設店舗が販売機会につながることは明らかだが、それだけでなく、ショップへの親近感を高める物理的メディアとしての大きな価値もある。典型的なターゲット層から外れる消費者にもブランドをアピールできるうえ、ブランドストーリーや商品、ショッピング体験全般にどっぷりと浸かって馴染んでもらうことも可能だ。

今のところ、このような設備は例外的な存在だが、近いうちに仮設の仮想ショッピング空間は標準になる。実際、短期仮設型の小売が伸びると予想されることから現時点ですでに各業界が対応を進めている。

たとえばストアフロントという企業は、インドチーノやミニストリー・オブ・サプライなどオンラインの創造的破壊型企業を顧客に抱え、ブランドや小売業者の仮設物件探しの支援を専門に手がけている。賃貸期間は、クライアントのニーズに応じて数時間から数カ月までと幅広い。

ショップウィズミーというアメリカの企業は、「店」という概念自体を変えて、さらに一歩先を行っている。同社が提供しているのは、マイクロ自動化小売店舗(MARS)と呼ぶ施設だ。これは、完全デジタル化されたモジュール型の店舗で、各小売業者のニーズに合わせてカスタマイズし、その業者の商品カタログ情報を基にプログラムを組んだうえで必要な期間にわたってリースする。店内の壁などの表面に表示されるデジタルの商品情報は、必要に応じていつでもその場で編集可能だ。リースしている小売業者が商品の品揃えを変更した場合でも、店舗内の陳列や演出をいちいち変える必要はない。専用のソフトウェアを更新するだけで、店舗が形態を変えて対応するからだ。

フィジカルでもデジタルでもなく〝フィジタル〟の時代へ

未来のショッピング体験は、現実《フィジカル》とデジタルの区別をしなくなり、むしろ、顧客が購入に至るプロセスに完璧に沿うように、両者を的確に融合させることに重点を置くことになる。購入に至るまでに顧客が利用する販売チャネルが仮想店舗でも移動店舗でも実店舗でも街角設置の情報端末でも、それぞれ独自の特性があることを踏まえ、各チャネルを単独で、あるいは組み合わせて活用しながら極上の〝フィジタル〟体験（フィジカルとデジタルの融合体験）を生み出せる小売業者こそが、最も優れた存在になる。

購入までのプロセスで、技術は押し付けがましかったり、目立ちすぎたりするのではなく、付加価値をつけ、不便を解消するために、ごく自然にそこにあるものになる。

〈メイク選びも新次元へ〉

技術を顧客体験に大胆に持ち込んだ小売業者の筆頭格として名前が挙がるのがセフォラだ。顧客が店内でスマートフォン片手に情報を収集し、商品レビューに目を通し、ひどいときはオンラインで購入までですませてしまう姿を見かけるようになって、多くの小売業者がパニックに陥っていたころ、セフォラでは顧客にこうした比較購入を積極的にしてもらおうと店内の設備を強化した。セフォラのアメリカ地区イノベーション担当バイスプレジデント、ブリジット・ドーランは、実店舗かネットかという問題ではなく、両方が補完し合う関係にあるという認識が大切だとして次のように話している。

「そもそもみんな朝から晩まで携帯電話を使っているのが現実です。そんな人々が店に来たときだけ突然使うのをやめると思いますか？」

人気を集める同社の携帯アプリは機能も優れていて、買い物以外に実験や遊びの要素もある。たとえばARによるメイクお試し機能、ランダムなイメージチェンジのおすすめ機能、さまざまなメイクテクニックが学べるビデオチュートリアルなどがあり、新しい自分を発見できる。また、ストアモードという気の利いた機能があり、ユーザーが店内で実際に利用できる。商品スキャナーの機能があるので、気になる商品をスキャンしてそのレビューの閲覧やオンラインの注文が可能だ。ほかにも実店舗にいるときに役立つさまざまな機能が搭載されている。

ではショッピング体験中、どのタイミングや場面でテクノロジーを登場させるのか。ドーラン

「学び」「発見」「遊び」をテーマに掲げるセフォラのＴＩＰストア。　写真提供：セフォラ

は、顧客の購入に至るまでの感情や行動などの全般を含んだカスタマージャーニーを分析し、どこで、学びや発見、そして遊びの要素を提供できるかを考えるという。その際、「各チャネルを最大限に活用して、組み合わせる」とドーランは説明する。また、カスタマージャーニーのどの段階でテクノロジーによって顧客の体験を拡充し、ストレスを減らすことができるか検討するという。

セフォラの取り扱い商品は、ブランドだけで２００以上、ＳＫＵ（在庫管理の最小単位）まで細分化すれば何千点もある。客が商品の選択肢を絞り込むときにテクノロジーは威力を発揮するとドーランは指摘する。「たとえば口紅はそれぞれ香りも違うし、質感も違うので、ＶＲ技術では区別しにくいのです。でも携帯電話上のＶＲ技術で３０００点の口紅を５つくらいに絞り込んでから、今度は実店舗に足を運んで実際に試してみるといった使い方ができます」［2］。

セフォラが新しく打ち出したＴＩＰ店舗は、実店舗とオンラインのよさを絶妙なバランスで融合させた新たなフィジタル体験の好例だ。ちなみにＴＩＰは「ティーチ」（学び）、「インスパイア」（発見）、「プレイ」（遊び）の頭文字だ。「テクノロジーを利用したいお客様向けにはテクノロジーで体験を充実させ、昔ながらのショッピングを楽しみたいお客様には技術を回避した体験になるよう設計しました」［3］。来店したら早速、専門スタッフに相談してもいいし、オンラインのメイク講座を受けてもいいし、店内にずらりと並んだｉＰａｄ上の専用チュートリアルを使って自分でお試しや仕上がりの確認をしてもいい。セフォラ提供の独自コンテンツを見ながらメイクのヒントやアイデアを見つけることもできるし、他のユーザーが投稿したメイクの仕上げやテクニックを見ることも可能だ。多くの店がレジを中心に設計されているのに対して、セフォラでは、学び、発見、遊びのエリアを入り口や中央に配置し、来店客が店内に留まって商品を試し、楽しい時間をすごせるようになっている。

セフォラなど未来志向の小売業者の場合、いかにも顧客体験に取ってつけたような技術の使い方をしていない。自然に織り込まれているのだ。どの技術をどのように使うかは、常に顧客のニーズにしたがって決められている。ドーランは、素晴らしいテクノロジーそのものに目を奪われることもあると打ち明ける。それでも、もう一歩突っ込んで、そのテクノロジーをどのように使ったら顧客が購入までスムーズに、あるいは快適に進むことができるか検討するという。どちらの効果もないなら、どれほど素晴らしいテクノロジーも成果はもたらさない。

オムニチャネルから「瞬間」重視へ

「オムニチャネル」型の顧客体験については近いうちに話題に上らなくなるだろう。10年も前からパワーポイントのスライドに決まって登場していたこのキーワードに飽き飽きしていた何百万人という人々にとってはいい知らせだ。オムニチャネルは小売業界の死語のゴミの山に放り込まれる。実際、オムニチャネル型の顧客体験のようなものはお払い箱だ。もはや買い物客がチャネルの違いを意識しながらブランドを体験するような時代ではないからだ。顧客の体験は、発見の瞬間、興味の瞬間、ニーズの瞬間、そして試用の瞬間など、多種多様な瞬間の集合体だ。小売業者がいい意味で期待を裏切るか、期待どおりの成果を出すか、あるいは惨憺たる結果に終わるかは、まさにこうした1つひとつの瞬間にある。

さらに、わたしたちが猛スピードで向かっている未来とは、あらゆるメディアが商品購入に直結する玄関口になり、周囲にあるいろいろなモノがネットワークに接続されて高い情報処理能力を持つようになる世の中だ。ということは、デジタルは単なる消費の1チャネルにではなく、むしろデジタルこそが消費のチャネルになる。つまり「Eコマース」とか「電子商取引」などとわざわざ呼ばなくなり、単に「コマース」、「商取引」になるということだ。

今日の小売のチャネル比率は10~15%がオンライン、85~90%が実店舗だが、20年後にはこれが逆転する。ほとんどの商品は、ネットワーク接続された何らかの手段で販売され、ショッピングという行為自体、ほとんどが携帯電話などモバイル端末からとなる。今でさえ、推定で店頭での売買の64％ほどは、何らかのかたちでデジタルと関わりがある［4］ため、10年か20年もすれば売買の大多数はデジタルになっていると考えるのが理にかなっている。

今日とは違い、実店舗は消費者の購入プロセスの終着点ではなくなり、出発点になる。そして現実の体験が呼び水となって、消費者は長期にわたりブランドとのデジタルな関係を構築するようになる。消費者の暮らしのさまざまな瞬間にブランドとの深い絆を築き上げるうえで、店は、身体、感情、知性のすべての面で強力な起爆剤の役割を担う。だが、そのほとんどの瞬間はネットワークに接続されたデジタルなものになる。

そこで小売業者は、チャネルの視点（モバイル・アプリ、ウェブ、実店舗、ソーシャルネットワークなど）から新たな顧客体験を考えるのではなく、ブランドと消費者の関わり合いや遭遇の瞬間こそ、正念場と捉えなければならない。たとえば、消費者がソーシャルネットワーク上で、あるブランドを目にしたり、看板のロゴマークを見かけたり、たまたま会った友達がそのブランドの服を着ていたり、そのブランドの製品が小道具として登場する映画を見たり、といった瞬間である。

最初の一歩はこうした個々の瞬間を洗い出し、そのような瞬間に深く潜んでいる消費者のニーズを理解することから始まる。次のステップは、ブランドと消費者が遭遇する1つひとつの瞬間の捉え方を変えることだ。ニーズに応える適切な情報やツール、便宜を提供する機会であるとともに、消費者に絶好のタイミングで安心して自社製品を買ってもらえるようにする機会でもあるのだ。これをどう実行するかは、チャネルの違いにあまり関係がなく、むしろ顧客の居場所、状況、持ち時間件との関係が大きい。つまり顧客が今どこにいて、何をしていて、どのくらい急いでいるのかといった点だ。顧客に何をどういったかたちでどのように提供できるのかは、その瞬間の顧客の意図や状態によって決まる。最後に小売業者は、1つひとつの瞬間をつなぎ合わせておく必要がある。顧客に関する全データを中核拠点にまとめて、いつでも必要に応じて簡単にアクセスできるようにして、顧客がこのブランドと自由な付き合い方ができるようにするのだ。

消費者の暮らしのなかで自社のブランドに接近するあらゆる瞬間を捉えて、手際よく立ち回るという遠大な目標は、どう見ても野心的なものである。IT企業が提供している標準的なソリューションをちょっと買ってくるような簡単な話ではない。まず、顧客ごとにブランドとの付き合い方を深く理解することから始める。この付き合い方を細かく把握できれば、その瞬間の顧客のニーズに最も的確に応えられる技術とリソースと提供方法の組み合わせは、かなり簡単に特定できるようになる。

〈客は瞬間瞬間を生きている〉

アメリカのアウトドア用品販売店レクリエーショナル・イクイップメント（REI）では、どの商品を売るかといったことも含め、あらゆる判断を、顧客の体験から丹念に拾い上げたヒントから導き出している。デジタル販売担当上席バイスプレジデントのブラッド・ブラウンによれば、この作業はとんでもなく長い紙を用意するところから始まる。この紙に顧客との関係について、思い込みも含め、とにかく把握していること、あれこれ思いを巡らせていることをもれなく書き込む。この関係の元ネタになるのは、「顧客が購入に至るまでの重要な瞬間、苦労や課題、機会などをまとめた顧客調査」[5]だ。このようにしてできあがったマップは、靴のカテゴリーだけでも会議室の壁一面を埋め尽くすほどになる。

このようなマップは、デジタルソリューション、店舗運営、マーケティングの意思決定、店舗デザインなどすべての土台となる。顧客がブランドとの関わりを持つ瞬間からまた次の瞬間へとどう流れたか、そして、それぞれの瞬間における顧客のニーズにすべてを集中させるのである。じつは、「オムニチャネル」なる小売戦略を掲げる多くの企業が怠っているのは、まさにこうした地道な作業なのだ。また、そのような企業の多くが無駄骨を折ることになっている理由もここにある。REIでは、売り上げの4分の1がオンラインだが、店舗で発生している残りの4分の3もデジタルに大きく影響を受けている事実を同社ではつかんでいる。だからこそ、顧客との関わりが生まれる瞬間ごとに同社のデジタル資産が効果を発揮するように柔軟性と機能を高めておくことが重要だ。

REIではあらゆるメディア体験を購入機会につなげるため、モバイルアプリ上のコンテンツに「ディープリンク」を設定している。このディープリンクとは、REI独自のモバイルアプリのユーザーが、他のメディアからモバイルアプリ内の特定ページに直接ジャンプできる仕組みである。ちょっとしたことだが、瞬間をとらえるという点では参考になる事例だ。たとえばＲＥＩの顧客が何らかのデジタルメディアを利用しているときにＲＥＩの商品を見かけて気になったとする。ユーザーがこの商品をクリックすると、モバイルアプリ内にある当該商品のページがいきなり開くわけである。そのページ上では、必要な情報や機能がすべて用意されているため、ユーザーが欲しいと思えばスムーズに購入できる。あるいは、そのページから最寄り店舗を表示させ、在庫を確認してから、店舗に足を運び、お目当ての商品を受け取ることも可能だ。店舗内でも、モバイルアプリ上で他の商品をスキャンしてレビューを読むこともできる。しかも、その日に購入して家に持ち帰るのではなく、オンラインで購入して自宅に配送させてもいい。グリーンのベストを着ているスタッフは、モバイルの顧客対応システムを持っていて、商品情報や在庫データのほか、顧客ごとの会員カードの獲得ポイントといった詳細情報まで即座に確認できる。

ＲＥＩの小売体験担当部門バイスプレジデントのエリザベス・ダウドは、顧客体験を開発するコツは、カスタマージャーニーのさまざまな瞬間をさらに細分化して最小単位の要素に分解すること、そして顧客の期待をいい意味で裏切るような技術、情報、店内演出の組み合わせを見極めることだと言う。ダウドによれば、この作業にあたっては、技術部門、マーケティング部門、店舗運営のスタッフが足並みをそろえて動くといった、部門の垣根を超えた高度な連携が欠かせない。たとえば、店舗での体験は、シアトルにある業務用スペースの「ＲＥＩワークショップ」ですべて開発される。ここでは販売スタッフ、顧客、ＲＥＩ本社チームが集まり、実際に体験を試してみてフィードバックをすることになっている。

仕入れは通常はトップダウンで決めるものだが、同社ではそれも顧客体験をデザインするという観点で行われる。ダウド自身、自腹を切って他社製品を買ってみて、こうした製品で顧客体験が充実すると判断すれば、定番に加えられることもあるという。実際、補充を目的に導入された製品の多くが、同社の取扱商品の柱になることも珍しくない。

REIのような未来志向の小売業者は、充実した顧客体験が生まれる場はチャネルではなく、瞬間と捉えている。つまり、発見の瞬間、試用の瞬間、触発される瞬間、そして購入の瞬間だ。

「ここ（店舗）こそ、最大の商品だと思います」

アンジェラ・アーレンツ

第18章 ブランドアンバサダーの時代

さて、一部で囁かれているような話とは逆に、小売の未来は明るい。オンラインでの体験がさらに現実の世界に近づいてくる一方、充実した現実のショッピング空間は、柔軟で付加価値のある優れたテクノロジーで補完される。どちらのショッピング体験も商業ベースに乗り、将来にわたって共存可能だ。だが、従来の小売業者とその仕入先であるメーカー（ブランド）との間で長らく成立していた取引関係までは、前途が明るいとは言えない。ビジネスモデルとしての卸売は限界点に達しようとしている。

この歴史の長い関係をそれぞれの立場から眺めてみよう。

小売業者は、大量に仕入れ、各地の店舗に配送し、販促計画を立て、値付けをして、データをアップロードし、スタッフのトレーニングを実施し、広告を打つ。運がよければ、商品が売れるが、将来的な返品は避けられない。それでも、仕入れ原価と小売価格の利ざやで何とかやっていけるという希望にしがみつきながらビジネスを続けている。状態のいいときでさえギャンブルなのだ。要するに、こうした小売業者が扱っているブランドのうち、競合するオンライン通販に直接卸される割合が高まっているうえ、ブランド各社は直営の専門店を積極的に出店している。つまり小売業者の取引先である仕入先が最も手強いライバルになりつつあるのだ。これは理想的な関係とは言い難い。

とはいえ、メーカーを悪者に仕立てるのはまだ早い。じつはメーカー側の視点で見てもこの関係は決して晴れやかなものではないのだ。メーカーは、顧客の需要が大きく変動するなか、小売業者からの発注量を期日どおりに納入できなければ、違約金が科される。小売業者からは、値引きや宣伝費の増額を迫られる。小売店側が取引停止をチラつかせて、メーカーに条件を丸呑みさせることも多い。これだけがまんを強いられて、いったい何の得があるのか。小売業者はブランドに顧客を誘導してくれる存在だと言われてきたが、彼らも自社のPB（プライベート・ブランド）商品に切り替えているのだ。もっと悪いことに、一部のブランドに至っては、小売店側の過剰な値引き販売や杜撰《ずさん》な顧客体験のおかげで倒産同然の状態に追い込まれたところもある。これではとても最適な関係とは言えない。

こうして見ると、両者の関係が円満に続くとは思えない。小売業者側は、オンライン業者とも、メーカーの直販とも張り合える見込みがない。一方、ブランド側も、ブランド認知や顧客体験の期待、価格の整合性、市場浸透を十分に守るために、小売業者に全面的に依存する気は失せている。すると市場の二極化を招き、メーカーと小売業者の間にはまったく新しい経済モデルがもたらされる。小売店、特に脆弱な中間価格帯では、高価格か低価格のどちらかに特化していくことになる。

直販化の流れは止められない

現在、消費者ブランドの少なくとも40%が何らかのかたちで直販を実施している[1]。しかもこの数字は急激に拡大している。たとえばナイキは、今後5年間で直販事業を3・5倍に拡大し、金額ベースで66億ドルから160億ドルを目指すとしている。2016年には、ナイキの総売上の23%以上を直販が占めた[2]。同様に、ファッション・ブランドのケイト・スペード・ニューヨークは、2014年第4四半期の直販売り上げが28%増を記録した。ほかにも高級ブランドのコーチは、自社運営のショップのほうが将来をコントロールしやすいため、百貨店からの完全撤収に踏み切る見込みだ。

老舗ブランド以外にも、数多くのベンチャーが小売店を通さず、顧客と直接取引している。小さな市場であればそこの顧客に合わせた品揃えを複数のチャネル経由で届ければ、小売流通は不要になる。

たとえば、ストウアウェイ・コズメティクスというハンドバッグに簡単に収まる使い切りサイズの化粧品のベンチャーは、小売店を一切通さない方針を持ち出している。創業者のチェルザ・クロウリーとジュリー・フレドリクソンは、女性の4分の3が化粧品を使用期限内に使い切れていない実態を踏まえ、これまでの量やサイズの常識破壊に乗り出した。従来の半分のサイズの商品を半分の価格で直販することに成功した。こうしたブランドは、従来のような広告を控える一方で、ソーシャルネットワーク上の口コミやインフルエンサーによる発信を活用して、コストを削減しているのだ。

こういった変化を背景に、すでにブランドと小売パートナーの間では罵り合いも聞かれる。その多くは直販を裏切りや攻撃とみなす内容だ。だが、肝に銘じておきたい重要なポイントがいくつかある。第1に、直販はビジネスの非常識ではなく、何百年も続いてきた売買の原点回帰である。ブランドと顧客は常に自然ないい関係を築いてきた。そもそも、製品のことはそれをつくった本人が一番詳しいし、ブランドの評判を誰よりも真摯に守ることができるのも、ブランド自身だ。第2に、最近実施された調査によれば、ブランドやメーカーのウェブサイトを訪問した顧客の50％以上が直接購入の意向を示している。

これまでの小売とは、基本的に産業革命の副産物だった。つまり、拡大を続ける都市部の市場をカバーしたいメーカーにとって、必要な箱物だったのである。小売流通のおかげでこうしたメーカーは、大衆市場への進出に伴うリスクを分散させることができたのだ。流通の階層が厚くなるほど、サプライチェーンを構成する個々のメンバーが背負い込むリスクは小さくなる。市場が大きくなれば、流通の階層も厚くなる。20世紀には、市場に参入し、市場を満足させるうえで、この階層が潤滑油の役割を果たしていた。だが今では、階層があるためにかえって摩擦が生じている。

現在、ブランド各社は、個々の顧客のニーズに直接応えられるようになっただけでなく、そのほうが喜ばれることも多い。何しろ、製品が流通の階層から階層へ1つ動くだけで、マージン（100%ということも少なくない）が上乗せされるからだ。20ドルの靴1足が消費者の手に届く段階では100ドル以上にもなる。そして、ついにメーカー自身が「これはおかしくないか？」と疑問を持ち始めたのである。

小売業者がブランドとの関係悪化を感じているのであれば、本書ですでに触れたような技術がフルに効果を発揮するまで様子を見てはどうだろうか。靴がくたびれてきたらセンサーがナイキに2足目を自動発注するような時代になれば、市場はどう変わるか考えてみるといい。あるいは、パーソナルなデジタルアシスタントに「オレオ」と声をかけるだけで新しいオレオが注文されたり、人工知能と予測アルゴリズムが日常のほとんどのニーズの面倒を見てくれたりする時代を想定してもいい。

ブランドとして消費者全体に訴求することが狙いだったころは、卸売流通が必要悪だったとも言える。たくさんの人々に訴求するには、流通を担う供給源が多いほうがよかったのだ。だが、ブランドが自ら1対多の販売モデルを処理できるだけでなく、そのほうが好まれるような新しい時代には、卸売の時代が徐々に終焉を迎える。

体験型小売店の台頭

今後、多くのブランドが自らの命運と顧客を自らの手でコントロールできるようになり、自らの店舗に直接誘導するようになるだろう。そして、かなり詳細にブランドストーリーを語り、自社製品に対する深い愛着心を顧客に持ってもらうことに重点を置いた独自の体験を生み出すようになる。

一方、消費者は同じカテゴリー内でいろいろなブランドを体験してみたくなる。同時に、愛着心を抱かせるような、特別な体験も期待する。その結果、まったく新しい「体験型小売店」が誕生する。ある製品カテゴリーを徹底的に極め、特定のブランド群や製品群について、消費者向けに卓越した体験を用意する店だ。

メディア、販売代理、デザイン会社の機能を併せ持つ体験型小売店は、現実のショッピング空間を使って、特定カテゴリーあるいは複数のカテゴリーの製品を対象に、圧倒的に完成度の高い消費者体験を提供する。購入までの理想的なプロセスを明確に描いて設計し、このカテゴリーに精通した「製品アンバサダー」となるスタッフを雇い、技術を駆使して、本当に独自性が高く、斬新で記憶にいつまでも残るひとときを演出する。つまり、体験の強烈な印象が客の心に深く刻み込まれるわけだ。

こうした新時代の小売業者にとって唯一の狙いは、利用可能なチャネルをすべて駆使し、ブランドの意を受けて売り上げを大きく伸ばすことにある。これは、ひたすら自店舗内での売り上げを重視する従来の店とは異なる。未来のショッピング空間は、自らを「全チャネル」のハブと位置づけ、自社や仕入先、さらには競合他社も巻き込んで顧客ニーズに応える。そう、競合他社さえも活用するのだ。なぜなら、誰がいつどのように売り上げを生み出すかという点よりも、売り上げを生み出すための効果的なショッピング体験を提供するほうが重要になるからだ。売り場面積当たり売上高という足枷のない体験型小売店では、大手からベンチャーまであらゆる企業の試作品も含め、多彩な商品を買い物客に紹介できる。

大量の製品と何列もの棚は、独創的な空間デザインと絶妙なマーチャンダイジングに取って代わられ、メディアや総合的な製品との関わり合いのスペースが生まれる。この体験にはソーシャルメディアが組み込まれ、店頭の棚にはレビューや評価、製品比較の情報が表示される。また、スペースは取り扱い製品の没入型・体験型広告になるとともに、利用できる流通チャネル全体に直結するポータルの役割も果たす。

こうした卓越した顧客体験をデザインして提供できる小売業者は、わずかなマージンで細々と商売をすることに納得しない。メーカーに対して、店内で取り扱うブランドや製品を魅力的に紹介する露出量に応じて、前払いの「規定料金」を要求するようになる。現実世界にある素晴らしい小売メディア空間で製品を紹介してもらったり、独自のブランドストーリーを語ってもらったりすることに対して、ブランド側は喜んで料金を支払うようになる。

〈これぞ「ストーリー」〉

ニューヨーク・マンハッタンのロウワー・ウエストサイドに、小売の未来を垣間見ることができる190平方メートルほどの空間がある。小売・マーケティング分野で豊富なキャリアを積んできたカリスマ起業家、レイチェル・シェクトマン肝いりのショップ「ストーリー」（STORY）だ。シェクトマンによれば、「雑誌の視点を取り入れて、ギャラリーのように4〜8週間で店内をすべて入れ替え、普通の店と同じように販売します」[3]。

小売は強力なメディアになる可能性があり、そうあるべきだというのが、シェクトマンの信念だ。『ニューヨーク・タイムズ』のインタビューに「特定のブランドの商品が置いてある店で、消費者がどれだけの時間をすごしているのかを見れば、店もメディアなんじゃないかなと思って」と説明する。雑誌1ページをめくるまでに30秒かかるとすると、人が店で買い物に費やす時間はもっと長いのでは、と彼女は言う[4]。

シェクトマンによれば、テクノロジーのおかげでオンラインでのショッピングのあり方はがらりと変わったが、オフラインでのショッピングに関しては、小売業界全体として悲惨なほどに何も変わっていないと指摘する。実際、小売業者が目に見えるかたちで生み出した成果はほとんどないのだから、店内で顧客のために何らかの体験を創り出して収益につなげるなど夢のまた夢だ。だが、体験の収益化こそ、シェクトマンが「ストーリー」の店内で実現していることなのだ。しかもその機会は年間に8〜12回もある。平たく言えば、ブランド各社がそれぞれのストーリーをこの店に

「ストーリー」の創業者シェクトマンは「雑誌の視点を取り入れ、ギャラリーのように店内を入れ替え、普通の店と同じように販売する」と説明する。
写真提供：ストーリー

語ってもらおうと「ストーリー」に金を払っているのだ。

シェクトマンはこれまでにジレットやGE、ホームデポ、アメリカン・エキスプレスといったブランドのためにさまざまなストーリーを生み出してきた。シェクトマンはブランド各社を「エディター」と呼ぶ。そのエディターが彼女とのストーリーづくりに40万ドル以上を投じることも珍しくない。ストーリーのテーマは「愛」「旅」「男」「女」など多種多様。展示商品について訴求し、そのよさを確かにアピールするテーマが選ばれる。なお、ほとんどの展示商品は委託販売の形式で売られている。

「ストーリー」が手を組む相手は大手ブランドはもちろんだが、地元ニューヨークの草の根ビジネスのコミュニティにも積極的に発信している。たとえば、ピッチ・ナイトと呼ばれる短時間プレゼンテーションの場を開催し、「ストーリー」での作品・製品の取り扱いを希望する地元の芸術家や小規模メーカー、工芸作家らが思い思いにアイデアをぶつけ合っている。

シェクトマンは、「ストーリー」のコンセプトはすべての市場向きではないと認めるが、それでも店がメディアとしての大きな可能性を秘めているのにブランド各社がそれをないがしろにしているのではないかと指摘する。「アメリカではスターバックスに毎週5500万人が、ターゲットには月間に3000万人が来店します。これは広告的には大変なインプレッション数になります。他の多くの小売業者も同じような視点で見れば、なぜブランド各社がこうしたスペースを活用しようとしないのか、単なる消費の場ではなく、マーケティングや広告のツールとして捉えようとしないのか疑問です」[5]と語る。

だが、ブランドストーリーを語った場合の効果や価値をどう測定すればいいのだろうか。じつはシェクトマンは店内の客の動きや、キュレーション展示の個々の要素に客がどう関わったかを測定する技術を導入している。店は客にとっては楽しさや遊びの場であり、ブランドにとっては製品やコンテンツがどう受け止められているのかを知るためのバックエンドのデータや分析結果を入手できる場なのだ。要するに「ストーリー」という店は、現実世界にあってブランドをインタラクティブに語る強力なメディアであり、しかもその効果が測定可能なのである。

シェクトマンが手がけた「ストーリー」は成功を収めているが、小売業界の守旧派の多くは、同店のコンセプトについて単に物珍しいだけで、小売の「現実世界」には通用するわけがないと鼻であしらってきた。では「ストーリー」の売り場面積当たりの売上高を老舗百貨店メーシーズの平均

店舗	店舗規模	年間売上高（推定）	売り場面積当たり売上高
ストーリー	約190平方メートル	420万ドル*	2100ドル
メーシーズ（平均）	約1万4000平方メートル**	2700万ドル	180ドル[6]

*年間に全8件のブランド・ストーリー制作を手がけ、
1件当たり平均52万5000ドルの売り上げた場合の推定額（委託販売売り上げを含む）
**新規展開している小規模店舗の面積

モデル	総売上高	合計額
従来の物販モデル（売り場面積当たり売上高180ドル）で店舗の半分を使用	1350万ドル	9600万ドル
「メディアとしての小売」モデル（売り場面積当たり売上高1100ドル）で店舗の半分のスペースを使用	8250万ドル	

的な店舗と比較したらどうなるのだろうか。

上記のデータは、ざっくりとした非科学的な数字であることをご承知おきいただきたい。

「メディアとしての小売」というモデルを掲げる「ストーリー」の売り場面積当たりの売上高は、ご覧のとおり、メーシーズの12倍近くに達する。

だとすれば、メーシーズの平均的店舗のたった半分でもいいから「メディアとしての店」というモデルを導入したらどうなるのか知りたいところだ。総売上高にどんな効果が表れるのか。メーシーズの巨大な売り場面積を考慮して、「ストーリー」の驚異的な売り場面積当たり売上高の半分で計算してみた。たとえば売り場面積の50%を「メディアとしての小売」に振り向けた場合、筆者の予測ではメーシーズの1店舗の総売上高は、2700万ドルから9600万ドル（従来の小売部分と、メディアとしての小売部分の合計）に跳ね上がる。たった1店舗で年に6900万ドルもの差が出てくるのだ。

現実主義の慎重派に言いたいのだが、メーシーズの店舗の4分の1を体験志向に変えるだけでも、約3500万ドルの増収効果があるのだ。さらに重要なことに、この増収のために必要な作業は、在庫を増やすことでもなければ、大勢の社員を新たに雇い入れることでもなく、広告費を増額することでもない。仕入先との関係を新次元に移し、顧客に本当に気に入ってもらえるようなものを一緒につくり上げることなのだ。

この小売メディア・モデルは、メーシーズの全店舗で例外なく機能するのだろうか。それは厳しいかもしれない。だが、1店舗だけでざっと350%増の増収の可能性があるのだから、同チェーンの事業を完全にこのモデルにする必要はない。

メーシーズには、すでに各店舗に消費者という名の〝観客〟がいる。この観客を喜ばせるには、体験型の優れた〝劇場〟が必要なのである。

データとしての小売

この新しい体験型モデルでは、小売業者が提供する体験、それによって動員される顧客数、売り上げへの効果について、定性化だけでなく、定量化も求められる。つまり、消費者の喜びや深い信頼をつかみどころのない曖昧な言葉で語るだけでは十分と言えない。体験志向の小売業者は、誰が来店し、一見客なのか常連客なのか、どの売り場に行って、何にどのくらいの時間、関心を寄せ、来店をきっかけにどのようなアクションを起こしたのかを把握しておく必要がある。買い物客の有無に加え、体験に対する反応も集計しておく必要がある。

さまざまなテクノロジーを味方につければ店舗と本部の双方で瞬間ごとの体験を全方位的に把握できる。これまでのように、セールやプロモーションの情報を客に送りつけるのではなく、今後は買い物客から有益な行動データや態度データを吸い上げる技術が多く使われるようになるはずだ。体験志向の小売業者は、現在の切れ味悪いツールではなく、こうした新しい技術を生かして、未来の小売スペースを外科手術並みの精度の高さで分析するようになる。

こうした技術には次のようなものがある。

▼**顔認識技術**　特定スペースの人の出入りやオーディエンスの人口動態特性を集計して可視化できるため、小売店の担当者は、環境条件（照明やBGM、展示、体験）をリアルタイムに調整可能になる。

▼**ビーコン（位置情報）技術**　消費者がどの情報を最も必要としていて、店内のどのカテゴリー、製品、展示から入手しているかを把握できる。

▼**感情追跡技術**　店内のどの体験が、満足、退屈、不満、混乱といった買い物客の感情を生み出しているかピンポイントで特定できるため、体験の設計担当者はリアルタイムにスペースを調整することが可能となる。

▼**試着室用技術**　試着中のブランドや製品、サイズ、スタイルを特定し、ビッグデータ分析を通じて商品推奨力を高め、予測型のカテゴリーバイイング分析に反映できる。

▼**対話型サイネージ（看板）とタグ付け技術**　表示メッセージをカスタマイズできるだけでなく、買い物客の人口動態特性や購入実績に応じて提示価格まで変更可能になる。

▼**会員・加入者識別技術**　店内での体験と、その後の携帯電話など他のチャネルからの購入行動との関連を特定できる。

▼**モバイルエンゲージメント技術（モバイル利用時の消費者との関係強化）**　消費者が店内で商品をスキャンして、どのような情報を収集しているのか、その情報がその場での購入や潜在的な購入意欲にどのような影響をもたらしたかを明らかにする。

▼**モバイル識別追跡技術**　来店客の保有するスマートフォンなどの端末のブルートゥース信号を生かし、一見客か常連客かの区別のほか、平均滞在時間を特定できる。

▼**RFID（無線識別）技術**　閲覧、操作、断念の回数が多い商品を確認できる。

▼**販売員による関与・顧客対応技術**　買い物客から最も多く寄せられる問い合わせ、個々の買い物客の趣味や好みの変化をデータとして取り込んで分析し、将来のトレンド予測に反映できる。

▼**動画分析技術**　買い物客の店内回遊パターンを把握し、店内要素を変更して体験の効果を高めることができる。

当然ながら、実店舗の小売スペースが生み出すデータのレベルは驚異的で、小売業者にとっても、そのパートナーであるブランド各社にとっても大変な価値がある。

これを念頭に置けば、毎日店舗で収集される膨大な消費者データを収益化するだけでも、それなりの売り上げが立つ体験型小売店もありうる。具体的には、どのような顧客が来店し、それは一見客か常連客かといったデータである。客がどの商品を眺め、商品とどのような関わりを持ち、どのくらい店内に滞在したのか、そして、そうした関わりの末に最終的にどのような結果が見られたかといった情報である。はたしてその客は最終的に何か購入したのか。購入したとすれば、何を買ったのか。それをいつどこで買ったのか。店舗での体験を他の人々に紹介したか。したとすれば、どのようなソーシャルネットワークを使ったのか。こうした体験型小売店は、店舗スペースを〝生きたウェブサイト〟として活用し、今挙げたような体験のあらゆる側面についてデータを余すところなく収集・カタログ化する。そして、このデータに加え、店内にある商品を取り巻く話題、店内での体験後の結果について、データ自体やその解説をコンテンツとしてブランド各社に販売するのだ。

〈体験も記録する「b8ta」の戦略〉

前出のニューヨークにあるショップ「ストーリー」から西に4800キロ以上離れたカリフォルニア州パロアルトの小さな店「b8ta」（ベータ）も未来の小売を目指して発展を続けている。2016年にオープンしたベータは、大手ブランドから無名のベンチャー企業までさまざまなメーカー製のネットワーク機器を対象に、独自の品揃えを誇るショップだ。ベストバイのような家電量販店にはない文字どおり個性的な品揃えを特徴としている。

ベータは、扱っている商品だけでなく、そのビジネスモデルも異色だ。じつは同社の売り上げのほぼ100％は、店舗内で発生・収集される消費者データを収益化したものなのだ。

ネットワーク対応ホームセキュリティ用品などを手がけるネストの元社員であるビブー・ノービー、フィリップ・ラウブ、ウィリアム・ミンタン、ニック・マンの4人が、小売は基本的に破綻したビジネスモデルであるとの認識で一致したときに、このベータのコンセプトが誕生した。4人に言わせれば、製品が店に入ってくるまでにはあまりに時間がかかりすぎ、本当に面白い製品の多くは、売れる実績がないので手に取ってもらえない。おまけにほとんどの小売店では製品に触ることもできないし、その製品で何ができるのか試すこともできない。ほとんどの店は、動作しない展示品と梱包された在庫ばかりなのだ。この小売というビジネスモデルのひどい欠陥がヒントになって、ベータの立ち上げにたどり着いたのだという。

ベータの使命は、モノを売ることではなく、できるだけ理想的なかたちで製品を顧客に体験して

「ベータ」の店舗では、最先端のオフライン分析技術を活用し、消費者による店内商品の使用状況や接し方をモニタリングしている。
写真提供：ベータ

もらうことにある。こぢんまりとした店内スペースには、画期的な製品や驚異的な製品が所狭しと並び、さながらギークのパラダイスである。ロボットやドローンから、ネットワーク接続型のスマート家電まで、世の中に存在することさえ知らなかったような製品が見つかる。各製品には専用のスペースが割り当てられ、デジタル・マーチャンダイザー、さらに製品情報や価格を表示するネットワーク接続のデジタル・サイネージ（看板）が用意されている。また、経験豊富で人当たりのいいスタッフがすぐそばにいて、マンツーマンで顧客のニーズに応えてくれる。

さらにベータでは、ブランドと店内製品がダイレクトに接続されていて、ブランドの担当者が製品のマーケティング情報、販売価格、トレーニング教材を自由にコントロールできる。ブランドにとっては、自社製品、特に新製品の情報や価格をリアルタイムに微調整できるとあって、調査・市場テストというまったく新しい機会が生まれる。

だが、ベータが従来の小売業者と最も違う点は、小売スペースが〝生きたウェブサイト〟になっていて、ここで起こったことはすべてデータとして収集・記録され、分析パッケージにまとめられて、契約を結んでいるブランド各社にリアルタイムで送られるのだ。ブランド側には、集計情報のかたちで、どのような顧客が自社製品にどんなふうに関心を寄せ、どのくらいの時間を費やしたかがわかる。こうしたリアルタイムに届くヒントはとりわけベンチャー企業にとってはきわめて貴重な情報だ。創業メンバーの1人、フィリップ・ラウブによれば、現在、店内の体験とその後の購入行動を結びつける手法を研究中で、これが実現すれば購入までのサイクルが完成するという。

ラウブによると、ベータの顧客は、競合店と比べて店内の滞在時間が際立って長い。筆者自身、オープンまもない同店を訪問した際、そう実感した。買い物客の動きを見ていると、まるで玩具店にいる子供たちのように、次から次へと製品を渡り歩いていて、店内のほぼすべての製品を試している。

創業メンバーの1人でCEOを務めるビブー・ノービーは、小売について、「最終的には販売部門を離れてマーケティング部門の一部になる。だからこそメーカー各社は価値を認めてベータに料金を支払っている。毎月（膨大な数の）人々がこういったメーカーの製品を初めて試しにやってくる」[7]と説明する。

言い換えれば、未来の店は体験を収益化するだけでなく、こうした体験が生み出すデータさえも収益につなげるのだ。

販売員からブランド・アンバサダーへ

まったく新しい方向に小売の未来が見えてくるなか、小売店で働く従業員の未来はどうなるのか。正直に言って、厳しい見方をせざるを得ない。小売店の販売員の時代は終わった。ここで言う販売員とは、レジ打ち、入り口での来店客への挨拶、在庫の集計、価格調べ、バーコードのスキャン、ショッピング・カート整理、膨大な取り扱い製品に関する概要説明（往々にして棒読みだ）といった作業に従事する何百万人もの従業員である。こうした仕事は20年もしないうちに、あるいはもっと早い時期に消えていく運命にある。

この変化に拍車をかけている要因の1つとして、顧客サービスへの期待と現実の差が急激に乖離している現状がある。買い物客を対象にした最近の調査によれば、買おうとしている製品について、売り場の販売員よりも自分のほうが詳しいと確信している買い物客は48％に達する[8]。おそらくそうだろう。特定の製品の知識をさっと集めることが簡単になっているわけではないからだ。

もっとショッキングなのは、売り場の販売員の説明が本当に正しいのか疑わしいとの回答が67％も占めていることだ。消費者の被害妄想ではなさそうだ。むしろ、何か疑問があれば数回クリックするだけで正解が見つかる世の中に暮らしていることと大いに関係がある。人々は現場の販売員よりもグーグルを信用している。「部分的に正しい」ことが「誤り」と同じとされる世の中では、そこそこ役に立つ販売員がいても無意味なのだ。実際、グーグルが公表した調査によれば、店舗では必要な情報にありつけた試しがないとの回答が買い物客の3分の2を占め[9]、その半数近くが不満を抱いている。

しかも、小売業界や外食・ホテル業界では、いつも労働者が賃上げを叫んでいることも、余計に事態をこじらせている。小売業界はひどい低賃金であることには疑いの余地はない。たとえばアメリカでは、2015年の小売業界の全労働者の時間当たり賃金の中央値は10・47ドル[10]で、年収換算で2万1780ドルである。同じ年のアメリカの貧困線（生活必需品を購入できる最低限の収入）は、4人家族世帯の場合で2万4250ドル[10]だった。言い換えれば、小売業界労働者が給与だけで配偶者と子供2人の家族を養うとすれば、貧困状態に陥っていることになる。

これほどの低所得だとテクノロジーによる産業の構造変化には巻き込まれることはないと思うかもしれないが、実際はその逆である。なぜか。アメリカの連邦政府が規定する最低賃金は現在、時間当たり7・25ドル（一部の州ではこれをやや上回る水準になっている）だが、労働組合は時間当たり15ドルへの賃上げ闘争を続けている。ニューヨーク州とカリフォルニア州の2州は、すでに最低賃金を15ドルに引き上げる法案に署名しており、さらにアメリカの9都市も最低賃金15ドルへの引き上げを承認しているほか、2017年初めにも数都市が加わる見込みだ。

この賃上げに伴う問題は2つある。第1に、ほとんどのエコノミストが指摘しているように、最低賃金が時間当たり15ドルになっても、賃金がインフレに連動して上がった場合に、あってしかるべき最低賃金水準を下回ってしまう。つまり、15ドルへの引き上げは、今後も継続的に最低賃金の引き上げを迫っていくための足がかりにすぎない。賃上げは道義的に悪いことではないが、1人ひとりの生産性も賃上げに見合った分だけ、スライドして上がるとは限らない。要するに、時間当たり9ドルでも15ドルでも、働き方や生産性は変わらない可能性があるということだ。変わることといえば、会社の収益が下がるか、消費者物価が上がるかのどちらかだろう。もちろん、企業や消費者の私利私欲によって販売員が犠牲になっていいのか、といった倫理的な問題もあるとは思うが、それを議論することが目の前の問題の解決につながるとは思えない。

賃上げに伴う第2の問題は、労働者にとってさらに困った話だ。今後多くのテクノロジーが労働者の仕事を奪っていくだろう。たとえば、シンビ・ロボティクス（カリフォルニア州）は先ごろ、世界初の完全自律型在庫管理ロボット「タリー」を発表した。1回の充電で8～12時間の動作が可能なタリーは、スーパーマーケットの店内を自動巡回しながら、陳列棚をスキャンし、最大2000点の商品の在庫状況を一発でチェック・記録する。しかもほぼ完璧な精度を誇る。その後、タリーはこの在庫情報を店舗管理者に引き継ぎ、対応や調整を促す。ほんのわずかな陳列ミスや欠品も見逃さない。シンビの最高技術責任者、ミルザ・シャーによれば、薬局チェーンのCVSやウォルグリーンといった企業は、タリーと同じ作業量をこなすには、週に25～40人の人員配置が必要となる。それでも人間の場合ははるかに精度が下がる。

ニューイングランドに本拠を置くロボット・メーカー、シンボティックでは、自律型倉庫管理ロボットを開発している。このロボットは、倉庫内を疾走し、文字どおりラックをよじ登って必要な注文品を集めてくる。人間の作業員に比べて何分の1という短時間でこなしてしまう。その結果、最大80％の人件費削減効果が期待でき、倉庫の占有面積も25～40％削減できる。量販店のターゲットでは、カリフォルニア州にある同社最大級の物流センターにこのロボットを導入している。

接客よりも在庫・倉庫作業のほうがロボットに向いていると思うかもしれないが、ホームセンターのロウズの例を見ると、まったく逆であることがわかる。傘下のホームセンターであるオーチャード・サプライ・ハードウェアのサンノゼ店（カリフォルニア州）で2年間にわたるロボットの実証実験を経て、先ごろサンフランシスコ地区の全店舗にロボット部隊を導入すると発表した。社名のロウズをもじって「ロウボッツ」と命名されたロボットは、店舗入り口で顧客の案内係を担う。複数言語に対応し、商品に関する問い合わせをてきぱきとこなし、探している商品があれば、顧客を売り場まで案内する。さらに店舗スタッフも、ロウボッツにアクセスして価格や在庫の最新情報を調べることができる。このロボットはビジネス上の意思決定に影響がありそうなデータの分析やパターンの検出もリアルタイムにやってのける。昼休みもとらず、病気で休むこともないし、給料さえ不要ときている。

だが、どの製品が欲しいのか、どんな製品が必要なのか、はっきりしない顧客の場合はどうだろう。テクノロジーを駆使すれば、顧客のために正しい製品を的確に見つけ出すことができるだろうか。まさにこの課題に取り組んだのが、インドのムンバイに本拠を置くフルイドＡＩだ。同社はＩＢＭおよびアメリカの小売店ザ・ノース・フェイスと手を組み、人工知能による買い物ボット「エキスパート・パーソナル・ショッパー」（ＸＰＳ）を開発した。頭脳にはＩＢＭのワトソンを使い、フルイドが顧客サービスのインターフェースを開発した。客はプログラムが提示する一連の質問に答えるだけで、お目当てのジャケットが見つかる。自然言語処理技術を使ってさまざまな品揃えのなかから商品を絞り込んでいくという。

たとえばまず「秋の終わりにバーモント州に旅行に行くのでジャケットが欲しい」と告げる。すると、このプログラムが、旅行先で何をする予定かとか、ジャケットの重さに好みはあるかなど、あれこれ質問を投げかけてくる。質問に答えていくと、ＡＩがおすすめ品の候補を修正しながら、最終的に客の条件すべてを満たすジャケット数点に絞り込む。しかも、たくさんの客がこのプログラムを使えば使うほど賢くなるので、時間とともに必ず性能が上がっていく。あまりに優秀な出来栄えだったことから、ついに２０１６年10月にＩＢＭがフルイドのＸＰＳ技術を買収したほどだ。

生まれながらにして他人に共感する心や思いやりの気持ちがある人間が、テクノロジーの台頭でお払い箱にされるわけがないという声もあろう。ソフトバンク傘下のソフトバンクロボティクスが開発する感情認識ヒューマノイド（人間型）ロボット「ペッパー」をご覧いただきたい。ペッパーは、命令に反応するだけでなく、ユーザーの感情を認識する能力がある。

ソフトバンクロボティクスのバイスプレジデント、スティーブ・カーリンは、ペッパーが強力な

「ペッパー」には、買い物客の基本的な質問に応答し、相手の感情を検知する機能が搭載されている。
写真提供：ソフトバンクロボティクス

新技術だとしながらも、いわゆるロボット帝国誕生の前触れなどとは考えたこともないという。少なくとも現時点では小売環境でのロボット利用は、店内での顧客誘導や製品・サービスに関する基本情報の収集といった低レベルの業務に限られると見ている。小売の現場で今にもロボットが大挙して人間から仕事を奪うことはないとカーリンは言う。

しかし、オックスフォード大学が先ごろ実施した調査によれば、ロボットとAIが小売業界の雇用に及ぼす影響は、多くの人々が考えるよりも早く見られそうなのだ。同調査は、さまざまなタイプの労働者が技術に取って代わられる可能性を検証しているのだが、小売現場の第一線で働く労働者の場合、今後10年以内に技術に追いやられる可能性は92%としている[12]。ということは、これからどの小売業者も難しい判断を迫られることになる。

ウォルマートのような企業が大きな関心を持ってこのような技術を注視しているのもうなずける。何しろウォルマートは、全米に4000以上の店舗を展開し、130万人を超える販売員を擁する企業だ。販売員のほんの一部でも技術に置き換われば、そのコスト削減効果たるや莫大である。ウォルマートに限った話ではない。小売業界は北米最大の雇用を生み出していて、その数は1500万人以上に達する。絶えず収益率に頭を悩ませる業界だけに、技術が労働者に取って代わる利点に興味をかき立てられるのは無理もない。

自動化せよ

もっとも、人間が誰もいなくなったディストピア的な店でショッピングをする日がすぐにでも到来するという意味ではない。ロボットやAIは、すでに反復作業とか流れ作業で人間を凌駕しているが、苦手な分野もたくさんある。

たとえば、ロボットは微細な動きを伴う作業が苦手な傾向があり、複雑な物や作業を操作したり、デモンストレーションを実施したりすることは非常に難しく、時間がかかる。小売スペースが体験志向に軸足を移すとすれば、消費者の前で製品の操作やデモに人間が必要になるのだ。人工知能は、事実に即したデータの検索や、過去のデータや小規模のデータの延長線上に答えがあるような問題の解決に大きな力を発揮するが、アイデアのひらめきや水平思考の解決にはあまり適していない。まして顧客との心の通い合いを生み出すことはきわめて困難だ。概して、技術それ自体が唯一の最適解にはなりにくいのである。

人間に期待されるのは何よりもまず、人間性である。未来の小売業界の労働者は、水平思考でアイデアを発揮しながら、問題を解決して顧客の支援に当たることになる。技術に長けていて、顧客対応などの技術を活用して専門的な観点から買い物客を案内し、客の好みを反映した製品を推奨するのだ。未来の販売員は、ブランドアンバサダー（大使）になる。つまり、その店が取り扱うブランドの製品の熱狂的なスーパーユーザーである。自らの直接の体験を基に顧客と話ができる人物であり、ブランドを体現する究極の存在と言える。

未来の販売員は、食い扶持を守るためにテクノロジーに対して抵抗運動を繰り広げる必要はないのである。未来のショッピング空間で、テクノロジーを駆使した効率化や実効性に、卓越した人間ならではの専門知識や熱意、共感力、独創性を融合することができれば、経営者は先を競って手厚い報酬を払いたくなるはずだ。小売はすっかり「食べていくための仕事」になり下がっていたが、今後は誰もが胸を張って目指せるような「専門職」としてのしかるべき地位を取り戻すだろう。

第19章 明るい新時代へ

小売業界にこのような規模の革命が起こるとは信じがたいし、消費者の体験が小売の売り上げの最大の源泉になる世界なんて想像できないという声も聞こえてきそうだ。

そこで、音楽業界の経済的な変貌ぶりに目を向けていただきたい。20年前、主要アーティストの収入はほとんどがレコード・セールスによるものだった。当時、ミュージシャンがライブをしたのも、レコードの売り上げを伸ばすためだった。現在ではレコードの売り上げは、アーティストの平均収入のわずか6％にすぎない。残る94％の源泉は他の活動なのだ。そのうち、ライブの演奏や出演は決して小さくない。ビジネスモデルは完全に逆転したのだ。

同じように、優れた小売業者は、先細りになる一方の商品販売マージンのみに頼るのではなく、ライブの店内体験を提供し、その効果を測るというアイデアで経済モデルを構築するようになる。優れた小売業者が扱う商品や最大のカテゴリーは、基本的に体験そのものになる。

ずいぶん長いこと敵対的になっていたブランドと小売業者の間に、長期的にはまったく新しい関係が生まれる。商品価格を巡ってバイヤーと卸業者が丁々発止やり合うこともなくなる。奨励金やマーケティング費用を巡る容赦ない交渉も必要ない。ブランド側が期待に応えられなかったときに違約金を科されることもない。

小売のメディア化の時代が近づくなか、小売業者はもはやブランドの卸し先ではなくなる。逆に、ブランドが小売業者のクライアントになる。そう、小売業者がブランドのために働き、結果を出せばその分け前にあずかることができるのである。

そうなれば何より、買い物客は、小売が再び魅力的に映るような新しい素晴らしい環境を楽しむことができるだろう。シアターと技術が融合し、人々の記憶に残る素晴らしい瞬間が生み出される場、それはすべてのショッピング空間が重要な役割を担う小売の明るい新時代なのだ。

第IV部

小売再生戦略

第20章 他者に破壊される前に自己破壊できるか

ネット通販事業者だろうと、5000店の実店舗を擁する小売チェーンだろうと、行く手には、今日の小売とは似ても似つかない未来が待ち構えている。今後、何十年か先には、店という概念も、消費者のショッピングのあり方も、小売の経済モデルさえもがらりと変わる。小売が根底からつくり直されようとしているのだ。

体験は、未来の「商品」となり、多くの小売業者にとっては持続性のある売り上げを確保するための唯一の頼みとなる。印象的な体験を見事に生み出せる小売業者なら、製品販売のみに依存していたころからは想像できないほど売り上げをどこまでも伸ばしていく。自前の購入ルートを集めたエコシステムでの製品販売の促進にこうした体験を生かす業者も出てくるし、体験自体を収益に育てる業者も現れるだろう。

このように生まれ変わった未来の小売業界の重要な一角を占めるか、それとも小売史の脚注に小さく名を残すにとどまるか。どちらを選ぶかは、小売業者次第だ。筆者はビジョンの力を信じている。望ましい未来の青写真を描くことができるなら、そういう未来を実現することも不可能ではないと思う。本書が示したような未来を描くことができるなら、その未来が実現する可能性は大きいはずだ。問題はどうやってその方向に踏み出すかだ。

既に小売の再設計に果敢に乗り出している企業と話をするなかでわかってきたのは、「唯一の最適解」は存在しないということだ。未来を完全に把握できている企業など1つとしてない。小売のルールなどというものも存在しない。とはいうものの、可能性に挑もうと立ち上がったブランド、小売業者、技術企業の間には、明らかな共通項がある。

そのなかでも特に注目すべきは「モノを売る必要がない」という割り切りだ。デジタル化が到来する前の時代には、消費者の最大の課題は「希少性」だった。代替となる製品、ブランド、小売業者を見つけることも容易ではなかった。だから二流ブランドでも、そこにつけこめば生き残ることができた。だがポスト・デジタルの時代には、希少性は問題ではなくなる。消費者は、画面にタッチするだけで無限の選択肢がたちまち現れるだけでなく、そこら中に張り巡らされた技術のおかげで、あっという間に自分に最適な一品を見つけ出すことも可能だ。

代替するものがないことにつけ込んで生きながらえてきた企業にとっては、非常に厳しい未来が待ち受けている。何を売って、どこに強みを打ち出せばいいのかと悩んでいるかもしれないが、正直なところ、明日廃業してしまえば傷は浅くてすむし、消費者もたちどころに代替品を見つけてくるはずだ。特許で保護される医薬品だとか、圧倒的な独自性を誇る製品があるなど、よほど幸運な企業でない限り、わたしたちは皆、同じ現実に直面することになる。つまり、「モノを売る必要がない」という現実である。なんとも困った話である。

だが、明るい話題もある。「何を売るか」でなく「いかに売るか」がこのうえなく重要になるのだ。つまりは、独自性があり、人々にあっと言わせるような、そして鮮烈に記憶に残るような体験を生み出すことである。商品をどう売るか。これこそが競合との究極の差別化になり、消費者の心をつかむポイントになるのだ。売り方次第で、消費者が喜んでお金を払いたくなるような見えない価値を生み、顧客にとってなくてはならない企業になるのだ。

際立った体験を生み出す——簡単なことに聞こえるかもしれないが、商売のやり方そのもので真に差別化できている企業がどれほど存在するだろうか。靴屋はどこも代わり映えがしないし、ファストフードレストランはどこもやっていることが同じだ。百貨店はどれがどれなのか区別もつかない。これほど似ているのは単なる偶然ではあり得ない。長い間に意図的にこうなったのだ。小売業者はそろって同じ業界の集まりに顔を出し、同じ業界誌を購読し、仕入先まで同じときている。同じ法律を守り、同じコンサルティング会社に相談を持ちかける。同じ素材に興味を示し、同じ素材や原料を使っているうちに、気づいたら恐ろしいほどに似通ってしまったのである。

このそっくり現象は映画館にもホテルにも銀行にもショッピングセンターにも当てはまる。業界内の競合同士は、他社との差別化どころか、むしろ時間の経過とともにますます似通っていく傾向にある。こうなると、互いに陳腐化に向かいやすく、業界全体としても外界からの破壊的な圧力に弱くなる。こうした圧力が衝撃的な結末をもたらすこともしばしばあるのだ。

フォードやGM、クライスラーは、まだ創業20年にも満たないテスラが自動車の製造、販売、サービスのあり方を一変させることになるなど考えたことがあっただろうか。あるいは、会員制の替え刃販売会社ダラー・シェーブ・クラブが替え刃で1億5000万ドルの売り上げを確保し、ついには時価総額10億ドル企業になるなどと、ジレットは想像していただろうか。サンフランシスコにあるアパートのリビングにエア・マットレス1つで始めたベンチャー、エアビーアンドビーが、創業からわずか7年も経たないうちに客室数と宿泊客数が前年比プラスで記録を更新し続けるなんてヒルトン・ホテルズが予想していただろうか。

こうした事例が物語っているように、規模や労働資源、設備、資本が成功に直結していたビジネスの時代は終わり、常識を覆すようなアイデアさえあれば、業界全体の流れをほんの一瞬にして劇的に変えることも可能な時代に突入した。

この新しい時代には、本当の競争相手はもはや従来の競合他社ではないことを肝に銘じておきたい。自分が知っているライバルに目を光らせれば光らせるほど、創造的破壊者の襲来に気づかない死角も大きくなる。

筆者は、折に触れて次のようにアドバイスしている。24歳の若者がカリフォルニア州パロアルト辺りの実家の地下室で何かを発明しているとしよう。この発明はあなたの会社を廃業に追い込むほどの可能性を秘めている。あなた自身も負けずにそんなものを発明できるだろうか。自分の業界をぶっ壊すような創造的破壊者になり、既知のライバルのはるか先を行くことができるだろうか。言い換えれば、誰かに息の根を止められる前に、自ら古い自分を捨て去ることができるかということだ。

「わたしたちは、他の分野でイノベーションが実現できた理由に着目せずに、自分たちには当てはまらない理由ばかり探そうとしている」

ジョージ・ブランケンシップ

第21章

小売のイノベーションを再定義する

かつてはのんびりとしたペースで少しずつイノベーションに取り組む程度でも経営は安泰だったが、変化のペースが急激に上がっている時代に、もうその手は通用しない。破竹の勢いでイノベーションを繰り出す力のある企業だけに未来がある。

筆者は以前から気になっていることがある。多くの企業が往々にしてイノベーションという考え方自体を誤解しているからだ。せいぜい、漠然と「いいものだ」と思っている程度なのだ。たとえば、筆者が関わったことのある企業はほぼ例外なくイノベーションが大事だと宣言し、手放しに褒め称えては戦略の中核に据えていた。

ブランドが掲げる価値観にイノベーションがしっかりと織り込まれていることが理想で、絶えず襲いかかってくる破壊に対しては、同じようにたゆまぬイノベーションで対抗するしかないと思い込んでいる企業のなんと多いことか。「イノベーション、最高!」というわけである。

一方で、イノベーションを加速するために組織の創造性を引き出し、評価し、育成し、報いるといった活動に実際に予算を組んでいる企業はほんのわずかだ。企業は本当に取るに足らないことやうんざりするようなことでもきっちり評価するくせに、あっと驚くような大きな価値を秘めた創造性はあまりに見過ごされすぎている。ひどいときには、まるで雷のようにどこからともなく自然発生する魔法のように扱われているのだ。企業の資産のなかで、創造性ほど評価と縁遠く、とことん誤解されているものもない。

その結果、ほぼすべての企業が口ではイノベーションを切望していながら、行動で示している企業は皆無に等しい。この実態に驚きを禁じ得ない。そもそも、イノベーションに取り組もうと最適な人材を配置しようにも、誰が最も創造性のある従業員なのか知らずに配置できるだろうか。協力的で新しいことに挑戦する企業文化がない組織で、イノベーションを意味のあるスローガンとして掲げられるだろうか。イノベーションを生む創造性を評価せずに社員にイノベーションを求められるだろうか。言うまでもなく無理な話である。歴史を振り返れば、イノベーションが今ほどビジネスの成否を大きく左右する時代はなかっただけに、これは由々しき問題だ。

今置かれている状況をもう少し明らかにしてみよう。アマゾンが最近発表した四半期決算で、「当四半期のハイライト」として概要が紹介されている。そのハイライトだけで、新しい製品や技術に始まり、プログラム、コンテンツ、プラットフォーム、提携、ビジネスモデルなど、26項目もの重要な取り組みが挙げられている。ほとんどの企業にとっては、26もの計画を立ち上げるとすれば、よほど意欲的な1年のはずだ。だが、アマゾンではごく普通の四半期にすぎない。アマゾンはまぎれもなくイノベーション工場だ。どんな企業でも、どんな製品を扱っていようとも、市場で戦いを続けていくには、これまでとは比べ物にならないくらいイノベーション志向を打ち出していく必要がある。しかも今すぐに。言われなくても、おそらくは感づいているはずだ。

実際、筆者が会った企業幹部の多くは、自社のイノベーションの努力が足りないことを承知しているのだが、イノベーションを巡る組織の硬直化に大変な不満を漏らしている。幹部らの言葉を総合すると、ビジネス活性化に必要な創造性を引き出すうえで、どこから手をつけていいのかわからないのだという。そこで、社内に眠るイノベーションの力を最大限に引き出す方法を見ていこう。

改めて「イノベーション」の意味を考える

「イノベーションの意味なんて、うちの組織は直感的にわかっている」と思うかもしれない。だが、企業幹部に社内の「イノベーション」の事例を紹介してもらうと、かなりの確率でじつはイノベーションではない。それはそれで価値があり、野心的な取り組みなのだが、イノベーションとは明らかな違いがあるのだ。ではイノベーションとは正確にはどういうことなのだろうか。由緒あるウェブスターの辞典では、イノベーションは次のようにわかりやすく定義されている。

1 新しい考え方、仕組み、手法
2 新しい考え方、仕組み、手法を取り入れる行為や過程［1］

ということは、何かにイノベーションを起こしたり、何かが革新的になるためには、まず新規性か独創性がなければならない。つまり過去に存在しないものでなくてはいけない。だが、企業幹部がイノベーション事例としてよく引き合いに出す取り組みは「イノベーション」ではない。新規性も独創性もなく、すでに世の中に存在するものを「反復」しているにすぎないのだ。

たとえば、スマートフォンのイノベーターと言われてアップルを思い浮かべる人は多いが、じつは違う。スマートフォンと呼べる製品の第1号は、IBMが1994年に発表した「サイモン」で、当時すでにタッチスクリーンを搭載していた。それから13年後に誕生したのがアイフォンだ。マルチタッチ・ディスプレイといった画期的な機能も加え、スマートフォン技術の見事な「反復」だった。

重箱の隅をつつくような話に聞こえるかもしれないが、「イノベーション」と「反復」の違いを明確にし、社内で両者の線引きを周知徹底しておくことは組織にとって非常に重要である。たとえば、アメリカの家電メーカーのワールプールでは、真に革新的と認められるアイデアについて、「消費者が独自性と魅力を感じ、競争優位をもたらし、移行後の延長線上にさらなるイノベーションが生み出される余地があり、既存品よりも大きな価値を消費者に提供するもの」と条件を付けている[2]。

ワールプールの場合、イノベーションをこのように定義することで、革新的なプロジェクトに対する社内の共通理解と基準を作り出している。共通の定義があれば、組織がイノベーションではないものをイノベーションだと勘違いする失敗を防ぐこともできる。特にこの手の勘違いは、手遅れになってから気づく企業があまりに多いのだ。

また、イノベーションと反復の線引きが重要な理由はほかにもある。組織の内部、外部を問わず、かなり反応が異なることが多いからだ。イノベーションは（誰もが愛してやまないものなのだが）、見慣れないアイデアやコンセプト、製品をもたらし、人々の理解力を試すことにもなるため、人々を不安に陥れやすいことがわかっている。たとえば学校の教師は、教育目標として意識的に創造性を伸ばすことの大切さを訴えていながら、好奇心旺盛な子供や協調性のない子供には神経をとがらせるものだ。だが、どちらのタイプも創造性と深いつながりのある性格だ[3]。多くの人々にとって、創造性との最初の出会いは、クラスの誰かが何かとんでもないことをして、教師という権力者に叩き潰される瞬間だろう。その叩き潰された生徒が自分の場合、余計に恐ろしい経験になる。

わたしたちは、こういう嫌悪感や性癖を抱えて社会人になる。本当にイノベーション志向の人々の仕事の進め方は、不確実性や曖昧さを残したままでアイデアを膨らませていくことが多いのだが、多くの企業はこの不確実性とか曖昧さを嫌うのである。ほとんどの企業、経営幹部、取締役会は一番確実な道を選ぼうとするものなので、イノベーションとは、はなから相性が悪い。そもそもイノベーションは、本質的に未知への冒険であり、不確実性は織り込み済みの取り組みなのだ。ほとんどの企業でイノベーションが特に胡散臭く見られている理由として、データで裏付けしにくい点が挙げられる。もちろんデータは過去を映すものであり、すでにわかっていることしか教えてくれない。本当に革新的なことなら、そもそもデータなど存在するわけがないのだ。過去に存在しないからこそ革新的なのだから。つまり、イノベーションを裏付けるデータは、イノベーションが実現した段階でイノベーター自身が残すものなのである。

そこからは、例の「反復」が始まるのだ。「反復」を定義するとすれば、次のようになる。

一連の動作の繰り返しによって望みどおりの成果に連続的に近づけていく方法[4]

ここではっきりさせておきたいことがある。反復はイノベーションに負けず劣らず重要であり、また反復がイノベーションと相容れないということもない。場合によっては、反復がやがて現状を打破するイノベーションにつながることさえある。それでもなお、これらは異なるものであって、その反応も大きく異なるものになりやすい。

組織から見ると、反復のほうが安心して手を出しやすい。すでに広く受け入れられていて心地よく、馴染みもあるからだ。不安感や不確実性があまりなく、脅威も感じにくい。このため、一般的に反復のほうがイノベーションよりもすぐに支持を集めやすい。幹部主導で既存製品のさらなる改良に取り組む場合、誰も反対しないだろう。だが、一介の従業員が既存製品をまるごと打ち切って、まったく未知の新しい製品群と総入れ替えするような提案をしようものなら、たとえそれが正しい選択だったとしても、却下されることは目に見えている。

そのような先入観が解消されない限り、うまく前に進めないのが組織というものなのだ。イノベーションを求められないから、反復を受け入れるだけなのだ。だからこそ、この2つのコンセプトについて、社内共通の定義を定めて合意しておかなければならないのである。

創造性の試金石

もう1つ問題になりやすいのが、誰でも同じように革新的なアイデアを生み出せるという前提で経営していることである。そんなわけがない。しかも、ほとんどの企業では、最も独創的な人材は誰なのか調査さえしないのだから事態はもっとややこしくなる。

組織はIQ（知能指数）やEQ（感情指数）をいつも気にかけているようだが、従業員の「創造性指数」を見ている企業にはお目にかかったことがない。実は、世に出回っている標準的な検査でかなり簡単に測ることができる。たとえば「創造性テスト」（TTCT）といったものがよく知られている[5]。こういったテストを使うと、人間は元々、同じようなレベルの創造性を持って生まれて来るにもかかわらず、同じように維持できるとは限らないことがわかる。

わたしたちは、財務部門には財務に強い人材、法務部門なら法律に強い人材を配置しようと考えるが、イノベーション担当者にも、きちんと証明されたイノベーションのスキルがあってしかるべきではないだろうか。特に創造性に抜きん出た社員の調査やリストアップもしないようでは、組織のなかでも最も価値ある資産をみすみす見逃すことになる。下手をすれば、イノベーションに最も不向きな人材を担当者に任命しかねない。そんなことをすれば、最初から結果は目に見えている。

創造性を育む

面白いことに、創造性の育成というテーマで調べてみると、子供と関連のある論文や研究が目立つことに気づく。つまり、幼いうちから創造性を育むことが重要だということは共通認識としてあるわけだ。だが、成人労働者を対象とした創造性育成の重要性やその根拠についての研究はほとんど見当たらない。創造性の開発・発揮に当たって、大人には、子供と同じような支援やコーチングやそのための環境はいらないと考えられているようだ。

わたしたちが言う創造性の大部分は、拡散的思考（既知の情報を足がかりにあれこれと考えを巡らせながら新しいアイデアを生み出すこと）の特徴を持っている。拡散的思考の持ち主は、1つの状況を吟味したうえで、さまざまな解決の可能性や代替的な結論を生み出すことができる。たとえば拡散的思考の持ち主にペーパークリップを渡すと、じつに多彩な使い方を編み出す。一方、拡散的思考でない人は、ペーパークリップ本来の機能以外はなかなか思いつかない。要するに、拡散的思考があれば、同じ状況でほかの人々が見逃すようなこと、普通なら思いつかないようなことを想像することができるのだ。

拡散的思考が持つ価値を考えれば、子供のうちから丁寧に育成するほうがいいと思うのも当然だ。実際、各種調査によれば、人間は成長するにつれて意図的にこの思考を捨てていくという。創造性育成・教育分野の国際的な権威であるケン・ロビンソンは次のように説明する。「ある調査によると、3歳児~5歳児1600人を対象にテストしたところ、98％に拡散的思考が見られた。10歳になるころには拡散的思考ができる子供は32％にまで減少する。そして13~15歳の子供に同じテストを実施したところ、拡散的思考はわずか10％になる。さらに25歳の成人20万人を対象に調べたところ、拡散的思考の持ち主は2％だけだった」[6]。たった2％になってしまうのである。

ということは、企業という環境では、社員に創造性発揮を奨励するだけでは不十分で、創造性の「再開発」を支援する体制も整えていく必要がある。社員が再び拡散的思考を取り戻せるようなトレーニングが必要なのだ。組織内にいる拡散的思考の持ち主が見つかったら、何としても支援と育成をすべきである。

社員を会議室に集めて、たっぷりのコーヒーとホワイトボードを置いておけば創造性が発揮されると思っているなら、大間違いだ。以前、グーグルのジョナサン・ローゼンバーグがこんなことを言っている。「創造性は任務として割り振ることができるし、予算化も測定も追跡も奨励も可能だ。だが、命令だけはできない」[7]。言い換えれば、頭ごなしに指図しても創造性は発揮されないのだ。あの手この手でなだめすかし、言葉巧みに引き出してやる必要がある。水道のように、欲しいときに蛇口をひねれば出てくるようなものではないのだ。だが、状況、条件、働き方を整えれば、全社的に躊躇なくスムーズに創造性が発揮されるはずだ。

社員が情熱を持てるプロジェクトに配置することも、創造性を発揮させる1つの手段となる。新しいスキルを身につけ、(本人の創造性発揮のプロセスに合わせて)他の社員と一緒に、あるいは単独でふだんとは違う環境で働けるような自由を持たせることも、大きな創造性やイノベーションにつながる。創造性は、多種多様な刺激を絶えず受けるなかで育まれるのである。

創造性に報いる

ほとんどの企業の報酬制度は成功偏重型だが、イノベーションに関してはこれはマイナスだ。従来の商売のセンスから言えば、革新的なアイデアになるほど、すぐに成功に直結するわけではないからだ。売り上げ、利益、顧客満足度、市場シェアの面で、即座に成果を生み出すわけでもない。実際、会社のカネを使うだけかもしれない。だが、だからといって価値がないとか、組織の戦略の発展に役立たないとは言えない。創造性に報いるということは、イノベーション自体の真価に基づいて評価することであり、イノベーションにつきものの失敗も、きちんとした管理下で、学ぶべきものを残せる失敗なら、むしろ褒めたたえてもいい。成功が最終的なゴールではないと言っているのではない。だが、社内の報酬・報奨制度が成功ありきの偏重した内容になると、その成功に必要なイノベーションを殺すことにもなりかねないのだ。のるかそるかの難しい判断を迫られているとき、成功すればボーナスが出るという考えがよぎれば、あえてリスクをとるような社員はいなくなってしまう。

会社としてイノベーションについて語るのもいいし、イノベーションを奨励するのもいい。だが、最もイノベーションに近いところにいる社員を見つけ出して、彼らのためにイノベーションを下支えする企業文化を醸成し、それなりの条件を整えていかない限り、掛け声だけで終わってしまう。創造性を探し出し、育み、そこに報いるような環境を整えて初めて、その成果にありつけるようになるのだ。ほとんどの組織と同じように、あなたの会社の下にも金鉱は眠っている可能性が高いのである。

第22章

アイデアだけでなくプロトタイプを

組織内で創造性を担う中心人物を特定し、成功に向けて取り組むうえで彼らが困らないように十分環境を整えたとして、イノベーションという気が遠くなるような仕事をどう進めていけばいいのか。最善の方法を1つ挙げるとすれば、社員が何ごとにも疑問を抱くことを是とし、革新的な考え方を奨励することだ。

「もし〜だったら」の威力

創造的破壊を成し遂げた企業の足跡を創業までさかのぼってみるとわかるが、多くは「もし〜だったら」という妄想の瞬間から始まっている。リード・ヘイスティングスが「もしレンタルビデオ店に足を運ぶのではなく、映画が家にやってきたら」と妄想した結果、ネットフリックスが誕生した。トラビス・カラニックとガレット・キャンプが「もしサンフランシスコでいつでも必要なときにタクシーをつかまえられるようになったら」と妄想した結果、サンフランシスコをはじめ、何百という都市で人々がウーバーを利用するようになった。ニール・ブルメンソールが「もしオンラインでメガネが売れたら」と妄想した結果、ウォービーパーカーは時価総額10億ドルを超える企業に成長した。

「もし〜だったら」は最強のセリフだ。にもかかわらず、多くの企業ではめったに耳にしない言葉でもある。ほとんどの組織では、実用性と現実主義の独裁体制が壁になっているのだ。企業は、可能性があること、実現性があること、扱いやすいことをやれと奨励する一方、大きな夢を見ることをよしとしない。「もし〜だったら」などとわけのわからないことを口走っていると、限られた経営資源で必要なことに対処する邪魔になるとして、夢追い人やら厄介者やらのレッテルを貼られておしまいだ。やがて「理性の声」にかき消されてしまう。

もう1つの問題は、わたしたちの企業文化が疑問よりもアイデアや答えを好む傾向にある点だ。わたしたちはビジネス上の問題解決のためならブレインストーミングを何度でも重ねるが、可能性を切り開くために「もし〜だったら」と妄想を語り合う場を持ったことがあるだろうか。悲しいかな、多くのリーダーはそんな妄想の問いかけにまともに取り合う気もないし、非現実的な机上の空論扱いである。

だが『Q思考　シンプルな問いで本質をつかむ思考法』の著者、ウォーレン・バーガーは、こういう状況を変えない限り、企業の進む道も変わらないと指摘する。「リーダー自ら好奇心や探究心をもっと発揮すれば、会社全体が何ごとにも疑問を持つ空気が生まれる」という。簡単なことのように聞こえるが、「これまで自ら答えを出すことに慣れきっている経営幹部にとって、必ずしも簡単ではない」[1]。残念ながら、特に欧米の企業文化においては、疑問を抱くという行為は往々にして弱みと解釈されてしまう。だが実際には、疑いを持つ姿勢は、知のたくましさを何よりも明確に示すバロメーターなのだ。

では、「もし～だったら」と妄想する文化をどうやって築くのか。重要な最初の一歩は、社内で理性の声を上げる面々のなかでも特に大きな声の持ち主を特定することだ。会議で現実論を振りかざす人々である。リストアップしたらばっさりクビにする。代わって、いつも夢を語っている人々にお出まし願おう。

「なぜダメなのか」のパワー

「もし～だったら」と問うことと同じように大切なのが、「なぜダメなのか」と問う姿勢だ。これは、ほとんどの企業が素直に受け入れている常識や制約に挑む大切な道具になる。この常識や制約はいわば隠れた掟であって、たとえば業界のしきたりや法律上の壁、顧客の嗜好、政治の壁、文化的な感性など、企業にとって神聖不可侵とされている。だが、こうした掟は企業を無力化し、業界の他社と何ら代わり映えしない状態に陥れる。そして業界新参者は、まさにこの掟を壊そうとするのだ。彼らはひるむことなく、「なぜダメなのか」と疑問をぶつける。

キッチンや浴室、アウトドア用品の店は倉庫と見まがうような雰囲気と顧客対応でいいという常識をぶち壊したのが、パーチだった。小売店は客にだらだらとすごさせて収益を上げるような場ではないという常識に立ち向かったのは、靴販売トムスだった。小売の成功とは製品の売り上げであるという何百年も続いてきた常識を蹴散らしたのは、短期間で商品を総入れ替えするショップ「ストーリー」であり、ネットワーク機器専門店のベータだった。単純に「なぜダメなのか」と問いかけたことをきっかけに、壮大な革新的ブレークスルーを生み出している。

台本を変える

「もし〜だったら」ととことん妄想し、「なぜダメなのか」と問いかけ続けると、やがて、常識にとらわれずに行動できるようになる。そして顧客の体験に違いを持たせると、それが業界の標準に照らせばほんの小さな違いであっても、結果的に驚くような差を生み出すことになる。

サンタクララ大学の研究者5人がまとめた興味深い論文がある。「ピーク・テクニック」と呼ばれる現象を検証したものだ。通常は相手に何かを要求しても反射的に拒絶されてしまうような場合でも、特定の状況でこのテクニックを使えば、要求への同意を引き出しやすくなる[2]。

論文には、研究者らが物乞いを装った実験が紹介されている。Aグループは、街ゆく人々に「小銭を恵んでください」と声をかける。典型的な物乞いのセリフである。Bグループは、「27セント恵んでください」と、妙に具体的で一風変わった金額を持ち出す。明らかに通行人は不思議がる。実験の結果、妙な金額を持ちかけたBグループのほうが、小銭を獲得する頻度も、獲得総額も常に上回ることがわかった。

そして、人間というものは、その場面にありがちな展開をもとに筋書きを頭のなかでつくり、それに応じた反応（往々にして否定的なもの）をとる傾向があるという。その〝脳内台本〟が破綻した場合、従順になったり、受け入れやすくなったりする傾向がいきなり高まるらしい。つまりこの実験で、街ゆく人々は物乞いの姿を見て、次のような脳内台本を書き上げていた。

物乞い　すみません、小銭を恵んでください

通行人　ごめんなさい、小銭の持ち合わせがないので

ところが、物乞いが妙な金額を持ち出すと、この「拒絶の筋書き」は破綻し、通行人の注意はもはや制御できなくなり、刺激を受け入れてしまったのである。この状態になったため、多くの通行人が要求を受け入れたのだ。

じつに面白い結果である。確かにわたしたちはさまざまな場面で脳内台本を用意している。レストランを訪れるときも、オンラインの銀行を使うときも、店に足を運ぶときも、どんな体験が

待っているかすでに頭の中に台本ができている。たとえばレストランなら、店主あたりが迎えてくれて、「何名様ですか」と尋ねられて、テーブルに案内されるはずだ。まもなくウェイターやテーブル係が水を持ってきて、飲み物を聞かれる。そうするとグラスワインなどを頼む。しばらくしてウェイターがオーダーを取りに再びやってきて、やがて食事がテーブルに運ばれる。食べ終わると「デザートとコーヒーはいかがですか」と尋ねられ、最後に会計だ。体験終わり、照明暗転、閉幕、と筆者の脳内台本には書かれている。

だが、この台本の一部を変えたらどうなるだろう。もしレストランに到着する前にオーダーも会計もすませることができたらどうか。もし店主が人間ではなく、ロボットが迎えてくれてテーブルまで案内してくれたらどうか。もしウェイターが会計伝票ではなく、ちょっとしたプレゼントやクーポン券を感謝の印に持ってきたらどうか。こんなふうに台本をちょっといじることで、体験自体や消費意欲を変え、最終的にこの体験に対する満足度も向上するのではないだろうか。

小売に関して言えば、消費者の脳内台本はよくつくり込まれている。店に入れば店員が「いらっしゃいませ」と声をかけ、レジでは「お買い忘れはありませんか」などと声がかかる。そして客は脳内台本に従って反射的に応じる。筆者は実際には何かを探すために店に行ったのに、「何かお探しですか?」と聞かれるとふだんの癖で「いいえ、今日は見るだけです」と反射的に答えてしまうことがよくある。

業界や分野ごとの典型的な台本が存在するということは、ブレークスルーが起こる余地もある。

まず消費者が普通は何を期待しているのか把握しよう。そして、台本をどういうふうにいじれば、消費者の驚きや興味を喚起し、圧倒的に独自性あふれる体験を生み出せるのかを考えるのだ。しかも、ただ台本を変えるのではなく、あくまでも独創的で、的外れではなく、価値も感じられる方法で変えなくてはならない。

たとえばウーバーがタクシーのつかまえ方に関する脳内台本をどう変えたか考えてみるといい。運転手との接触から最後の支払いに至るまで、ウーバーでのタクシー利用の体験全体が、従来のタクシー業界の台本に基づいた体験とはまるで違うのだ。ウーバーは、想定外の斬新な台本を取り入れることにより、たちまち人々の注目を集めて一気に利用者層を拡大した。

アイデアだけでなく、試作品まで作り上げる

企業は往々にしてイノベーションをアイデアづくりのためのプロセスと捉えがちだ。完全な誤りではないが、創造的な活動の成果がアイデアだけなら、せっかくの取り組みも不完全燃焼に終わってしまう。ブレインストーミングに参加して、ホワイトボードに書いた成果を大量にプリントアウトして自分の席に戻る。これを会議の議事録に書き写すものの、結局、誰も議事録を見返すこともないまま、静かな最期を迎える。

なぜそんなことになるのか。アイデアがよくないからではない。アイデアと実施希望時期のズレが大きいために、アイデア自体がエネルギーを失い、知らず知らずのうちに真っ向対立するような仕事が入り込んできて、組織としての優先リストから押し出されてしまうのだ。これでは2つの意味でイノベーションは殺されてしまう。

まず、せっかくひらめいたアイデアを利益につなげられない。そして、組織内の創造性豊かな人材が、革新的なプロセスに見切りをつけるようになってしまう。イノベーションが実行段階にたどり着かないのなら、わざわざ手間をかける理由がないではないか。

イノベーション・チームは、一番いいアイデアが生まれたら、間髪入れずに試作品づくりに入るべきなのだ。数週間後、数カ月後でも手遅れだ。数時間、遅くとも数日以内に着手すべきだ。グーグルには「デザイン・スプリント」と呼ばれるプログラムがある。5日間スタッフが集中してすべてのステップを実行するという。アイデア出しから試作、テストまで、一般的なイノベーションに必要とされる期間の何分の1という短時間で一気に実現してしまうのだ。このデザイン・スプリントは次のステップで構成される。

▼**解明** 必要な人材、入手可能な情報をすべて集め、このイノベーションのセッションのゴールを設定し、チーム作業に必要な情報をすべてダウンロードする。このセッションの目的を徹底的に明確化する。しかるべき人材、データ、洞察を集める。

▼**スケッチ**　各メンバー（グループ全体ではない）が問題の解決策（もしくはビジネス・チャンスへの対応策）について詳しく書き出す。

▼**決定**　このセッションのゴールから導き出した標準条件を使って、グループ全体でメンバー各自の解決案を評価し、次の試作段階に進める解決案（複数も可）を選定する。

▼**試作**　解決策のモックアップ作成、もしくは何らかの具体的なかたちにし、次のテスト段階に備える。

▼**テスト**　消費者候補20人に解決策を披露し、自由に試用してもらい、それぞれの反応、感想、意見を集める。

アイデアにとどまらず試作品まで作成する組織的な秩序を徹底できれば、イノベーション力で既知のライバルに勝てるだけでなく、未知のライバルも寄せ付けない体制を構築できるかもしれない。要するに、優れたアイデアを生み出すだけでなく、それを誰よりも早く現実のものにした企業が未来を制するのだ。

一番乗りになれ

ひとたび長期的な戦略を打ち出すやすっかり危機感が消え失せてしまうような企業は10年と持た

ない可能性が高い。本当に革新的な組織が生み出すアイデアやコンセプトは、必ずや創造的破壊力に満ちているか、非常にリスクが高いか、あるいは明らかに常軌を逸しているかのいずれかだからだ。正直に言って、自社の戦略に少しも不安感を覚えないとすれば、大して革新的ではない。おそらく競合他社の物真似だから、不安を感じることなく成長しているのだ。

カーレーサーにレースで勝ち続ける秘訣を聞いてみるといい。死ぬか生きるかのギリギリを狙うしかないという答えが返ってくるはずだ。完全コントロール状態と大惨事の紙一重のところを駆け抜けるのだ。こちらがアクセルを踏みっぱなしで、ライバル選手が怖気づいてアクセルから少しでも足を浮かせれば勝利が見えてくる。企業も同じ。圧倒的な魅力があり、型にとらわれず、可能性も未知数のコンセプトを採用し、イノベーションという命を賭けた勝負に打って出る覚悟がなければ勝てないのだ。

ただ最初に始めればいいというものでもない。いち早く思いを巡らせ、いち早くその可能性を探り、テストし、そこで得た学びや気づきを生かし、これならいけると判断したところで、いち早く全力で飛び込むのだ。

組織として一番手を目指す勇気を育む鍵は、イノベーションのための制度と仕組みを整えることにある。現在の環境を丹念に調べてアイデアを探し求め、テスト、評価、実現に持ち込む方法としては至極真っ当だ。

たとえばスターバックスは、２００９年という早い段階でシアトル地区の16店舗を使ってモバイル決済の小規模な実証実験を始めている。モバイルで大博打を打つどころか、実証実験と同時に、当時すでに大好評だった会員カード・プログラムも並行して進めていた。膨大な調査の末、2011年にはモバイル決済の本格展開に踏み切り、9週間もしないうちに300万件のモバイル決済を達成、1年以内に2600万件を突破した[3]。現在、スターバックスでの決済全体のうち、4分の1以上がアプリ経由になり、モバイル決済分野では他を寄せ付けないリーダー的存在に上り詰めている。

スターバックスがこの成果を上げることに成功した微妙なポイントを掘り下げることもできるが、はっきりしている点は2つだ。同社は、早くからモバイルの実証実験に好奇心と意欲を見せていたが、モバイルの可能性がある程度明らかになったところでひるむことなく引き金を引き、重点投資に乗り出した。

どんな企業であれ、ある程度安全を考えるにせよ、未知に挑む好奇心と意欲を失ってはならない。そして、好奇心から明らかな機会が見えてきたところで投資する覚悟が必要だ。消えていった企業の敗戦の弁は、必ずと言っていいほど「たられば」の後悔だらけだ。

仮にテスト段階まで行って得るものがなかったとか、好奇心を持って挑んでみたものの根拠なしだった場合でも、その取り組みがもたらす学びと洞察力という成果がある。そして、それだけでも競合他社との差になる。その知をこれからの原動力に変えられるからだ。

「現在はイノベーションのペースが速いため、世の中を大きく変容させるようなイノベーションに取り組む企業であっても、変化のペースが徐々に速まるどころか、想像を超えるほど速くなっていると気づくはずだ」

ルーシー・グリーン

「失敗を恐れるな。そんなものはないんだから」

マイルス・デイビス

第23章 創業者のように考える

ひいきにしている航空会社の会員プログラムから、旅行の割引情報やら新企画の案内やら人気の旅行先紹介やら、いろいろな販売促進のお知らせが筆者の元に大量に届く。こういう情報発信にどのくらいのコストがかかっているのか知らないが、同じ知らせを受け取っている会員数を掛け算すれば、結構な金額になるはずだ。

最近、飛行機を利用した際、座席に着いてふと左側の窓を見ると、窓の周囲が分厚いダクトテープでぐるりと一周塞がれている。まるで外れたガラスをテープで押さえているかのように見えた。筆者は技術者ではないし、知識は高校の物理で止まっているが、飛行機の窓がダクトテープで固定されているのはなにかおかしい。大惨事に見舞われるのではないかという思いを精神安定剤でごまかし、運を天に任せた。つまらないオチで申し訳ないが、これといった緊迫した事態は訪れることなく、無事に目的地にたどり着いた。

それにしても、粗末なダクトテープの窓はどうかと思う。その一方で、それなりのコストをかけて、わざわざ筆者に対してプロモーションや新企画や割引の知らせを送りつけては「もっと買え、これからも使え」と言っているのだ。そうしている間にも、例の窓はダクトテープで固定したままとしたら、それは、この窓をたまたま目にするすべての客や、運悪くその席に座ってしまった客に対する明確なメッセージになってしまう。

この航空会社は、競合他社と大した違いはない。ダクトテープで応急処置していれば、当然、顧客の目に触れざるを得ない。だが、見て見ぬ振りをする。どうせ誰も気づきはしないだろうし、いずれ直すときが来るのだからと自らに言い聞かせるようになる。残念ながら、こうした問題を目にすることに慣れきってしまい、そこにあるのに見えていない。問題はもはや存在しないことになっているのだ。だが、その間にも窓は壊れたままになっているので、競合他社がこれはチャンスとばかりに一気に攻勢を仕掛けてくるかもしれない。

たとえば2015年1月、アメリカの大手小売業者が店内のショッピングと決済の体験に革命を起こすことを目的に特許を出願した。特許出願書類には、買い物客が店に入り、欲しい商品を手に取ったら、そのまま帰ることができるシステムが記載されていた。会計もレジもないから待ち時間もない。買い物客は商品を取って店を出るだけで、事前に設定した支払い手段で自動的に決済される。これを実現するために、同社は映像分析、RFIDのタグと読み取り装置、センサー、プロセッサーなどで構成された複雑高度なシステムを使用する。その目的は、買い物客が来店し、店を出るまで何ら滞りなく迅速、円滑にショッピングできることにある。

この特許の出願元について、おそらく読者の頭の中には有力スーパーマーケットや量販店の名前が浮かんでいるのではないか。確かにノードストロムでもテスコでもターゲットでもウォルマートでも、レジで客が長い行列を作っているのはお馴染みの光景なのだから、これを解消できたら大いなるイノベーションだ。だが、残念ながら、この特許を出願したのは、こうした大規模小売店の敵であるアマゾンである。

それから1年もしないうちにアマゾンはスーパーマーケットとコンビニエンスストアの機能を併せ持ち、会計の行列どころかレジ自体がない実店舗「アマゾン・ゴー」の詳しい計画を明らかにした［2018年1月に1号店がシアトルにオープン］。特許出願書類に記していたように、買い物客は携帯端末をスキャンして入店し、必要な商品を取ってそのまま店を立ち去ればいい。いわば〝合法万引き〟である。この計画の発表と同時に、食料品店の驚きや困惑の声が聞こえてくるようだ。

従来の小売業者にとって、会計時の不便など先ほどのダクトテープで応急処置した窓のようなので、もはや見えていないのだ。昔からあるために、あって当たり前の空気のような存在になってしまったのである。だがアマゾンには「空気のような存在」ではなかった。アマゾンに言わせれば、会計の行列は小売業界にいくつもある〝壊れたままの窓〟の1つだったのだ。小売業者が顧客に押し付けて見て見ぬふりをしている苦痛は、これだけでない。どの組織にも壊れた窓があるはずだ。これを見つけ出すことが、イノベーションへの重要な一歩となる。

改良するなら10倍よくする

アマゾンは単に小売店の会計方法の改善を提案しただけでなく、これまでのやり方自体をぶち壊すところまで踏み込んでいる。かつてケネディ大統領は月へのロケット打ち上げという夢の実現を語るとき頻繁に「ムーン・ショット」（「月ロケット打ち上げ」）という言葉を使っていたが、これにちなんで、グーグルの次世代技術開発を担う研究所「X」の責任者アストロ・テラーは、既存のものを10％よくするのではなく10倍に改良するようなプロジェクトやアイデアを「ムーン・ショット」と呼ぶ。今回のアマゾンのプロジェクトは、まさにそれだ。テラーによれば、ほとんどの企業は10％改良しようとする。従来の仮定に基づき、従来のモデルを土台に、今までどおりの経営資源を投入する。だが、ほとんどの場合、行き詰まり、やがて活力を失う。がんばった成果が現状より10％だけよくなることだとすれば、人々が関心を失うのも、もっともな話だ。しかし、現状よりも10倍よくすることがゴールだとすると、俄然やる気を引き出し、人々を虜にする可能性がある。

たとえば、グリーティングカードやギフトの業界は長い間、変化の流れに頑なに逆らうように今に至っている。だが、人生のいろいろな節目のお祝いや賞賛、記念という行為は大きく変化している。こうした流れを受けて、グリーティングカードの老舗企業の一部がギフト商品の品揃えの拡充や電子カードの導入、カードやギフトのパーソナル化への対応により、将来への明るい道筋を描こうとした。このような取り組みには敬意を表するが、問題は、この崇高なる努力が10％の改善にしかならないことだ。彼らがそもそもの出発点としている前提が2つある。第1に、業界各社は、人々が祝意や想いを表すときにカードやギフトを使うと信じて疑わない。第2に、業界各社は自らをグリーティング「カード」会社と位置付けている。10倍の飛躍を目指し、人生の節目の祝い方自体を刷新したらどうなるだろう。たとえば自分自身のホログラム（レーザーによる立体像）を家族・親族の誕生日に送れたらどうだろう。VRを使い、遠く離れた場所で病床にいる家族や恋人のそばにいてあげられたら、あるいは結婚式や誕生パーティーなどのお祝いに出席できたらどうだろう。最大手のホールマークがパーティー企画事業を刷新したらどうなるか。グリーティングカード会社が旅行会社と手を組んで素敵な「記念旅行」を企画し、ふだん縁のないような珍しい場所で関係者が一緒にお祝いできたらどうだろうか。瀕死の分野をなんとか延命させようとつぎ込むエネルギーと資金と時間をまったく新しい分野に投じてみたらどうだろうか。

テラーは、何かを10倍改善することは、実は10%改善するよりも簡単だと言う。「10倍のプラスを狙うなら勇気と創造性に頼るしかないわけで、文字どおりの意味でも象徴的な意味でも人類の月面着陸だ。10倍改善だからこそできるのであって、10%改善には到底真似できない。10倍法なら心に火をつけられるし、気持ちを簡単に奮い立たせ、不可能に見えるほかのことさえ、その気になればできるんじゃないかと思えるようになる。ピンと来ないかもしれないが、そういう状態になると、最難関とされるものでも、自分が思うよりはるかに簡単に達成できるようになる」[1]。

では、小売の未来に目を向けた場合、10倍の改良を顧客の体験に生かすにはどうすればいいのだろう。現在の水準よりもひと回り改善するのではなく、桁違いの改善になる次元までのイノベーションを起こすにはどうすればいいのか。

「無料だったら」と考える

10％改善の組織体質から脱却し、10倍改善へと軸足を移したいのなら、ちょっと変わった方法がある。今あなたの会社が売っている製品が、将来、顧客に無料ないしは実費のみで提供される場合を想像してみるのだ。そういう将来でも会社は生き残ることができるだろうか。それでも収益を生み出すとしたら、どうすればいいのか。この不足分を補うとしたら、ほかにどのようなビジネスモデルや収益源が導入できるだろうか。製品そのものを上回る価値を顧客に提供できるだろうか。

無料から始めるのは、いろいろな意味で大切な練習になる。第1に、現実にそうなることがあるという点だ。さまざまな業界で卸売と小売の差益がゼロに近づく日は近いと考えてみてほしい。あまり物騒なことを言うなと関係者から怒られそうだが、昨今、小売の利幅がどう推移しているか注目してもらいたい。世界中の小売業者が、減り続ける利益と歯を食いしばって戦っている。一例を挙げると、テスコの2015年の年次報告書によれば、売買マージンは1・07％だ。つまり限りなく0に近い。アマゾンが、傘下の生鮮品事業「アマゾン・フレッシュ」を通じて、赤字覚悟で顧客獲得に動いているところを見ると、テスコをはじめとする多くの同業者は経営破綻に追い込まれる可能性さえある。第2に、製品は無料という前提から始めれば、既成の概念にとらわれず、何に取り組めばいいのか、組織として知恵を絞らざるを得なくなる。そこでアイデアでもサービスでもコンセプトでもいいのだが、本筋からそれているとか、あまり重要でなさそうと思っても、顧客の体験に大きな価値をもたらしそうな候補があれば検討してみることが大切だ。

こんなふうに考えてみよう。

▼小売事業でほかに儲けを出す方法はないか?
▼喜んでカネを払いたくなるほど充実した体験をつくることができるか?
▼有料でも会員にできるか?
▼喜んで参加料を払いたくなるほど素敵な学びのイベントや講座を開催できるか?
▼なかなかお目にかかれないような製品(試作品とかコンセプトモデル)を展示できるか?
▼ブランド各社が利用や情報購入にカネを払いたくなるような実験・調査・データ処理のサービスを整えられるか?
▼店内に缶詰や箱ばかりを並べる代わりに、シェフや栄養士を招いたり、料理教室や医療施設などを併設したりできるか?
▼新しい食文化の拠点を前面に打ち出し、店舗の総合的なデザインやレイアウト、品揃えを月単位で変えることはできるか?

▼店舗内のスペースを使ってショーや舞台を上演できるか？

▼ブランド各社が有償でスペースの一部を利用し、講座やイベントを開催したり、有名シェフのデモンストレーションを実施したりする気になるか？

残念ながら、あまりに多くの企業が危機的状況に陥ってから、ようやくこうした広い視野でシナリオを考えるようになるが、時すでに遅し。イノベーションを起こすしか生き残りの道はないのだが、すでに会社は疲弊しきっていて、先立つものもなければ、頼みの人材も流出した後なのだ。

反乱軍の発想でいこう

ほとんどのビジネスリーダーが野心的な成長の青写真を描いているにもかかわらず、大部分の企業は自分たちの市場から活躍の場を広げられずにいるのも、驚くに値しない。実際、経営戦略コンサルティング会社ベイン・アンド・カンパニーによれば、ここ10年では業界の平均成長率を下回る企業の数がざっと90％に上るという。成長目標を達成できていない老舗企業のうち、その原因として社外要因を挙げている企業は15％にすぎない［2］。残る85％は、組織の複雑化や企業文化の弱さ、事業活動の選択と集中の失敗など、社内の問題を挙げている。

解決策としてベイン・アンド・カンパニーのジェームズ・アレンが示しているのが、「創業メンタリティ」だ。これは、会社の業績を再活性化できるようなビジョンと重点を徹底的に明確化することだという。だが、そのためには、これまで成長や規模拡大に伴って何十年も続いてきた官僚主義や硬直化を解消する必要がある。

創業者が指揮をとる企業は、革新志向、オーナーマインド、現場重視といった特徴があり、業界の反体制革新者になりやすいとアレンは指摘する。言ってみれば反乱軍のような企業である。だが、ご想像のとおり、反乱軍は規模や範囲の拡大による旨味に目がくらみやすい。事業規模を拡大すればスケールメリットが生まれるから仕入れを増やして、好条件で取引できる。事業範囲を拡大すれば新たな市場や分野に参入できる。当然、どちらも魅力的に映り、やがて反乱軍は成長とともに既存勢力に変わる。

既存勢力は、しばらくの間、その事業規模の恩恵にあずかる。ところが、規模と範囲の拡大に伴う副産物が成長の妨げとなり、組織としての重点課題やアクションがぼやけてきたときに問題が生じる。既存勢力の巨体ゆえのデメリットがメリットを上回り、敗退の道を歩み始める。しかも、当の企業は理由がよくわかっていないことも多い。

既存勢力の企業が迷走するきっかけは、さまざまな要因が考えられるが、最も油断のならない要因は、ただただ投資家の欲望を満たすためだけに誰にも止められないほど大きくなる市場のプレッシャーだ。

たとえば、1998年創業の衣料品販売ルルレモン・アスレティカは、ヨガをテーマにしたアパレルに特化した斬新なブランドとして市場に参入した。個性的な店舗や充実のサービス、卓越したデザインや品質で一気に知名度を高めた。もう1つ忘れてはならないのが、創業者のチップ・ウィルソンの存在だ。一癖も二癖もある人物で、風変わりな言動と賛否両論ある経営スタイルも話題を呼んだ。とはいえ、顧客第一の使命と方針を追求した企業だった。

創業から何年かはゆっくりと着実な成長を遂げ、既存店ベースで堅実な業績を上げていた。ところが2007年、ウィルソンは上場に踏み切り、翌2008年の初めから快進撃が始まった。店舗数は5年もしないうちに3倍以上に拡大した。そして規模と範囲を追求する戦略を打ち出した。チェーンが広がるにつれて、別の問題が持ち上がった。既存店ベースの売上高が不安定になり、売り上げの伸びが最終的にはほぼ頭打ちになった。ここで生じた製品品質の問題は致命的だった。ヨガ・ファッションという新分野を切り開いたまではよかったが、ブランド力は大きく失墜し、競合に追撃されることになる。

このように成長自体を戦略に掲げたくなる傾向は、スターバックスのCEO、ハワード・シュルツも痛感している。「成長を戦略として見るようになると、どこか心を奪われて、中毒になってしまう。でも成長は戦略ではなく、戦術にすぎないんです」[3]。スターバックス会長として8年間経営の第一線から離れていたが、同社の売り上げや株価が低迷し始めたのを受け、CEOに返り咲いた。2000年から2008年の間に店舗数は、5000店からじつに1万5000店に増加していた。

再登板したシュルツは、かなりの店舗が経営難に陥っている実態を把握した。その多くがオープンから18カ月未満の店舗だった。さらに、同社が成長を重視するあまり、品質と顧客体験に目が行き届かなくなっていた。8年間にこれほど大量の出店を決めた背景には「株価という共犯者がいたんです。でも、株価収益率や株価を気にして意思決定するようにはなりたくないですよね。それで売り上げの着実な伸びにつながるような意思決定に切り替えたのです。おそらくこれはブランド力と連動すると思います」[4]。

結局、シュルツは900店以上を閉鎖し、創業理念の実現のためのトレーニング、標準化、顧客体験を手厚くする大勝負に打って出た。これは「創業メンタリティ」への回帰であり、反乱軍らしい組織の考え方への回帰でもあった。これを機に、シュルツ率いるスターバックスは、業績に振り回されることもなくなり、多くの人々が予想していた最悪の事態を回避できたのである。この事例からはっきりとわかるように、どの組織でもそうだが、特に既存勢力の大企業に仲間入りしても「創業メンタリティ」を失わず、反乱軍らしい発想が消えないようにあらゆる手を打っておくことがきわめて重要なのである。

ここで、両者の姿勢や考え方の違いを筆者なりにまとめてみた。

既存勢力のメンタリティ	創業メンタリティ
会社の使命が組織内で曖昧に理解されていて、理解度にムラがある。	型にはまらない高邁な目的意識、文化意識、使命感からくる創業理念が広く理解されている。
官僚主義的で、規則、手続き、企業の形式主義でがんじがらめになっている。	現状や業界の常識に挑み、顧客にとって創造的破壊につながる価値や差別化の材料となる体験を生み出す。
社内の力が中間層に集まるが、そこは往々にして顧客ニーズから最も縁遠い。	顧客ニーズへのこだわりゆえに、現場が強い力を持つようになる。スタッフは顧客の利益になるように行動する権限を持つ。
反復と実験を偏重するが、決定的なアクションがない。	優位につながるイノベーションにすばやく断固として取り組む傾向が強い。
責任の所在が曖昧で複雑に入り組んでいて、直接の顧客ニーズよりも組織的な活動に大きな重点がある。	直接的な責任の度合いが大きく、顧客満足度も高い。

反乱軍は、業界の既存勢力と異なり、明確な使命と目的を持っているのが一般的だ。そして、業界の閉鎖的な考え方を攻撃の標的に選び、見えている顧客ニーズにしっかり応えようと、ときには「ルール」を回避することも厭わない。たとえばウーバーは、運輸業界のルールと常識に挑み、新しい卓越した顧客体験を生み出した。ネットフリックスはビデオレンタル業界の考え方に挑み、まったく新しいエンターテインメントの利用形態を築き上げた。ウォービーパーカーは、メガネの注文方法を巡るしきたりに疑問を持ち、まったく新しいモデルを作り出した。

技術の罠に陥るな

車で通勤しているとき、わたしたちは燃焼機関による推進力を楽しんでいるのだろうか、それとも単に車に乗っているのだろうか。洗濯をするとき、電力による攪拌水流によって生じる乳化現象を満喫しているのか、それとも服を洗っているだけか。テレビを見るという行為は、発光ダイオードによる映像表示か、それともただの娯楽か。あえてこんなおかしな質問をしているのだが、言いたいことはおわかりだろう。要は、テクノロジーは体験そのものではなく、そのうえで体験が繰り広げられる土台にすぎない。

ブランドや小売業者が顧客のために「デジタル体験」を生み出したい一心でがんばっているという話が来る日も来る日も飛び込んでくる。しかも、まるでソーセージ製造機のようにデジタル体験を次々に生み出すという明確な目的を掲げ、社内に研究所まで設立してしまった企業も少なくない。だが実際の活動内容を見ると、顧客の目に触れる場所に唐突に技術を押し込んでおしまいといった、つかみどころのないものがほとんどだ。CEOを対象に最近実施されたアンケート調査によれば、モバイル技術からIoT（モノのインターネット）に至るまでのすべてが自社のビジネスにとって「戦略上重要」と回答しており、デジタル信仰の強さが見て取れる。残念ながら、こうした技術の多くにどういう意味があるのかきちんと理解できているCEOは、ほんのわずかにとどまった。それでもデジタル体験は今日のビジネスに必須と思われているようだ。皮肉なことだが、まさにこのデジタルの重要性の履き違えこそ、多くの小売業者によるイノベーションの取り組みが失敗している原因である。

本当は、誰もデジタル体験など必要としていないのである。小売業者が取り組むべきは、独自性とインパクトと価値のある体験を創り出すことなのだ。そのなかには、支援や実現にデジタル技術が「利用できるものもありうる」というだけの話だ。小売業界の経営者は、デジタルの欠如を問題と騒ぎ立てるのではなく、自社が展開するほとんどの店舗には、目を引くような体験が欠如していることを憂え、対策を講じるべきなのだ。そしてその対策を打つ際、デジタルのソリューションにある程度は助けてもらえるものもあるのだ。物は言いようだと感じるかもしれないが、有意義な顧客体験戦略を築くうえで、ここを区別できるかどうかが明暗を分けるのだ。要するに、デジタルありきでスタートするのではなく、もっと充実した体験はどうあるべきかを探ることから着手すべきなのである。

優れた小売業者は、独自のブランド・ストーリーを効果的に目の前で訴求することこそが顧客体験と捉えている。ストーリーを一連の重要な場面に分解したうえで、1つひとつの小さいながらも重要な顧客とのふれあいに、壮大な設計の意図を丹念に反映していくのである。

お店に入って、売り場を見て回り、製品の使い方を調べたり、試しに使ってみたりして、サービスを受け、支払いをして、配送を依頼し、店を出る。アフターサービスも含め、こうした場面はすべてブランド・ストーリーを構成する重要な節目なのだから、徹底的に考え抜かれた魅力あふれるひとときになるよう、細心の注意を払って検討し、手抜かりなく設計しなければならない。ひとたびこうした独自のブランド体験のアイデアが固まったら、どうやって命を吹き込めるか、吹き込むべきかの決定段階に入る。くどいようだが、これはあくまでもアイデアが固まってからの話である。こういった体験のなかには、デジタルを使うのが最良のものもあるし、そうでないものもある。あるいは、デジタルと非デジタルの資産の組み合わせが効果的な場合もある。アップルの元CEOのスティーブ・ジョブズが言っていたように、「顧客体験から入り、技術に戻ってくるのだ」[5]。

デジタル活用に効果があり、訴求力アップにつながるのであれば、大いにデジタル活用をしたらいいだろう。しかし、デジタルのためのデジタル、最初にデジタルありきでは何も生まれないこともはっきり言っておきたい。技術を使おうと使うまいと、顧客の心に感動をもたらすうえで一番重要なことがある。それは、独自のブランド体験を顧客が本当に素晴らしいと感じ、この体験をいつまでも繰り返し味わいたいとか、その体験談を他の人々にも伝えたいと思うかどうかだ。

技術で人目を引くなと言っているのではない。人目は引けるし、それ自体、責められることではない。だが、せっかく技術を使っても、体験がずっとスムーズになるわけでも、体験の価値を高めるわけでもないとしたら、検討する価値はないことになる。率直に言って、世の中は、アプリやらビーコンやらプッシュ通知やらＲＦＩＤタグやらに辟易している。求められているのは、見事なブランドストーリーが元となり、アート、科学、人間の絶妙な組み合わせで命を吹き込まれた、素晴らしい体験なのである。

「昔ながらの考え方から脱却すると、未来を切り開けるようになる」

ジェームズ・バートランド

「特定の技術や方式に執着しているクライアントがたくさんいますが、本当のことを言えば、人は技術見たさにお金を払うのではなく、体験にお金を払うのです」

ダレン・デイビッド、ネーザン・ムーディ

第24章 帝国ではなくネットワークを築け

イノベーションと反乱軍思考の文化を育んだならば、次の課題はこうした文化を使って前に進んでいくことだ。問題は、「どうやって」である。

並外れて革新的な企業や創造的破壊に挑む企業を調査しているなかで、きわめて重要な教訓が得られた。なかでも次の3つの習慣が際立っている。この3大習慣は、こうした企業が実行している可能性が高い一方、多くの競合他社は実行していないことでもある。

- ネットワークづくり
- 多様な視点からの比較分析
- 徹底的な作り込み

イノベーションから取り残される帝国

メーシーズやウォルマート、ベストバイ、テスコなど小売業界の既存勢力が抱える問題は、オムニチャネル型の流通をモノにできなかったこととも、ビッグデータ分析の活用に失敗したこととも、モバイル・コマースを支配できなかったこととも あまり関係がない。むしろ中核をなす経営体制と深い関係があるのだ。かつてはその経営体制こそが躍進の原動力となったのだが、今はそれが原因でもたもたしていて、ライバルに一掃されてもおかしくない格好の標的になっている。だからこれほど喘いでいるのだ。

こうした企業は「帝国」なのだ。しかも、帝国になることが、強みを持ち、力を持ち、競争を制するための唯一の道だった時代に築かれた帝国なのである。組織として成功するには、一枚岩の結束力、何でもこなす万能の能力、すべて自力で対応する独立性を目指すことが求められた時代の産物でもある。

市場を独占するには、莫大な設備投資と巨額のマーケティング予算、大規模なインフラ開発が絶対条件だった時代でもある。こうした企業が自らの分野で築いた砦があるからこそ、投資家から可愛がられた。実際、投資家として著名なウォーレン・バフェットは、「競合を寄せ付けない最も広い堀」を巡らせていると判断した企業を探し出しては投資していることで知られる。言い換えれば、市場に君臨する一島帝国のような企業である。

デジタル化が到来する前の時代には、バフェットの戦略は確かに説得力があった。イノベーションが産業界のペースで進み、企業の事業規模は、今よりも強く資本と連動していた。ところがポスト・デジタル時代には、企業帝国は徐々に「ネットワーク」にお株を奪われつつある。また、今日ではイノベーションは爆発的なペースで進んでおり、事業規模が大きいこと自体は必ずしも官僚主義と結びつかない。ウーバーはわずか創業7年にして、すでに世界500以上の都市で事業を展開しているが、自前のタクシーやリムジンは1台も保有していない。ウーバーは業務のプラットフォームを提供しているにすぎないから、社名に「イート」を付け足して「ウーバー・イート」と名乗るだけで、配車サービスから食品配達サービスに身軽に転身できる。要するに、ウーバーは、莫大な設備投資や事業インフラを追加することなく、なりたい姿に簡単に変身できるのである。

同じような急拡大の発想は小売のネットワークにも当てはまる。ウォルマートの仕入先は6万社に上るのに、そのサプライチェーンはネット通販のエッツィーに到底及ばない。エッツィーは85万社もの販売パートナーを抱えているからだ。ネットワークが帝国をいとも簡単に飲み込んでしまうことはもはや否定のしようがない。

さらに、帝国は閉じたシステムのため、当然ながら帝国の繁栄が最優先であり、利害関係者のことは二の次になる。その結果、株主の反乱、仕入先との軋轢、従業員の不平・不満、顧客の心変わりにつながりやすい。

帝国は、イノベーションの取り組みに関しても、視野が狭く秘密主義に陥りがちなため、顧客の心変わりや市場の力関係の変化への対応も遅々として進まない傾向が見られる。その結果、イノベーションのサイクルから取り残されるリスクがある。

そして、組織のエネルギーの大部分が単に帝国を維持するためだけに消費されていて、本来なら顧客に振り向けられるはずのエネルギーを枯渇させている。これが帝国の終焉を早める大きな原因にもなっている。

一方、ネットワークは、資本が少なく、構造的にスリムで、すばやく規模を変更できる。対等の立場での信頼関係と統治の下、透明性と分担所有の感覚を前面に打ち出している。最終的に成否は、株主から従業員やネットワークを構成するパートナーに至るまで、さまざまな利害関係者の利益を評価するバランススコアカードにかかっている。

また、ネットワークは、本来的に幅広く市場に関する情報を持っているため、変化に対する流動性、柔軟性、適応性が高い。ネットワークはロングテールの製品・サービスの集合になっていることが多く、製品自体も帝国型企業に比べて面白さもニッチ度も上回り、往々にしてマージン率も高い。一方で帝国型企業は、ありふれた製品で大衆の趣味や嗜好に訴求しなければならない。特に重要なのは、ネットワークが帝国型企業よりもインフラが少なくてすむ点だ。このためネットワークの全メンバーが顧客に喜んでもらえることに多くのエネルギーを注ぐことができ、ネットワーク全体の価値を高める好循環が生まれる。

つまり、未来の優れた小売業者は、壁を築き、周囲に深い堀を巡らせた要塞のようになるのではなく、オープン仕様のアプリケーション・プログラムのような存在を目指すべきなのだ。外部者がつながって繁栄できる増殖型のプラットフォームである。そうすれば、ネットワークとその構成メンバーがそろって成功できる。

多様な視点から比較分析せよ

どの業界でも企業や戦略、業績を他社と比較分析するとき、その対象となるのは同じカテゴリーや分野の競合相手となるのが一般的だ。この手の比較は何十年も前から普及しているうえ、競争力維持のための現実的な手法となっていた。ところが今では企業がうっかり手を出して致命傷を負いやすい最悪の行為になっているのだ。

たとえば、アメリカのケーブルテレビ会社に好感を抱いている人間に、筆者はお目にかかったことがない。それどころか相当な軽蔑感を抱いている人がほとんどだ。度重なる放送の中断、わかりにくい料金体系、やる気のない顧客サポート、修理を依頼しても何日も放置……。どうすれば好感が持てるというのか。一方、ケーブルテレビ会社で働く人々は基本的に善人であって、一生懸命与えられた仕事をしている。経営者も頭のいい人々で、今、会社がやっていることも、目指しているゴールも顧客に喜んでもらうことだとわかっている。とすると、なぜほとんどのアメリカ人がケーブルテレビ会社に好感を持てないのだろうか。

じつは、ケーブルテレビ会社が自社の事業を比較分析する際の方法に問題があるのだ。競合するケーブルテレビ会社と比べて少しでも上回っていれば、比較のうえでは上出来と考えて、卓越した存在になろうとは思っていないのだ。競争相手がケーブルテレビ会社しかない世界なら、この考え方でも問題はない。しかもデジタル化到来前の時代なら、選択肢も限られていて創造的破壊も稀だったし、消費者にとっても選択肢がほとんどないから、ケーブルテレビ会社を評価する場合は同じような基準で見るほかなかった。つまり、「よくはないが、他よりまし」という基準だ。

だが、ポスト・デジタルの時代には、創造的破壊は当たり前だし、選択肢はいくらでもあるから、消費者の見方も違ってくる。単純にケーブルテレビ会社同士を比較検討したら終わりではない。ネットフリックスが月額9・99ドルなのに、なぜケーブルテレビは軒並み月額100ドルもするのかと疑問を抱くようになる。さらに、テスラの車はわたしたちが寝ている間に点検が完了するというのに、なぜうちのケーブルテレビのモデムは同じように修理できないのかと疑問を抱くようになる。マリオット・ホテルがたった1泊でも個人の要望に合わせて充実したサービスを提供できるのに、なぜケーブルテレビ会社に年間1000ドル以上を払っても同じように快適なサービスが受けられないのか。モバイル端末でウーバーのタクシーをつかまえられて、迎えに来てくれるドライバーの名前がわかって、タクシーがこちらに向かってくる様子を文字どおり目で追うことができるのに、なぜケーブルテレビ会社の訪問サービス対応時間は相変わらず1日8時間だけで、わたしたちは仕事を休んで1日中自宅で待機していなければならないのか。いったいどういうことなのか。

世の中で実現可能とされていることと、こうした帝国型の企業が提供している内容の隔たりが激しくなっているのである。このように体験内容にズレがあると、ネットフリックスやアップルやアマゾンといった他業界から仕掛けられる創造的破壊に対して、ある日突然、ケーブルテレビ業界が丸ごと無防備な状態になる。そしてひとたび自分の使っている会社がダメージを受ければ、顧客はさっさと他社に乗り換え、2度と戻ってこない。そうなってから態度を改めて、やり直すというわけにはいかないのである。

今や消費者はさまざまな視点から各社での体験を比較検討している。小売業者も同じような視点で比較分析をしなければならない。百貨店Aが百貨店Bよりも少しよければ十分という時代は終わった。単に百貨店Aの経営破綻が、百貨店Bよりも少し先になると宣言しているようなものだからだ。百貨店Aが考えるべきは、たとえばエッツィーやスポーティファイ、ウォルト・ディズニー・ワールド、ヴァージン・アトランティック航空と比べていいか悪いかという点なのだ。すべての企業がこういう基準でよいかどうかを考えるべき時代になったのである。

このため、小売業者は常に消費者の行動をがらりと変えそうなトレンドや技術の新しい動向について絶えずアンテナを張り、そこからの学びを経営に反映することが大切だ。ゲイリー・ハメルとナンシー・テナントは「イノベーターになるのに水晶玉の予言はいらない。必要なのは広い視野だ。競合他社がまだ気づいていないトレンドを追いかけ、そのトレンドを生かして従来のビジネスモデルをひっくり返すような方法を探ることが重要だ」[1]と指摘している。
積極的に多様な視点からの比較・分析に取り組んでいなければ、消費者の動きを先取りできないのである。

何ごとも徹底的な作り込みを

今日、皆さんと一緒に地元の店10店を訪れたとすると、少なくとも8店での体験内容はおそらく偶発的なものだ。素晴らしい体験だろうが酷い体験だろうが、状況や偶然性、巡り合わせに大きく依存したものであって、きっちり計算された体験内容でもなければ、入念に計画された体験内容でもない。その日にたまたま誰が出勤していたかにもよるし、その人の機嫌にもよる。わたしたちが来店したときにどんな言葉をかけるかも違えば、わたしたちのニーズにどう応えたかも違う。こういう要素はまったくもって行き当たりばったりのことが多い。

じつに興味深い状況だと思う。広告に使われるキャッチフレーズやロゴの色づかい、書体などに関しては、ほとんどの企業が本当に些細なことまで信じられないほどのこだわりを見せるのに、顧客体験に関して同じように心を砕き、細かい規定を適用する企業は皆無に近い。実際、企業は事業のあらゆる面に目を光らせて評価し、事細かに管理しているにもかかわらず、顧客体験は成り行き任せにしているのはじつに不可解だ。

要するに多くの企業は、台本のない芝居のようなもので、毎日、幕を上げ、役者には自分が一番いいと思うとおりにアドリブで演じてもらっているのである。顧客が味わう体験の質について漠然とした考えしかなく、ほとんどの企業はそれでよしとしている。

だが、筆者の調査では、未来志向で業績も優れている卓越した企業は人一倍、顧客体験に強いこだわりを持っていることが明らかだ。本当にいいと思える体験を提供できているかにとことん心を砕いているのだ。まるでロレックスの時計づくりの精神と同じで、体験のデザインから設計、作り込み、最終的な仕上げに至るまであらゆる面で徹底しているのである。

『On Purpose』の共著者であるショーン・スミスは、ほとんどの組織が消費者の体験を完全に後退させていると指摘する。「自社のブランドが持つ意味や、顧客に味わってもらいたい体験の内容に関して、ほとんどの組織は非常に緩いが、従業員の振る舞い方については非常に厳しい。一方、素晴らしい体験を生み出しているブランドは、通常、この2つが逆転していて、ブランドの意味や演出したい体験内容に関して非常に厳しいが、従業員が顧客をどのように満足させるかは従業員の自由裁量としていて非常に緩いのだ」[2]。

基本的に、スミスが指摘していることは、起業家精神あふれる組織に根付いている「創業メンタリティ」や本来的な目的意識と相通ずるものがあるが、これは決して偶然ではない。たとえば筆者が小売の世界に最初に足を踏み入れたのは、それなりに成功していた同族経営の小売業で、70歳になる創業者が各店舗に立ち寄っては自ら顧客への応対もこなしていた。実際、創業者はそうした仕事に喜びを感じていた。この創業者による立ち寄りが従業員に与える効果に比べれば、どんな従業員手引きや研修プログラムもかすんでしまうほどだった。創業者が店に立ち寄るたびに、この店のブランドはかくあるべしとか、個人の業績に対する期待とか、企業として顧客に提供したいと考える体験の精度や充実度がはっきりと示されたのである。

もちろん、創業のパワーがみなぎっている中小企業で、このような全社的な目的意識やブランドへの期待を築くことは難しくない。だが、大規模な企業で同じようにしっかりとしたブランドや顧客体験への期待を打ち出すにはどうすればいいのか。はるかに難しい仕事になることは言うまでもない。とはいえ実現できないわけではない。ただし、以下に挙げる体験の5大要素に配慮し、細心の注意を払わなければならない。

▼**惹きつける力**　視覚、聴覚、嗅覚、味覚、触覚の五感すべてに訴え、顧客を理屈抜きに惹きつけるものであること。

▼**個性**　特殊性、意外性、固有性のいずれかがあるが、見掛け倒しではなく自然な手法、言語表現、あるいは習慣を取り入れていること。

▼**パーソナル化**　体験が自分のためだけにあるような特別感を顧客に感じさせること。

▼**驚き**　まったく想定外の要素ややり取りが含まれていること。

▼**再現性**　所定のルールに沿っていて、有効性が確認されている手法で実行され、全社的に一貫性

と傑出性を一定水準に維持できること。

個人的には、ほとんどの企業がこれらの5大要素のいずれかを一定期間実現することは可能だと思う。だが、常にこの5大要素すべてを盛り込んだ体験を維持できるブランドとなると、非常に限られる。そのごく限られた企業の1つに、ザ・リッツ・カールトン・ホテルが挙げられる。徹底的にこだわり抜いた体験のデザインと実行水準への極端なまでのこだわりが生み出した成果である。何ごとも徹底的に作り込まれているのだ。

リッツ・カールトンのホテルは、いずれも「舞台美術」の発想で設計されている。カナダ出身の舞台美術家でカナダ国立演劇学校元教授のマイケル・イーガンのアイデアだ。イーガンは、舞台美術について「照明、音響、大道具、衣装など、舞台演出の雰囲気づくりやムードづくりに役立つあらゆる要素」と説明する[3]。リッツ・カールトンでは、清潔なシーツや客室のアップグレードといったレベルにとどまらず、どのホテルもそれ自体が独自性と卓越性を兼ね備えた世界を作り出していて、ゲストもその一部として参加する終わりなき舞台演出になっている。

リッツ・カールトン・リーダーシップ・センターのバイスプレジデント、ダイアナ・オレックは次のように説明する。「優れたサービスとは、突き詰めれば人であり、施設であり、五感なのです。この3つの要素が連携して初めて環境を充実させ、その結果としてお客様の体験内容を高める雰囲気が醸成されるのです。この背景と調和するように、聴覚、視覚、味覚、嗅覚に訴える要素を吟味することが大切です。たとえば、フロリダ州サウスビーチにあるザ・リッツ・カールトンなら、パブリック・エリアにクラシカルなハープの音色を響かせるのは場違いです。サウスビーチは活気にあふれていてラテンやサルサのムードが漂っています。ですから、サウスビーチのザ・リッツ・カールトンの雰囲気、つまり舞台美術に適しているのはサルサ音楽なのです」[4]。

リッツ・カールトンの場合、この五感を総動員した「深い関わり」が功を奏しているのだ。これは、消費者の関わるすべての場面で応用可能であり、ぜひとも応用すべきである。2万平方メートル近い百貨店だろうが、200平方メートルほどの個人商店だろうが、五感に訴えて顧客を引き込む個性的で特別感のある場をつくり出すことは可能だ。顧客が店内で体験する香り、見た目、音、手触り、味で顧客の全神経を刺激して深く入り込ませることが大事なのだ。

また、リッツ・カールトンでは、その体験が他のホテルに比べて非常に個性的であることを自負している。その秘密は、ホテルの宿泊で誰もが思い浮かべる典型的な脳内台本を変えるテクニックにある。チェックインから客室清掃・整備に至るまで、完全にリッツ・カールトン流と呼ぶべき流儀で実行されている。実際、同チェーンは、徹底的に作り込まれたスタッフの言葉づかいで一躍有名になった。たとえば客から感謝されて「どういたしまして」と返すところを、「どういたしまして、わたくしの喜びでございます」と返すよう教育されている。また、ややぶっきらぼうな感じのする「〜ではございますが（but）」を使わず、丁寧な「〜と申しましても（however）」といった表現を使う。客はホテル滞在中に「明暗」を分けるようなちょっとした場面をいくつも味わうわけだが、ゲストの体験とは、この小さな瞬間の積み上げに尽きるとリッツ・カールトンは考えている。スタッフ1人ひとりと交わす言葉の1つひとつが、こうした瞬間の明暗を分けているのだ。そして、こうした瞬間の1つひとつが顧客に喜びをもたらすチャンスであり、その会社らしさをアピールできるチャンスでもある。リッツ・カールトンでは、小さいことにとことんこだわるのである。

さらに同チェーンは最近、上記の基準内であれば、従業員がもっと自由に個性を発揮していいと承認している。規則に縛られてロボットのような対応や不自然な対応にならないよう「時間をかけて堅苦しさを排除することにつとめてきた」と、同社社長兼最高執行責任者のハーブ・ハムラーは説明する。「今は、お客様に対してセリフの棒読みではない本物の会話ややり取りをすることに重点を置いています。かつて会社を立ち上げ、世界に事業規模を拡大していたころは、ほぼすべてに関して台本を用意していました。『どういたしまして、わたくしの喜びでございます』がホテル内のあちこちで聞かれたのも、この台本があったからです。現在は、その段階を脱して、従業員には自分らしく振る舞うよう奨励しています。やり取りの際には、最大の敬意と礼儀を忘れずに、それでいて各自の個性や温かい思いやりの心に合わせて自然に対応します」[5]。

リッツ・カールトンでは、宿泊客と会話する際、できるかぎりスタッフが顧客を名前で呼ぶようにして、その客だけの特別な体験になるようにしている。客は「自分のために用意された特別感」を抱くというわけだ。スタッフは、客がどの日にどんな外出の予定を立てているかといった滞在中の詳細を頭に入れているから、その客が戻ってきたら、ツアーは楽しかったか、お目当てのものが買えたかといった会話ができる。また、客の好みや嗜好に気づいたらすぐにメモを取り、本部の顧客履歴ファイルに入力して、リッツ・カールトンの全ホテルから参照できるようにしている。宿泊客の名前や外出予定、好みを覚えておくという、ちょっとした振る舞い1つで、客の体験は変わってくる。会員制度を用意している小売業者であれば、その会員制度をうまく活用して、会計時だけでなく、客がショッピング空間に到着した時点でニーズや購入履歴、好みに関する情報がタイミングよく入手できるような仕組みを作っておくべきではないか。

リッツ・カールトンのホテルに宿泊すると、ちょっとしたことに心地よい驚きを覚えるのもよく耳にする話だ。スタッフはそういう振る舞いができるように権限を与えられているのだ。決して大げさではなく、小さいけれどユニークなおもてなしが客室に用意されていることもある。たとえば筆者が夫婦で訪れたときには、ある晩、部屋に戻ると、チョコレートでできたかわいい小さな家が置いてあった。もっと大きなおもてなしのこともあるようだ。同社の方針の1つに、従業員は宿泊客1人を満足させるために1日2000ドルまで使っていいことになっているという。新しいストッキングを用意してプレゼントしたという話に始まり、ある大得意客のためにスタッフがわざわざキューバまで飛んで珍しい葉巻1箱を買ってきたなどといった驚きのエピソードまで枚挙にいとまがない。顧客の期待以上のおもてなしをするには、それなりにコストがかかる。だが、顧客が思ってもみなかったことまでやってのけることができれば、生涯にわたって来店してくれる得意客をつくることも可能なのだ。

さらに、リッツ・カールトンでは、厳格だがあまり目にしない基準やサービスのきっかけを仕込むことで、体験に高い「再現性」を持たせている。筆者が見事だと感じた例を紹介しよう。リッツ・カールトンでグラスワインを注文すると、出てくるグラスには、同ホテルの象徴としてお馴染みの、舌を出したライオンのロゴが刻まれている。これは悪ふざけではない。じつは、ライオンの舌の位置はスタッフがワインを注ぐときの目安になっているのだ。ホテルにとっては、注ぎすぎによるコスト増を回避できるだけでなく、象徴のライオンをあしらうことで顧客はあらゆる部分で統一感を覚えることになる。巨大なホテルを動かしている数え切れないほどの活動にこうした基準が組み込まれていると、すべてが流れるように動いているように感じる。これがいつまでも心に残る卓越した顧客体験を生み出しているのだ。

結局のところ、徹底的につくり込まれた体験を上手に機能させる秘訣は、それを客に悟らせないことなのだ。舞台裏ではさまざまな困難を克服して手の込んだ芸術的技巧を駆使していたとしても、まるで何事もなかったかのように見せることができれば、人は熟達の域に達した何かを感じ取る。イタリア語でいう「スプレッツァトゥーラ」がまさにこれだ。大変な技巧で実現しているにもかかわらず、無意識にやり遂げているように見せるさりげなさ、計算された無造作を意味する文学・芸術の言葉である。だが、このスプレッツァトゥーラを実現するには、苦労知らずというわけにはいかない。デザイン、トレーニング、練習、評価のすべてにおいて、常軌を超越したレベルで取り組まなければならない。優れた小売業者は、難易度が高いことで知られるショパンの幻想即興曲をこともなげにさらりと弾きこなす名ピアニストに似ている。これだけの作品を弾きこなすまでには何千時間にも及ぶ厳しい練習が必要だが、そんな苦労を聴衆には微塵も感じさせない。小売の場でも、客の心をつかんで離さない体験は、目の前で上演される舞台作品のように感動を呼ぶ。役者が役柄を徹底的に作り込み、その役柄になりきっているからだ。

「フェイスブックは難攻不落の体制を築いていて、ネットワーク効果を発揮している。ひとたびネットワークが築かれると、簡単には突破できない」

イーロン・マスク

「デザインとは面白い言葉だ。物事の体裁だという人もいる。もちろん、きちんと調べればわかるが、正しくは仕組みを意味しているのだ」

スティーブ・ジョブズ

第25章

小売は死なず

長い道のりだったが、ついにわたしたちは振り出しに戻ってきた。マーク・アンドリーセンの予言やメディアの報道とは裏腹に、小売は死んでいない。まったく逆だ。あえて言うなら脱皮中である。ポスト・デジタル時代に突入するなか、小売という概念そのものがわたしたちの目の前で変貌を遂げていくのだ。もちろん、どちらの陣営でも勝ち組と負け組が生まれることは言うまでもない。

今日のEコマースは、孤立型で非友好的なうえ、システムに大きく依存しているが、これに取って代わる未来のデジタル体験は、没入型で臨場感があり、ネットワーク接続を特徴としていて現実との区別がつかないほどだ。ありふれた商品を買いに自宅と店を行き来する日常の単調な作業は、センサーやAIのネットワークがほぼすべて管理してくれるようになる。このため、もっとインスピレーションを与えてくれるような体験を求めて店に足を運ぶ時間が増える。

その結果、何ら面白味がなく、いつ見ても変化のない実店舗は消え去る運命にあり、その代わりにいつも変化に満ちていて魅力あふれる未来のショッピング空間が登場する。それは、「学ぶ」「見る」「触る」「楽しむ」を柱とした、これまでにない場だ。次世紀の最も価値ある商品は体験になり、そうした体験にわたしたちは身も心もとらえられ、魅了されるようになる。本当に深みのある体験になるため、多くの場合、ちょっと見てみるだけでも有償になる。小売の全体的な経済モデルはつくり直しになる。仕入先であるメーカーが客になり、小売業者は熟練の体験メディア・エージェンシーになり、どちらもはるかに大きな成功を収め、収益力も高くなる。

これが小売の未来である。サングラスが必要なほど明るい未来ではないか。

筆者は、こうした未来を描き出すまでに、時代を切り開いているさまざまな企業や個人に出会うことができた。いずれも小売の葬儀で棺を運ぶ役割ではなく、小売を徹底的につくり直そうと心血をそそぐ熱心な立役者ばかりだった。実店舗のイメージを刷新しようとする取り組みもあれば、デジタルコマースに関わるスキルや創造性のトレーニングに乗り出す動きも見られる。あるいは、両方の世界の融合に取り組む人々もいる。面白いことに、こうした先駆的な企業や個人の多くは過去に小売の経験がなく、それがアキレス腱になるどころか、むしろ市場での重要な優位性を築いているようなのだ。

このように革命家が参入してきた結果、小売の世界に明らかな文化的変化が生まれている。「なりたくてなったわけではない職業」などと揶揄されることもある小売の仕事だが、スタンフォード大学やケンブリッジ大学、マサチューセッツ工科大学などを卒業した優秀な男女があえて選ぶ職業になりつつある。それだけでなく、MBAなどの学位こそないものの、創意工夫やビジョン、意欲がある型破りな若手起業家が、将来性ある仕事として小売を捉えるようになったのも、長い歴史のなかで初めてのことだ。再び小売は、優秀な人々があえて挑む業界になっているのだ。

本書の執筆に当たって取材した人々は、経歴こそさまざまだが、誰もが人類と商取引の歴史的転換の到来に魅了されていた。1人ひとりが未来に広がる計り知れない可能性に着目し、小売を徹底的につくり直そうと取り組んでいる。

最後にもう1つだけ読者に伝えておきたい。将来について唯一確かなことがある。それは、今ある常識は、将来、必ず誰かの手で徹底的につくり直されるということだ。そして今、あなたが決めなければならないことは、その「誰か」に自ら名乗りをあげるかどうかなのだ。

「人は皆死ぬ。ならば、目指すべきは永遠に生きることではない。永遠に残るものを創ることだ」

チャック・パラニューク

第22章

ルーシー・グリーンはジェイ・ウォルター・トンプソン・インテリジェンスのイノベーション・グループのワールドワイド・ディレクター。Rachel Arthur, "Future of Retail: Artificial Intelligence and Virtual Reality Have Big Roles to Play," *Forbes*, June 15, 2016, http://www.forbes.com/sites/rachelarthur/2016/06/15/future-of-retail-artificial-intelligence-and-virtual-reality-have-big-roles-to-play/#34709ef5420cから引用。

第22章

マイルス・デイビスはミュージシャン。引用部分は本人の発言として広く認知されている。

第23章

ジェームズ・バートランドは画家。引用部分は本人の発言として広く認知されている。

第23章

ダレン・デイビッドは、スティミュラントの最高経営責任者、ネーザン・ムーディは同社デザインディレクター。"San Francisco 6 Best Practices for Designing Experiences in Public Spaces," *HOW Design*, March 12, 2015, http://www.howdesign.com/featured-design-news/experience-design-public-spaces/を参照。

第24章

イーロン・マスクはテスラの最高経営責任者。2012年11月に英国で開催された円卓会議「シリコンバレー・カムズ・トゥ・ザUK」の際、ローハン・シルバによるインタビューでの発言から引用。

第24章

スティーブ・ジョブズはアップルの共同創業者。Gary Wolf, "Steve Jobs: The Next Insanely Great Thing," *Wired*, February 1, 1996, https://www.wired.com/1996/02/jobs-2/から引用。

第25章

チャック・パラニュークは小説家。*Diary: A Novel* (New York: Anchor Books, 2004)から引用。

引用箇所クレジット

第4章

ジャック・マーは、アリババ・インターナショナル会長。Sonia Kolesnikov-Jessop, "Spotlight: Jack Ma, co-founder of Alibaba.com," *The New York Times*, January 5, 2007, http://www.nytimes.com/2007/01/05/business/worldbusiness/05iht-wbspot06.4109874.htmlから引用。

第9章

レイ・カーツワイルは著述家・発明家。"Ray Kurzweil: As Humans and Computers Merge . . .Immortality?" Singularity weblog, July 12, 2012, https://www.singularityweblog.com/ray-kurzweil-pbs-immortality/に掲載のポール・ソルマンのインタビューから引用。

第12章

パスカル・モランはフランス服飾連合会会長。詳しくは、Pascal Morand, "What 3D Printing Means for Fashion," *Business of Fashion*, July 27, 2016, https://www.businessoffashion.com/articles/opinion/3d-printing-technology-disrupt-fashion-and-luxury-pascal-morandを参照。

第14章

ミンディ・グロスマンはホーム・ショッピング・ネットワークの最高経営責任者。Cathleen Medwick, "Homing Instincts," *O, The Oprah Magazine*, June 2008, http://www.oprah.com/home/Decorating-Your-Dreamhouseから引用。

第16章

ウィリアム・ギブスンは小説家・エッセイスト。"Books of the Year," *The Economist*, December 4, 2003から引用。

第17章

アンジェラ・アーレンツはアップルの上級副社長。Nick Statt, "Apple Just Revealed the Future of Its Retail Stores," *The Verge*, May 19, 2016, http://www.theverge.com/2016/5/19/11715726/apple-flagship-store-opening-san-francisco-photosから引用。

第20章

ジョージ・ブランケンシップはテスラ、アップル、ギャップで役員を歴任した人物。2016年8月の著者との会話から引用。

5 | Micah Solomon," Your Customer Service Is Your Branding: The Ritz-Carlton Case Study," *Forbes, September 24*, 2015, http://www.forbes.com/sites/micahsolomon/2015/09/24/your-customer-service-style-is-your-brandthe-ritz-carlton-case-study/#1cd4b9501b8a.

第22章

1 | Warren Berger, "The Power of 'Why ?' and 'What If ?' " *The New York Times*, July 2, 2016, http://www.nytimes.com/2016/07/03/jobs/the-power-ofwhy-and-what-if.html.

2 | Jerry M. Burger, Joy Hornisher, Valerie E. Martin, Gary Newman, and Summer Pringle, "The Pique Technique: Overcoming Mindlessness or Shifting Heuristics?" *Journal of Applied Social Psychology* 37:9 (August 28, 2007), 2086-2096.

3 | Lindsay Floryan, "Starbucks First Mover Advantage: Attacking the Mobile Payment Option," on Socials Cloud blog, February 18, 2012, accessed October 26, 2016, https://socialscloud.wordpress.com/2012/02/18/starbucks-first-mover-advantage-attacking-the-mobile-payment-option/.

第23章

1 | Astro Teller, "Google X Head on Moonshots: 10X Is Easier Than 10 Percent," *Wired*, February 11, 2013, https://www.*Wired*.com/2013/02/moonshots-matter-heres-how-to-make-them-happen/.

2 | James Allen, "Founder's Mentality® and the Paths to Sustainable Growth," Bain video, 18:46, September 9, 2014, http://www.bain.com/publications/articles/what-is-founders-mentality-video.aspx.

3 | Allen Webb, "Starbucks' Quest for Healthy Growth: An Interview with Howard Schultz," *McKinsey & Company*, March 2011, http://www.mckinsey.com/global-themes/employment-and-growth/starbucks-quest-for-healthy-growth-an-interview-with-howard-schultz.

4 | Ibid.

5 | Steve Jobs, "Steve Jobs Insult Response," 1997 Worldwide Developers Conference,

YouTube, https://www.youtube.com/watch?v=FF-tKLISfPE.

第24章

1 | Hamel and Tennant, "The 5 Requirements of a Truly Innovative Company."

2 | Smith+Co, *A Few Tips on... Designing Your Customer Experience* (London: Smith+Co, 2013), http://www.smithcoconsultancy.com/pdfs/uploads/Customer_experience_design.pdf.

3 | Michael Eagan, "What Is Scenography: The Origins of Stage Design through Architecture," ArtsAlive.ca, http://www.artsalive.ca/collections/imaginedspaces/index.php/en/learn-about/scenography.

4 | Diana Orek, "Dear Ritz-Carlton: What Is Scenography, And How Does It Impact Customer Service?," The Ritz-Carlton Leadership Center blog, April 13, 2015, http://ritzcarltonleadershipcenter.com/2015/04/dear-ritz-carlton-what-is-scenography/.

7 | Liz Parks, "Real-Time R&D," National Retail Federation, August 2, 2016, https://nrf.com/news/real-time-rd.

8 | Salesforce Research, *2015 Connected Shoppers Report* (San Francisco: Salesforce Research, 2015), https://www.salesforce.com/form/industries/retail-shopper-survey.jsp.

9 | "Digital Impact on In-Store Shopping: Research Debunks Common Myths," Think with Google, October 2014, https://www.thinkwithgoogle.com/research-studies/digital-impact-on-in-store-shopping.html.

10 | U.S. Bureau of Labor Statistics, "Occupational Employment and Wages Summary," economic news release, May 2015, http://www.bls.gov/news.release/ocwage.nr0.htm.

11 | U.S. Department of Health and Human Services, "U.S. Federal Poverty Guidelines Used to Determine Financial Eligibility for Certain Federal Programs,", https://aspe.hhs.gov/poverty-guidelines.

12 | Carl Benedikt Frey and Michael A. Osborne, "The Future of Employment: How Susceptible Are Jobs to Computerisation?" University of Oxford, September 17, 2013, http://www.oxfordmartin.ox.ac.uk/downloads/academic/The_Future_of_Employment.pdf.

第21章

1 | *Merriam-Webster's Learner's Dictionary*, s.v. "innovation," http://learnersdictionary.com/definition/innovation.

2 | Gary Hamel and Nancy Tennant, "The 5 Requirements of a Truly Innovative Company," *Harvard Business Review*, April 27, 2015, https://hbr.org/2015/04/the-5-requirements-of-a-truly-innovative-company.

3 | V.L. Dawson, Thomas D'Andrea, Rosalinda Affinito and Erik L. Westby, "Predicting Creative Behavior: A Reexamination of the Divergence between Traditional and Teacher-Defined Concepts of Creativity," *Creativity Research Journal*, vol. 12, no. 1 (1999), 57–66, doi: http://dx.doi.org/10.1207/s15326934crj1201_7, http://www.tandfonline.com/doi/abs/10.1207/s15326934crj1201_7.

4 | *Merriam-Webster's* Collegiate Dictionary, 11th ed., s.v. "iteration," http://www.merriam-webster.com/dictionary/iteration.

5 | Elizabeth Blair, "More Than 50 Years of Putting Kids' Creativity to the Test," NPR, April 17, 2013, http://www.npr.org/2013/04/17/177040995/more-than-50-years-of-putting-kids-creativity-to-the-test.

6 | Sir Ken Robinson cited in Marvin Bartel, "Stereotypes and Divergent Thinking," in Goshen College personal pages, https://people.goshen.edu/~marvinpb/11-13-01/Effects-of-Stereotypes.html.

7 | Jonathan Rosenberg, "Jonathan Rosenberg: Rules to Success," YouTube, April 2, 2010, https://www.youtube.com/watch?v=P1T-1FqUBVY.

12 | Nathan Skid and David Hall, "How Toms Wins at Retail by Not (Only) Selling Shoes," *AdAge*, August 26, 2016, http://adage.com/videos/how-toms-shoes-wins-by-not-selling-shoes/1158.

13 | Ibid.

第17章

1 | Nathalie Tadena, "More than Half of US Consumers Don't Want to Friend a Brand Online," *Wall Street Journal*, September 18, 2014, http://blogs.wsj.com/cmo/2014/09/18/more-than-half-of-us-consumers-dont-wantto-friend-a-brand-online/.

2 | Bridget Dolan, in conversation with the author, August 2016.

3 | Ibid.

4 | Kasey Lobaugh, Jeff Simpson and Lockesh Ohri, *Navigating the New Digital Divide: Capitalizing on Digital Influence in Retail, Deloitte Digital*, 2015, https://www2.deloitte.com/content/dam/Deloitte/us/Documents/consumer-business/us-cb-navigating-the-new-digital-divide-v2-051315.pdf.

5 | Brad Brown, "RE I's Brad Brown on Mapping Customer Journey," National Retail Federation, YouTube, September 30, 2014, https://www.youtube.com/watch?v=Z_YIppV8Svg.

第18章

1 | Grocery Manufacturers Association with PWC, *2013 Financial Performance Report: Growth Strategies: Unlocking the Power of the Consumer* (Washington: GMA with PWC, 2013), 74, http://www.gmaonline.org/file-manager/GMA _Publications/2013_Financial_Performance_Report_Final1.pdf.

2 | Phalguni Soni, "Prospects Look Upbeat for Nike's Direct-to-Consumer Channel Stores," *Market Realist*, September 22, 2015, http://marketrealist.com/2015/09/prospects-look-upbeat-for-nikes-direct-to-consumer-channel/.

3 | Elizabeth A. Harris, "A Store with Media in Mind," *The New York Times*, March 14, 2014, http://www.nytimes.com/2014/03/15/business/a-storewith-media-in-mind.html?_r=0.

4 | Ibid.

5 | Nathan Skid, "Marketer's Playbook Video: The Future of Customer Experience," *AdAge*, August 2, 2016, http://adage.com/article/news/marketer-s-playbook-future-customer-experience/305279/.

6 | Phil Wahba, "Apple Extends Lead in U.S. Top 10 Retailers By Sales Per Square Foot," *Fortune*, March 13, 2015, http://fortune.com/2015/03/13/apples-holiday-top-10-retailers-iphone/.

5 | Christopher Donnelly and Renato Scaff, "Who Are the Millennial Shoppers? And What Do They Really Want?," *Outlook: Accenture's Journal of High Performance Business*, https://www.accenture.com/ca-en/insight-outlook-who-are-millennial-shoppers-what-do-they-really-want-retail.

6 | Ibid.

7 | Rebecca Harris, "How Retailers Can Win Over Millennial Shoppers (Survey)," *Marketing*, October 13, 2015, http://www.marketingmag.ca/consumer/how-retailers-can-win-over-millennial-shoppers-survey-159116.The data cited is from Shikatani Lacroix' s study of U.S. shoppers.

第16章

1 | Sonos, "First Sonos Retail Flagship Brings Music Home to New York City," *PR Newswire*, July 12, 2016, http://www.prnewswire.com/news-releases/firstsonos-retail-flagship-brings-music-home-to-new-york-city-300296998.html.

2 | Louis J. Prosperi, "The Imagineering Model: Applying Disney Theme Park Design Principles to Instructional Design," *Slideshare*, 2014, http://www.slideshare.net/louprosperi1/the-imagineeringmodel.

3 | Elizabeth Spaulding and Christopher Perry, "Making It Personal: Rules for Success in Product Customization," *Bain & Company*, September 16, 2013, http://www.bain.com/publications/articles/making-it-personal-rules-for-success-in-product-customization.aspx.

4 | Laith Murad, in conversation with the author, July 2016.

5 | Ibid.

6 | Dinah Eng, "Does Joy Help You Sell?" *Fortune*, December 30, 2015, http://fortune.com/2015/12/30/pirch-kitchen-bath-store-sales/.

7 | Avery Hartmans, "Apple's Retail Boss Wants Apple Stores to Resemble 'Town Squares,'" *Business Insider*, August 19, 2016, http://www.businessinsider.com/angela-ahrendts-apple-stores-social-2016-8.

8 | Alexandra Ilyashov, "This Retailer Is Killing It at 'Athleisure' but Wants to Kill the Term," *Refinery 29*, June 10, 2016, http://www.refinery29.com/2016/06/113523/bandier-gym-clothes-athletic-apparel.

9 | Ipsos, "Consumers Share Positive and Negative Experiences Equally," press release, February 17, 2016, http://www.ipsos-na.com/news-polls/pressrelease.aspx?id=7144.

10 | Maxie Schmidt-Subramanian with Harley Manning, Colin Campbell, Dylan Czarnecki, "The Business Impact of Customer Experience," *Forrester Research*, March 27, 2014, https://www.forrester.com/report/The+Business+Impact+Of+Customer+Experience+2014/-/E-RE S113421. The Customer Experience Index is an annual benchmark of customer experience quality among large global brands.

11 | Bruce Temkin, *The ROI of Customer Experience* (Waban, MA: Temkin Group, March 2012), http://temkingroup.com/research-reports/the-roi-of-customer-experience/.

4 | Joseph DeSimone (chief executive officer of Carbon 3D), in conversation with the author, July 2016.

5 | Ibid.

6 | Ibid.

7 | Ibid.

第14章

1 | Utpal Dholakia, Ph.D., "How Terrorist Attacks Influence Consumer Behaviors," *Psychology Today*, December 1, 2015, https://www.psychologytoday.com/blog/the-science-behind-behavior/201512/how-terrorist-attacks-influence-consumer-behaviors.

2 | David A. Koski, "Enhancing Online Shopping Atmosphere," United States Patent application 20080091553, filed September 29, 2006, and published on April 17, 2008, https://www.google.ch/patents/US20080091553.

3 | Jana Kasperkevic, "Why Warby Parker Opened a Retail Store," *Inc. Magazine*, May 21, 2013, http://www.inc.com/jana-kasperkevic/warby-parkerco-founder-why-we-opened-a-flagship-store.html.

4 | Ibid.

5 | Mark Walsh, "The Future of E-Commerce: Bricks and Mortar," *The Guardian*, January 30, 2016, https://www.theguardian.com/business/2016/jan/30/future-of-e-commerce-bricks-and-mortar.

6 | Kim Bhasin, "Custom Suit Startup Indochino Wants More Physical Stores," *Bloomberg*, December 8, 2015, http://www.bloomberg.com/news/articles/2015-12-08/custom-suit-startup-indochino-wants-more-physical-stores.

第15章

1 | Ian MacKenzie, Chris Meyer and Steve Noble, "How Retailers Can Keep Up with Consumers," *McKinsey & Company*, October 2013, http://www.mckinsey.com/industries/retail/our-insights/how-retailers-can-keep-upwith-consumers.

2 | Jeffrey Sparshott, "Congratulations, Class of 2015. You're the Most Indebted Ever (For Now)," *Wall Street Journal*, May 8, 2015, http://blogs.wsj.com/economics/2015/05/08/congratulations-class-of-2015-youre-the-mostindebted-ever-for-now/.

3 | Caelainn Barr and Shiv Malik, "Revealed: The 30-Year Economic Betrayal Dragging Down Generation Y's Income," *The Guardian*, March 7, 2016, https://www.theguardian.com/world/2016/mar/07/revealed-30-yeareconomic-betrayal-dragging-down-generation-y-income.

4 | "89% of All UK Retail Sales Touch a Physical Store," *Verdict Retail*, July 18, 2016, http://www.verdictretail.com/89-of-all-uk-retail-sales-toucha-physical-store/.

2 | Aliya Ram, "UK Retailers Count the Cost of Returns," *Financial Times*, January 27, 2016, https://www.ft.com/content/52d26de8-c0e6-11e5-846f-79b0e3d20eaf.

3 | The Retail Equation, *2014 Consumer Returns in the Retail Industry* (Irvine, CA: The Retail Equation, December 2014), https://www.the retailequation.com/retailers/industryreports/pdfs/ir_2014_nrf_retail_returns_survey.pdf.

4 | Amir Rubin, in conversation with the author, June 2016.

5 | Ibid.

6 | Beck Besecker, in conversation with the author, June 2016.

7 | Shawn Brady, "Are You Ready for a New Sensation?" *Philadelphia City Paper*, April 18, 2012, http://mycitypaper.com/Are-You-Ready-For-ANew-Sensation/.

8 | "The Psychology of Smell," Fifthsense.org.uk, http://www.fifthsense.org.uk/psychology-and-smell/.

9 | Nicola Twilley, "Will Smell Ever Come to Smartphones?" *The New Yorker*, April 27, 2016, http://www.newyorker.com/tech/elements/is-digital-smell-doomed.

第11章

1 | Brad Esposito, "Residents Are Pissed That Their Neighborhood Has Become a Pokémon Go Hot Spot," *BuzzFeed*, July 12, 2016, https://www.buzzfeed.com/bradesposito/pokemon-go-rhodes?utm_term=.nb4Gg03ML#.lwyvbNwrR.

2 | Magic Leap, Inc., "Magic Leap Announces $793.5 Million in New Funding," *PR Newswire*, February 2, 2016, http://www.prnewswire.com/news-releases/magic-leap-announces-7935-million-in-new-funding-300213369.html.

3 | Sean Hollister, "How Magic Leap Is Secretly Creating a New Alternate Reality," *Gizmodo*, November 19, 2014, http://gizmodo.com/how-magic-leap-is-secretly-creating-a-new-alternate-rea-1660441103.

4 | "Magic Leap Will Allow You to Virtually Try On Clothes," *Fortune Tech* video, 1:28, July 12, 2016, http://fortunc.com/video/2016/07/12/magic-leap-mixed-reality/.

5 | Romney Evans, in conversation with the author, June 2016.

6 | Ibid.

第12章

1 | Mitchell Menaker, in conversation with the author, July 2016.

2 | Ibid.

3 | Eric Sprunk cited in Mark Bain, "Nike's COO Thinks We Could Soon 3D Print Nike Sneakers at Home," October 6, 2015, *Quartz*, http://qz.com/518073/nikes-coo-thinks-we-could-soon-3d-print-nike-sneakers-at-home/.

4 | Winston Churchill, "The Bright Gleam of Victory" (speech given at the Lord Mayor' s Day Luncheon at the Mansion House, London, November 10, 1942), http://www.winstonchurchill.org/resources/speeches/1941-1945-warleader/the-end-of-the-beginning.

第8章

1 | Dave Evans, *The Internet of Things: How the Next Evolution of the Internet Is Changing Everything*, White Paper (San Jose, CA: Cisco Internet Business Solutions Group, April 2011), 3, http://www.cisco.com/c/dam/en_us/about/ac79/docs/innov/IoT_IBSG_0411FINAL.pdf.

2 | Jonathan Vanian, "Ignore the Internet of Things at Your Own Risk," Fortune.com, November 2, 2015, http://fortune.com/2015/11/02/internet-of-things-irrelevant/.

第9章

1 | Chris Messina, blog post of January 19, 2016, https://medium.com/chris-messina/2016-will-be-the-year-of-conversational-commerce-1586e85e3991#.i0gyfuc70.

2 | Yongdong Wang, "Your Next New Best Friend Might Be a Robot," *Nautilus*, February 4, 2016, http://nautil.us/issue/33/attraction/your-next-new-best-friend-might-be-a-robot.

3 | Marcelo Ballve, "Messaging Apps Are Overtaking Social Networks to Become the Dominant Platforms on Phones," *Business Insider*, April 10, 2015, http://www.businessinsider.com/messaging-apps-have-completely-overtaken-social-networks-to-become-the-dominant-platforms-onphones-2015-4.

4 | Khari Johnson, "Facebook Messenger Now Has 11,000 Chatbots for Youto Try," *VentureBeat*, June 30, 2016, http://venturebeat.com/2016/06/30/facebook-messenger-now-has-11000-chatbots-for-you-to-try/.

5 | Samuel Gibbs, "Now Anyone Can Build Their Own Version of Microsoft' sRacist, Sexist Chatbot Tay," *The Guardian*, March 31, 2016, https://www.theguardian.com/technology/2016/mar/31/now-anyone-can-build-own-version-microsoft-racist-sexist-chatbot-tay.

6 | Amazon, "Amazon Introduces the Alexa Fund: $100 Million in Investments to Fuel Voice Technology Innovation," *Business Wire*, June 25, 2015, http://www.businesswire.com/news/home/20150625005704/en/Amazon-Introduces-Alexa-Fund-100-Million-Investments.

7 | Lucie Green, "Frontier(less) Retail," *SlideShare*, June 14, 2016, http://www.slideshare.net/jwtintelligence/frontierless-retail-executive-summary.

第10章

1 | Mark Zuckerberg's Facebook page, March 25, 2014, https://www.facebook.com/zuck/posts/10101319050523971.

5 | JC Lupis, "The State of Traditional TV: Q2 2016 Update," *Marketing Charts*, July 16, 2016, http://www.marketingcharts.com/television/are-young-people-watching-less-tv-24817/.

6 | Leo Barraclough, "Global Advertising Spend to Rise 4.6% to $579 Billion in 2016," *Variety*, March 21, 2016, http://variety.com/2016/digital/global/global-advertising-spend-rise-2016-1201735023/.

7 | "Social Network Ad Spending to Hit $23.68 Billion Worldwide in 2015," *eMarketer*, April 15, 2015, http://www.emarketer.com/Article/Social-Network-Ad-Spending-Hit-2368-Billion-Worldwide-2015/1012357.

8 | Mark Ritson, Ritson vs Social Media, YouTube, January 7, 2015, https://www.youtube.com/watch?v=S2NUayn2vP0.

9 | Justin Lafferty, "Forrester's Nate Elliott: There's No 'Community Building'on Social," *AdWeek*, June 4, 2015, http://www.adweek.com/socialtimes/forresters-nate-elliott-theres-no-community-building-on-social/621311.

10 | Sahil Patel, "85 Percent of Facebook Video Is Watched without Sound," *Digiday*, May 17, 2016, http://digiday.com/platforms/silent-world-facebook-video/.

11 | i100 staff, "Why Do People Use Social Media?," June 3, 2015, https://www.indy100.com/article/why-do-people-use-social-media-we-have-theanswers--bkBxB86Txl. The source data is from Deloitte.

12 | Mark Sweney, "More than 9 Million Britons Now Use Adblockers," *The Guardian*, March 1, 2016, https://www.theguardian.com/media/2016/mar/01/more-than-nine-million-brits-now-use-adblockers.

13 | Gerd Leonhard, in conversation with the author, March, 2013.

14 | E.J. Schultz, "PepsiCo Exec Has Tough Words for Agencies," *Advertising Age*, October 15 2015, http://adage.com/article/special-report-anaannual-meeting-2015/agencies-fire-ana-convention/300942/.

第7章

1 | Satish Meena, *Forrester Research World Mobile and Smartphone Adoption Forecast, 2015 to 2020 (Global)*, (Cambridge, MA: Forrester Research, September 24, 2015), https://www.forrester.com/report/Forrester+Research+World+Mobile+And+Smartphone+Adoption+Forecast+2015+To+2020+Global/-/E-RE S127942.

2 | Matt Lawson, "Win Every Micro-Moment with a Better Mobile Strategy," *think with Google*, September 2015, https://www.thinkwithgoogle.com/articles/win-every-micromoment-with-better-mobile-strategy.html.

3 | Stacey MacNaught, "Tecmark Survey Finds Average User Picks Up Their Smartphone 221 Times a Day," *Tecmark*, 2014, http://www.tecmark.co.uk/smartphone-usage-data-uk-2014/.

第5章

1 | "The Overcrowded Food-Delivery Industry," *CB Insights Blog*, August 1, 2016, https://www.cbinsights.com/blog/food-delivery-startups-crowdedmarket/.

2 | Daniele Kucera, "Amazon Acquires Kiva Systems in Second-Biggest Takeover," *Bloomberg*, March 19, 2012, https://www.bloomberg.com/news/articles/2012-03-19/amazon-acquires-kiva-systems-in-secondbiggest-takeover.

3 | Deepa Seetheraman, "Amazon Rolls Out Kiva Robots for Holiday Season Onslaught," *Reuters*, December 1, 2014, http://www.reuters.com/article/amazoncom-kiva-idUSL3N0TL2U720141201.

4 | Ananya Bhattacharya, "Amazon Is Just Beginning to Use Robots in Its Warehouses and They're Already Making a Huge Difference," *Quartz*, June 17, 2016, http://qz.com/709541/amazon-is-just-beginning-to-use-robots-inits-warehouses-and-theyre-already-making-a-huge-difference/.

5 | Scott Galloway, "Why Uber Is Set to Disrupt Amazon (and Other Tech Trends), *OpenView,* http://labs.openviewpartners.com/scott-gallowayamazon-facebook-google-apple-disruption/#.WBboKRS9fww.

6 | Spencer Soper, "More Than 50% of Shoppers Turn First to Amazon in Product Search," *Bloomberg*, September 27, 2016, https://www.bloomberg.com/news/articles/2016-09-27/more-than-50-of-shoppers-turn-first-toamazon-in-product-search.

7 | Cindy Liu, *Worldwide Retail Ecommerce Sales: eMarketer's Updated Estimates and Forecast through 2019*, December 2015. See executive summary at https://www.emarketer.com/Report/Worldwide-Retail-Ecommerce-Sales-eMarketers-Updated-Estimates-Forecast-Through-2019/2001716.

8 Jorij Abraham and Kitty Koelemeijer, *The Rise of Global Marketplaces: How to Compete and Prosper in the World of Amazon, Alibaba and Other Platforms* (Amsterdam: Ecommerce Foundation, June 2015).

第6章

1 | Peter Kafka, "You Are Still Watching a Staggering Amount of TV Every Day," *Recode*, June 27, 2016, http://www.recode.net/2016/6/27/12041028/tv-hours-per-week-nielsen.

2 | John Plunkett, "TV Advertising Skipped by 86% of Viewers," *The Guardian*, August 24, 2010, https://www.theguardian.com/media/2010/aug/24/tv-advertising.

3 | Thales S. Teixeira, "The Rising Cost of Consumer Attention: Why You Should Care, and What You Can Do about It" (working paper 14-055, Harvard Business School, Boston, January 17, 2014), http://www.economicsofattention.com/site/assets/files/1108/teixeira_t-_the_rising_cost_of_attention_working_paper-1.pdf.

4 | Rick Porter, Olympics 2016 Ratings: Gap with London Narrows, Still Down Double Digits, Screener, August 18, 2016, http://tvbythenumbers.zap2it.com/more-tv-news/olympics-2016-ratings-gap-with-london-narrowsstill-down-double-digits/.

第4章

1 | Thad Rueter, "Global e-Commerce Sales Will Increase 22% This Year," *Internet Retailer,* December 23 2014, https://www.internetretailer.com/2014/12/23/global-e-commerce-will-increase-22-year.

2 | Stefany Zaroban, "U.S. Ecommerce Grows 14.6% in 2015," *Internet Retailer,* February 17, 2016, https://www.internetretailer.com/2016/02/17/us-e-commerce-grows-146-2015.

3 | U.S. Census Bureau, "Estimated Annual Sales of U.S. Retail and Food Services Firms by Kind of Business: 1992 through 2014," http://www.census.gov/svsd/retlann/pdf/sales.pdf.

4 | "Nearly 70% of Americans Shop Online Regularly with Close to 50% Taking Advantage of Free Shipping," Mintel.com, July 13, 2015, http://www.mintel.com/press-centre/technology-press-centre/nearly-70-of-americans-shoponline-regularly-with-close-to-50-taking-advantage-of-free-shipping.

5 | "eBay Inc. Reports Fourth Quarter and Full Year 2015 Results," *Business Wire*, January 27, 2016, http://www.businesswire.com/news/home/20160127006267/en/eBay-Reports-Fourth-Quarter-Full-Year-2015.

6 | Vicky Huang, "Alibaba Passes $5 Billion in Singles' Day Sales in First Hour of Shopping," *The Street*, November 10, 2016, https://www.thestreet.com/story/13878121/1/alibaba-expects-to-deliver-big-on-singles-day-but-howlong-can-the-dominance-last.html.

7 | Joe Tsai, "Joe Tsai Looks Beyond Alibaba's RM B 3 Trillion Milestone," *Alizila*, March 21, 2016, http://www.alizila.com/joe-tsai-beyond-alibabas-3-trillion-milestone/.

8 | Sandrine Rastello, "China's E-Commerce Boom a Lesson for Creating Jobsin India," *Bloomberg Markets*, August 2, 2016, http://www.bloomberg.com/news/articles/2016-08-02/china-s-ecommerce-boom-a-lesson-forcreating-jobs-in-india.

9 | Mary Meeker, Kleiner Perkins Caulfield Byers (KPCB), *Internet Trends Report: Code Conference*, June 1, 2016, http://www.kpcb.com/internet-trends.

10 | Central Intelligence Agency (CIA), "Median Age," *The World Factbook*, 2015, https://www.cia.gov/library/publications/the-world-factbook/fields/2177.html.

11 | "Online Retailing in India: The Great Race," *The Economist*, March 5, 2016,http://www.economist.com/news/briefing/21693921-next-15-years-indiawill-see-more-people-come-online-any-other-country-e-commerce.

12 | Erik Sherman, "Alibaba's IPO Filing: High Profits and Mystery," CBS News, May 7, 2014, http://www.cbsnews.com/news/alibaba-ipo-filing-highprofits-and-mystery/.

原注

第1章

1 | Sarah Lacy, "Andreessen Predicts the Death of Traditional Retail. Yes: AbsoluteDeath," Pando.com, January 30, 2013, https://pando.com/2013/01/30/andreessen-predicts-the-death-of-traditional-retail-yes-absolute-death/.

第2章

1 | Shelly Banjo, "The End of an Era at Walmart," *Bloomberg Gadfly*, March 31, 2016, https://www.bloomberg.com/gadfly/articles/2016-03-31/walmart-s-first-ever-sales-drop-marks-new-era.

2 | Jason Ankeny, "Wal-Mart Reportedly in Negotiations to Acquire Jet,August 3, 2016, RetailDive.com, http://www.retaildive.com/news/wal-mart-reportedly-in-negotiations-to-acquire-jet/423789/.

3 | Jillian D'Onfro, "Wal-Mart Is Losing the War against Amazon," *Business Insider*, July 25, 2015, http://www.businessinsider.com/wal-mart-ecommerce-vs-amazon-2015-7.

4 | Phil Wahba, "This Chart Shows Just How Dominant Amazon Is," *Fortune*, November 6, 2015, http://fortune.com/2015/11/06/amazon-retailers-ecommerce/.

第3章

1 | Nick Wingfield, "Amazon's Cloud Business Lifts Its Profit to a Record," *The New York Times*, April 28, 2016, http://www.nytimes.com/2016/04/29/technology/amazon-q1-earnings.html?_r=0.

2 | Amazon.com, "Amazon.com Announces Fourth Quarter Sales Up22% to 35.7 Billion," press release, January 28, 2016, http://www.businesswire.com/news/home/20160128006357/en/Amazon.com-Announces-Fourth-Quarter-Sales-22-35.

3 | Tonya Garcia, "Amazon Accounted for 60% of U.S. Online Sales Growth in 2015," MarketWatch.com, May 3, 2016, http://www.marketwatch.com/story/amazon-accounted-for-60-of-online-sales-growth-in-2015-2016-05-03.

4 | Michael R. Levin, Consumer Intelligence Research Partners, "Amazon Prime Members Stay Members," June 1, 2016, updated June 7, 2016, http://www.huffingtonpost.com/michael-r-levin/amazon-prime-members-stay_b_10334678.html.

5 | Krystina Gustafson, "The Fourth Biggest Retail Event Isn't Even a Holiday,"CNBC.com, July 6, 2016, http://www.cnbc.com/2016/07/06/the-fourth-biggest-retail-event-isnt-even-a-holiday.html.

6 | Nathan McAlone, "Amazon CEO Jeff Bezos Said Something about Prime Video that Should Scare Netflix," June 2, 2016, *Business Insider*, http://www.businessinsider.com/amazon-ceo-jeff-bezos-said-something-about-prime-video-that-should-scare-netflix-2016-6.

著者プロフィール

Doug Stephens
ダグ・スティーブンス

世界的に知られる小売コンサルタント。リテール・プロフェット社の創業社長。人口動態、テクノロジー、経済、消費者動向、メディアなどにおけるメガトレンドを踏まえた未来予測は、ウォルマート、グーグル、セールスフォース、ジョンソン＆ジョンソン、ホームデポ、ディズニー、BMW、インテルなどのグローバルブランドに影響を与えている。本書のほかに、*The Retail Revival : Re-Imagining Business for the New Age of Consumerism* の著書がある。

訳者プロフィール

Eiichiro Saito
斎藤栄一郎

翻訳家・ライター。山梨県生まれ。主な訳書に『1日1つ、なしとげる』、『イーロン・マスク 未来を創る男』、『SMARTCUTS』、『ビッグデータの正体 情報の産業革命が世界のすべてを変える』（以上講談社）、『TIME TALENT ENERGY』（プレジデント社）、『フランク・ロイド・ライト最新建築ガイド』、『テレンス・コンラン MY LIFE IN DESIGN』（以上エクスナレッジ）、『マスタースイッチ』（飛鳥新社）などがある。

小売再生

2018年5月28日　第1刷発行
2018年7月 8 日　第2刷発行

著　者　ダグ・スティーブンス
翻訳者　斎藤栄一郎

発行者　長坂嘉昭
発行所　株式会社プレジデント社
〒102-8641 東京都千代田区平河町2-16-1
電話　編集　(03) 3237-3732
販売　(03) 3237-3731

装　丁　原田光丞
編　集　中嶋 愛
制　作　関 結香
販　売　桂木栄一　高橋 徹　川井田美景　森田 巌　遠藤真知子　末吉秀樹

印刷・製本　萩原印刷株式会社

ISBN978-4-8334-2273-4
Printed in Japan